AF570195

Les rêves et les visions de Carl Gustav Jung

5-7, rue de l'École-polytechnique ; 75005 Paris

http://www.librairieharmattan.com
diffusion.harmattan@wanadoo.fr
harmattan1@wanadoo.fr

ISBN : 978-2-296-12359-5
EAN : 9782296123595

Jean-Luc Van Den Bergh

Les rêves et les visions de Carl Gustav Jung

Études Psychanalytiques

Collection dirigée par Alain Brun et Joël Bernat

La collection *Etudes Psychanalytiques* veut proposer un pas de côté et non de plus, en invitant tout ceux que la praxis (théorie et pratique) pousse à écrire, ce, « hors chapelle », « hors école », dans la psychanalyse.

Dominique KLOPFERT, *Inceste maternel, incestuel meurtrier. À corps et sans cris*, 2010.
Roseline BONNELLIER, *Sous le soleil de Hölderlin : Œdipe en question*, 2010.
Claudine VACHERET, *Le groupe, l'affect et le temps*, 2010.
Marie-Laure PERETTI, *Le transsexualisme, une manière d'être au monde*, 2009.
Jean-Tristan RICHARD, *Nouveaux regards sur le handicap*, 2009.
Philippe CORVAL, *Violence, psychopathie et socioculture*, 2009.
Stéphane LELONG, *L'inceste en question. Secret et signalement*, 2009.
Paul DUCROS, *Ontologie de la psychanalyse*, 2008.
Pierre FOSSION, Mari-Carmen REJAS, Siegi HIRSCH, *La Trans-Parentalité. La psychothérapie à l'épreuve des nouvelles familles,* 2008.
Bruno de FLORENCE, *Musique, sémiotique et pulsion*, 2008.
Georges ABRAHAM et Maud STRUCHEN, *En quête de soi. Un voyage extraordinaire pour se connaître et se reconnaître*, 2008.
Jacques PONNIER, *Nietzsche et la question du moi. Pour une nouvelle approche psychanalytique des instances idéales*, 2008.
Guy ROGER, *Itinéraires psychanalytiques*, 2008.
Jean-Paul MATOT, *La construction du sentiment d'exister*, 2008.
Guy KARL, *Lettres à mon analyste sur la dépression et la fin d'analyse*, 2007.
Jeanne DEFONTAINE, *L'empreinte familiale. Transfert, transmission, transagir*, 2007.
Jean-Tristan RICHARD, *Psychanalyse et handicap*, 2006.
Chantal BRUNOT, *La névrose obsessionnelle*, 2005.

Introduction

On considère comme quatrième état ce qui n'a ni connaissance intérieure
ni connaissance extérieure, ni connaissance de l'un et de l'autre,
ni connaissance globale, ni connaissance et non connaissance à la fois
qui est invisible, inapprochable, insaisissable, indéfinissable, impensable, innommable,
qui n'a pour essence que l'expérience de son propre soi,
qui annule la diversité, qui est apaisé, bienveillant, sans dualité.
C'est le Soi. C'est lui qui est l'objet de connaissance[1].

Jung a toujours accordé beaucoup d'importance aux rêves, tant dans sa vie intérieure que dans sa théorie. Sa vie, telle que sa biographie et sa correspondance le donnent à voir, est fondamentalement façonnée par les rêves et les visions. Les contenus oniriques sont le grand architecte de la vie de Jung. Autour de cette architecture onirique, les événements extérieurs se greffent et constituent toute vie consciente selon l'importance que nous leur accordons. C'est ainsi que Jung considère les événements extérieurs affectant l'homme ordinaire : comme des épiphénomènes sociaux qui tournent autour d'autres événements – intérieurs ceux-là – hautement plus importants parce qu'ils renvoient et reflètent plus la vie de l'âme.

Cette vie psychique se compose essentiellement de rêves et de visions, de phantasmes et de fantaisies, d'imaginations et d'inspirations, de souvenirs et, en dernier lieu, de pensées.

Ces événements intérieurs façonnent l'homme et ils vont constituer le fondement de la biographie de Jung, tel qu'il l'a élaborée avec Aniela Jaffé, sa secrétaire et co-auteur de *Ma vie Souvenirs, rêves et pensées.* Jung accorde plus de foi à la vie intérieure qu'à la vie sociale.

En nous appuyant sur les matériaux oniriques de ce livre écrit à deux voix, nous avons réécrit la biographie intérieure de Jung : celle constituée *essentiellement* par ses rêves et ses visions, vécus endormi ou éveillé, tirés de son autobiographie mais aussi provenant de sa correspondance et de l'Œuvre (l'ensemble des écrits de Jung).

Si les rêves sont la voie royale vers l'inconscient, comment le psychanalyste les aborde-t-il et les travaille-t-il pour son propre compte ? Qu'en tire-t-il ? Que lui indique l'inconscient ? Quel intérêt y a-t-il à analyser ses rêves ? Jung répond à ses questions en les illustrant concrètement, à la fois dans ses livres mais aussi dans sa correspondance au cours de laquelle il peut échanger sur les rêves avec son interlocuteur et, tant qu'à faire, citer les siens.

---

[1] *Mandukya Upanishad*, Librairie d'Amérique et d'orient, 1981, p. 21.

Nous avons donc fait le choix de centrer notre regard uniquement sur les matériaux oniriques de Jung. Ceci veut dire que nous avons mis volontairement de côté les analyses de rêves d'autrui que Jung a beaucoup pratiquées au détour de sa correspondance.

Si Freud évoque quelques-uns de ses rêves dans *L'interprétation des rêves*, Jung n'hésite pas à en livrer plusieurs - *explicitement* - et à proposer ses propres interprétations dans *Ma vie*. De surcroît, il nous décrit l'impact qu'ont eu ses rêves dans son cheminement : par exemple, l'écriture d'articles ou de livres (*Métamorphoses de l'âme et ses symboles*, *Réponse à Job*, *L'esprit Mercure*...), la création de certains concepts (l'ombre, l'anima, l'animus), l'émergence de certaines thématiques (l'alchimie, le religieux, le Soi). C'est dire l'importance qu'ont pu avoir aux yeux de Jung les matériaux oniriques qui l'ont saisi.

Jung invoque et exhorte les rêves (en les amplifiant) pour qu'ils le conduisent sur le chemin de la réalisation de soi, sur ce processus d'individuation où le narcissisme naissant se transmute en œuvre collective, en miroir de l'histoire de l'humanité. Au travers des rêves, les mythes et les religions viennent habiter la parole, l'écriture et l'imagination active de Jung. Par-delà les matériaux oniriques, ces résidus archaïques d'autres siècles, un mythe personnel se dessine, un destin hors du commun se trace. Et une aventure prodigieuse surgit au détour de la confrontation avec l'inconscient, qu'il soit personnel ou collectif.

À l'heure où les conflits se déroulent dans le monde, il est bon de se rappeler qu'avant que les guerres ne se déclenchent sur un plan manifeste, elles naissent d'abord sur un plan latent, c'est-à-dire à l'intérieur même de l'homme. Les rêves que Jung fait (il vaudrait mieux dire : les rêves qui font Jung) au moment des deux guerres du siècle dernier sont sur ce plan impressionnants : se pourrait-il que certains rêves tout au moins captent « l'air du temps », voire pronostiquent ce qui pourrait se dérouler ? La question reste en suspens. Et ce n'est pas le moindre de la pensée jungienne de surprendre et de poser les choses autrement que ses contemporains. En effet, son expérience intime de l'Autre, de ce qui nous est inconscient, inconnu, inconcevable sur un plan conscient, conduit à sortir hors des sentiers battus, y compris de la sente freudienne.

Au fur et à mesure que vous lirez sa confrontation avec l'inconscient qui, comme cette expression l'indique, laisse à penser que « *Ça* » n'est pas du tout de tout repos (!), les questions commencent à se bousculer aux portes de la raison. Se peut-il que de telles expériences subjectives soient possibles ? Jung n'a-t-il pas mythifié sa vie ? Ce qu'il rapporte relève-t-il du délire ? Et, dans ce cas, comment faire la part des choses entre le normal et le pathologique ?

Le vécu de Jung conduit inévitablement à se questionner sur la force des puissances inconscientes qui peuvent nous entraîner dans leurs mouvements, sans que nous puissions résister à cet attrait des profondeurs et à cette projection de l'inconscient lui-même jusque dans la périphérie des yeux. En effet, Jung évoque la relation entre le conscient et l'inconscient qui passe par la prise en compte des rêves et des visions, le dialogue avec les figures de l'inconscient qui se présentent spontanément lors de l'usage de la technique de l'imagination active, voire dans les moments de rêverie. Voilà ce dont il préfère parler plutôt que d'insister sur les manifestations de l'inconscient dans la vie quotidienne tel que Freud a pu le décrire sous forme de lapsus, d'actes manqués, de refoulements.... Jung se confronte à un inconscient fait « d'images parlantes ».

Il décrit la rencontre avec l'inconscient et les moyens pour intégrer ses messages, ses enseignements, sans pour autant « devenir fou ». Jung nous indique comment comprendre ses rêves, comment intégrer au quotidien les enseignements de l'inconscient pour, peu à peu, tracer son propre chemin - en toute conscience – en direction de l'individuation. Qu'est-ce à dire ? Il s'agit ni plus ni moins que de vivre l'ensemble des différents aspects de la personnalité. Jung nommait ce vaste programme le processus d'individuation qu'il nous invite à découvrir tout au long des périples qu'évoque sa biographie... rêvée.

Évidemment Jung n'a pas livré au public tous ses rêves. Ce n'était pas nécessaire car notre homme, pédagogue érudit, cherchait avant tout à se faire comprendre et entendre ; comme l'un de ses derniers rêves de 1960 l'atteste ainsi que le livre *L'homme et ses symboles* entièrement écrit à l'adresse de Monsieur tout le monde. Il se souciait de vouloir enseigner sur *Les enseignements du rêve* (un article sur le rêve publié dans *L'homme à la découverte de son âme* en 1928). À savoir : une certaine pratique d'interprétation, une conséquence du rêve sur la vie quotidienne, un aspect théorique conçu à partir de rêves, une synchronicité, une résonnance avec un rêve de correspondant, une vision prospective. Jung sélectionne ses rêves, moins par désir de censure due à un quelconque complexe et autre refoulement, mais plutôt par ambition pédagogique. Néanmoins, rien n'est livré au hasard : la nécessité de l'inconscient paraît – souvent – l'emporter sur des choix conscients : couramment dans la correspondance, le personnage n°1 de Jung (le personnage que nous présentons à autrui, fait de *persona* et de Moi) s'efface au profit du n°2 (le personnage issu de l'inconscient). Qu'il le veuille ou non, Jung laisse transparaître ses *ombres*, « son » *anima* et d'autres figures de l'inconscient qui habitent ses rêves.

Pour ces raisons (souci didactique et pédagogique, confrontation avec l'inconscient personnel mais aussi collectif, figures de l'Autre, techniques et approches singulières et pragmatiques du rêve), lire Jung conduit à penser très rapidement qu'il n'est pas l'épigone de Freud comme les disciples de ce dernier et certains historiens de la psychanalyse ont pu le laisser entendre ! En matière de rêve, Jung a une autre conception et une autre pratique que celle de Freud.

Il est important de le noter : Jung est pragmatique. L'expérience d'abord du rêve prime sur la théorie du rêve. Certes, comme chez Freud, l'expérience du rêve est là pour confirmer ou infirmer la conception théorique. Pour autant, Jung s'est toujours défendu de détenir ou de postuler une théorie du rêve (dans le sens d'un système rigide). Cela aurait été aller à l'encontre de son refus de tout dogmatisme, de toute forme d'unilatéralisme, de toute « inflation intellectuelle » (le discours du maître qui refuse tout questionnement du « décimètre »).

Néanmoins, il a pu repérer et formaliser certains invariants des manifestations de l'inconscient : les figures de l'Autre, du *Soi*. Dans ce sens, il a élaboré une « théorie » qu'il a cherché ensuite à prouver en recherchant chez ses patients s'ils vivaient ce type « *d'exercice du symbole onirique* » tout en établissant des parallèles historiques. Jung a recherché dans des textes anciens des traces, des descriptions d'expériences similaires. Et c'est là toute l'originalité de Jung : s'appuyer sur des motifs oniriques, vécus aussi par d'autres, pour en concevoir une œuvre.

A différentes époques, différents chercheurs et créateurs ont fait des découvertes grâce à leurs rêves : l'aiguille à coudre d'Elias Howe, le mouvement des électrons par Neils Bohr, la théorie de la relativité d'Albert Einstein, la structure moléculaire du benzène chez Friedrich August Kekule, la seconde partie de *Jonathan le goéland* rêvé par son auteur Richard Bach, *Cris et chuchotements* inspiré à Bergman. Jung, pourrait-on dire, se rapproche de ces rêveurs. Néanmoins, il s'en démarque au sens où il élabore une théorie, une œuvre à partir de ses rêves, à partir d'une façon de procéder qui consiste à dialoguer avec l'inconscient. Jusqu'avant sa rencontre avec Freud, jusqu'au rêve du parapluie remis à une divinité (1902), juste à ce moment où Jung fait sa thèse sur les phénomènes dits occultes, chacun de ses rêves et visions rapportés dans *Ma vie* sont matière à élaborer et à confirmer ce qui deviendra un concept, ce qui apportera une pierre à l'édifice jungien, à l'Œuvre (expression qui désigne l'ensemble des travaux de Jung, en particulier ceux consacrés à l'alchimie). Par la suite, Jung poursuivra ce travail de réflexion écrite, de dialogue sur ses productions oniriques suite à une série de rêves alchimiques.

C'est ce que vous allez lire : l'ensemble (non exhaustif) des rêves de Jung que nous avons retrouvés dans *Ma vie Souvenirs, rêves, pensées* ainsi que dans sa correspondance et son Œuvre.

Cette vie intérieure se moque de la chronologie, d'autant plus lorsqu'il s'agit de repenser à sa vie soixante-dix ans plus tard et de se la raconter de nouveau, de la réaménager en fonction du moment présent qui, déjà, scandé par le rythme des mots énoncés et écrits, se fait passé, à cet instant même où le futur vient de tracer le présent. Les événements intérieurs, constitutifs de la vie de l'âme, englobent différents temps qui, plutôt que de se faire succession chronologique (marque de fabrique de la causalité reproductible) se superposent et s'entrecroisent pour tendre à se succéder en formes circulaires (marque de fabrique de la synchronicité répétitive). Jung se moque de la rectitude historique, de la finitude de l'événement daté et quantifié. Néanmoins, par souci d'une meilleure lisibilité de la vie intérieure de Jung, nous présentons les rêves et les visions de Jung sous forme d'une « ligne du temps » chronologique qui se courbe et devient sinueuse au moment des crises existentielles de Jung.

Vous allez donc lire une vie rêvée de Carl Gustav Jung, c'est-à-dire une vie centrée d'abord sur les productions oniriques, sur les imaginations, sur les visions. Pour mémoire, en toile de fond, pour prendre en compte le contexte de l'époque et quelques restes diurnes (comme auraient pu l'écrire Lagache et Freud ou encore Artémidore) seront rappelés de façon succincte les événements extérieurs principaux de la vie sociale de Jung ; les uns pouvant peut-être expliciter l'Autre onirique en nous. En particulier, nous rappelons les grands faits d'armes avec Freud et ses disciples ainsi que la polémique concernant le « pronazisme » et l'antisémitisme supposés de Jung. Il était difficile de mettre de côté cette période tant elle imprègne l'histoire intérieure de Jung.

La biographie « complète » de Jung qui s'intéresse autant à la vie intérieure et extérieure de Jung - *La vie rêvée de Jung* - fait l'objet d'une publication à part. Elle indique très précisément et de façon plus complète les multiples points de convergence et de divergence de Jung avec Freud sur les plans théorique, relationnel, intellectuel, organisationnel (de la psychanalyse).

Place - maintenant - aux rêves de Jung. Vous allez *tomber* (verbe d'action que Jung utiliser fréquemment) sur une expérience peu commune de la confrontation du conscient avec ce qui le dépasse et le transcende : le *Soi* dans ses multiples avatars. Se trace alors un destin hors du commun que peu ont pu décrire et que Jung s'essaie à rapporter, tant les mots manquent à décrire le saisissement du numineux[1].

---

[1] Ce terme désigne « *ce qui est indicible, mystérieux, terrifiant, tout autre* ».

Les rêves et les visions de Carl Gustav Jung

1875 : naissance des sens

Carl Gustav Jung est né en 1875 à Kesswill, sur la rive suisse du lac de Constance, proche de Bâle. Il est le fils unique du pasteur Paul Achille Jung (1842-1896) et d'Émilie, fille cadette de Samuel Preiswerk (1799-1871). Ce dernier a été le professeur d'hébreu du père de Jung pendant ses études de théologie.

Six mois après la naissance de Jung, son père s'installe quatre ans au presbytère de Laufen, près des chutes du Rhin. Ces lieux marquent la sensibilité et la sensorialité du très jeune Jung. Son rapport au monde, très physique, est nourri de sensations, d'impressions singulières. « L'enfant se trouve alors comme à l'extérieur de lui-même, et c'est pourtant là précisément que naît, dans l'instant, sa conscience de sentir et d'être lui-même »[1].

1878 : L'eau, l'anima, petits gâteaux et poussins

Accompagnant sa mère chez des amis habitant au bord du lac de Constance, le jeune Jung est irrésistiblement attiré par l'eau. A partir de ce moment, il sait qu'il ne peut exister qu'au voisinage de l'eau.

Jung a un autre souvenir : des étrangers, de l'agitation. Une servante : « Les pêcheurs ont trouvé un cadavre au-dessus de la chute du Rhin – ils veulent le déposer dans la buanderie ». Le père de Jung accepte. Jung veut voir le cadavre. Mais sa mère le retient et lui défend sévèrement d'aller dans le jardin. « Lorsque les hommes furent partis je me dépêchai de traverser le jardin en cachette pour aller à la buanderie, mais la porte était fermée. Alors, je tournai autour de la maison. Il y avait par-derrière une rigole en pente ; de l'eau sanguinolente y coulait. Cela m'intéressa extraordinairement »[2].

Une autre image émerge à l'esprit de Jung : il est fiévreux. Son père le porte dans ses bras et lui chante une vieille mélodie d'étudiant. L'une de ces mélodies plaît au jeune Jung : le chant dit du « Souverain » : « Que tout se taise, que chacun s'incline… ». « Je me rappelle aujourd'hui encore la voix de mon père chantant au-dessus de moi dans le silence de nuit »[3].

Jung a aux alentours de trois, quatre ans. Sa mère est hospitalisée plusieurs mois à Bâle (1878). Il souffre alors d'un eczéma généralisé. A partir de ce moment de longue absence de sa mère, Jung devient méfiant vis à vis du mot « amour » et du mot « féminin ». Une tante et une jeune servante remplacent sa

---

[1] Christian Gaillard, *Jung*, Paris : 1ère édition, Presses Universitaires de France, Que sais-je ? n°3022, 1996. p. 7.

[2] Carl Gustav Jung, *Ma vie. Souvenirs, rêves et pensée,* Editions Gallimard, 1973, p. 26.

[3] *Ibid.*, p. 27.

mère quelque temps. « Le type de cette jeune fille devint plus tard un des aspects de mon anima »[1].

Jung se souvient d'une chute contre un poêle qui l'amène à se faire recoudre la tête ensanglantée. Il manque de passer par-dessus un parapet et tomber dans le Rhin. Une tendance au suicide ou une résistance néfaste à la vie habite le jeune Jung. Ses nuits sont traversées d'angoisses et de visions oniriques.

Rêves, visions d'hommes noirs

> [...] Des choses étranges se passaient ; on entendait continuellement le sourd grondement des chutes du Rhin ; toute la zone autour était dangereuse. Des hommes se noient, un cadavre tombe par-dessus les rochers. Dans le cimetière voisin, le sacristain creuse un trou ; la terre qu'il en a extraite est brune. Des hommes noirs et solennels [...] apportent une caisse noire. Mon père est là aussi ; il est en robe, et parle d'une voix haletante. Des femmes pleurent. Il paraît que l'on enterre quelqu'un au fond de ce trou. Puis certaines personnes ont soudain disparu qui avaient été là auparavant. J'entends dire qu'elles ont été enterrées, ou que le « Seigneur Jésus » les a rappelées à lui[2].

Jung ne précise pas s'il s'agit là de rêves ou d'images hypnagogiques ou de terreurs nocturnes. Il parle plutôt en termes de « ruminations ». Sa mère lui apprend une prière à dire chaque soir pour éviter l'angoisse de la nuit et se protéger contre les menaces de Satan.

« Étends tes deux ailes, Ô Jésus, ma joie, Et prends ton poussin en toi. Si Satan veut l'engloutir, Fais chanter les angelots : Cet enfant doit rester indemne »[3].

Le sens des mots trahit les vertus protectrices de cette prière. En effet, *Poussin* en bâlois signifie *petits gâteaux*. D'où l'autre sens possible de cette prière : Jésus doit engloutir ces gâteaux pour les soustraire à Satan qui les dévorerait aussi bien ! Ainsi, par un jeu de mots, un oiseau peut en cacher un autre. Jung vit alors en tant qu'enfant une position d'insécurité : le risque de prédation et d'engloutissement s'accroît avec la maladie de sa mère et son absence incompréhensible. Il verra après-coup dans cette expérience fondatrice de « sa » psyché l'incitation à une réflexion nécessaire et vitale. Cette dernière le conduira à se défier des bons enseignements et à constituer par la suite sa propre démarche d'analyste et de psychologue toujours réfractaire aux orthodoxies en place. Dès lors, en tout cas, il se méfie du Seigneur Jésus et il l'assimile aux hommes noirs.

---

[1] *Ibid.*, p. 27.
[2] *Ibid.*, p.28.
[3] *Ibid.*, p. 29.

1878-1879 : Premier traumatisme conscient : l'homme noir jésuite.

Quelques temps plus tard, il vit son « premier traumatisme conscient »[1].

Par un jour d'été brûlant, assis seul au bord de la route devant la maison, Jung joue dans le sable. La route passe devant la demeure familiale, va vers une colline qu'elle gravit pour se perdre ensuite, là-haut, dans la forêt. On pouvait donc voir de la maison une grande partie de ce chemin. Sur cette route, Jung aperçoit, descendant de la forêt, un personnage avec un large chapeau et un long vêtement noir. Il ressemble à un homme portant un habit féminin. Le personnage se rapproche lentement et Jung constate que c'est vraiment un homme portant une sorte de robe noire descendant jusqu'à ses pieds. A sa vue, Jung est saisi de frayeur. L'idée terrifiante se forme : « C'est un jésuite ! »[2].

Jung avait entendu son père parler des agissements des jésuites. Le ton agacé et à moitié angoissé de son père lui laisse à penser que les jésuites sont dangereux. Plus tard, il comprendra qu'il n'a vu qu'un inoffensif prêtre catholique. Mais, pour l'instant, cette vision l'angoisse au plus haut point. Par analogie, il associe le mot « jésuite » au mot « Jésus » de sa prière. Cette frayeur éprouvée à la vue du jésuite provient des propos du père de Jung sur les jésuites. Dès lors, Jung soupçonne les jésuites car ils ont un lien (« analogie phonétique ») avec Jésus. A la même époque, (Jung a trois, quatre ans), un rêve réactive ce renversement possible du sens des mots et la tension intérieure qu'une telle prise de conscience peut générer.

1879 : le rêve du mangeur d'homme

Ce rêve, le premier rapporté dans son autobiographie, va être déterminant dans la pratique des rêves qu'utilise Jung pour les interpréter. De même, nous pouvons comprendre pour quelles raisons, plus tard, il adhérera aux propos de Freud au moment de la sortie de *L'interprétation des rêves* : Jung trouvera écho de ses expériences dans ce livre. Il gardera secret ce rêve pendant soixante cinq ans pour le raconter alors à sa femme.

Nous avons complété ce rêve rapporté dans *Ma vie* avec la synthèse des *Protocoles* de Deirdre Bair[3] ; ces rajouts au texte initial sont signalés en italique.

Le rêve du mangeur d'hommes

Derrière la ferme du sacristain s'étend une grande prairie. « Dans mon rêve, j'étais dans cette prairie. J'y découvris tout à coup un trou sombre, carré, maçonné dans la terre, *bordé de briques comme un puits*. [...] Curieux, je m'en approchai et regardai au fond. Je vis un escalier de pierre *d'environ un mètre de large* qui s'enfonçait ; hésitant et craintif, je descendis. En bas, une porte plein cintre fermée d'un rideau vert. Le rideau est grand et

---

[1] *Ibid.*, p. 30.

[2] *Ibid.*, p. 30.

[3] Deirdre Bair, *Jung*, Flammarion, Grandes biographies, 2007, pp. 45-46.

lourd, fait d'un tissu ouvragé ou de brocart [...] Curieux de savoir ce qui pouvait bien être caché derrière, je l'écartais et vis un espace/*une salle rectangulaire* carré d'environ dix mètres de longueur/*de cinq ou six mètres de long avec un plafond voûté en pierre que baignait* une lumière crépusculaire. *Il était impossible de repérer d'où venait la lumière, mais il faisait assez clair pour voir que le sol aussi était constitué de dalles partiellement recouvertes d'un tapis rouge.* Au milieu, de l'entrée jusqu'à une table basse, s'étendait un tapis rouge. Un trône d'or se dressait sur l'estrade ; il était merveilleusement travaillé. [...] Le siège, véritable trône royal, était splendide, comme dans les contes ! Dessus, un objet se dressait, forme gigantesque qui atteignait presque le plafond. D'abord, je pensai [...] *à une curieuse composition qui lui fit d'abord penser à un arbre s'élevant presque jusqu'au plafond.* Haut de quatre à cinq mètres, son diamètre était de cinquante à soixante centimètres. Cet objet était étrangement constitué : fait de peau et de chair vivante, il portait à sa partie supérieure une sorte de tête de forme conique, sans visage, sans chevelure. Sur le sommet, un œil unique, immobile, regardait vers le haut[1].

[...] Au-dessus de la tête brillait une certaine clarté. L'objet ne remuait pas et pourtant j'avais l'impression qu'à chaque instant il pouvait, tel un ver, descendre de son trône et ramper vers moi.

J'étais comme paralysé par l'angoisse. A cet instant insupportable, j'entendis soudain la voix de ma mère venant comme de l'extérieur et d'en haut, qui criait : « *Oui, regarde-le bien, c'est l'ogre, le mangeur d'hommes !* ». J'en ressentis une peur infernale et m'éveillai suant d'angoisse »[2].

A partir de ce moment, Jung a plusieurs soirs de suite peur de s'endormir car il redoute d'avoir encore un rêve semblable. Il avoue avoir été préoccupé pendant des années par ce rêve. « Il ne parviendrait pas à comprendre pourquoi, si jeune, il avait rêvé ces choses, ni comment un enfant de trois ou quatre ans pouvait se représenter un phallus aussi anatomiquement exact. »[3] Pour cette raison, au vu de la complexité cognitive et de la structure élaborée de ce rêve, Brian Feldman estime que Jung a plutôt fait ce rêve un peu plus tard, vers cinq ou six ans[4]. En tout cas, Deidre Bair émet deux hypothèses. La première est que Jung a pu voir la nudité de son père étant donné qu'il partageait la même chambre. La seconde concerne un possible attentat à la pudeur par un jésuite, un prêtre : ce qui pourrait expliquer l'association du Phallus au Jésuite et la crainte qui leur est liée (comme nous allons le voir ci-après).

---

[1] Deidre Bair précise que dans les *Protocoles* aucun de ces mots n'est utilisé concernant cet « objet ... qui regardait vers le haut », note de bas de page n°29, p. 996.

[2] Carl Gustav Jung, *Ma vie, op. cit.,* p. 31.

[3] Deirdre Bair, *Jung, op. cit.,* p. 46.

[4] *Ibid.*, note de bas de page n°32, p. 996.

Jung va mettre plusieurs années à comprendre ce rêve et ce qu'il met en scène : un phallus rituel[1], sans pour autant nous préciser comment ni dans quelles conditions cette « traduction » du rêve lui est venue à l'esprit. Quelle a été sa technique d'interprétation du rêve, les associations qui l'ont conduit au phallus rituel ? Nous n'en saurons rien.

Jung est d'abord incapable de nommer cet objet monstrueux. Il est, comme l'écrit C. Gaillard, dans le *suspens de la nomination.* Quel est l'enjeu de ce suspens ? « Ce suspens, qui démet de toute tentative prématurée de maîtrise sur l'événement, ouvre un temps et un espace où peut prendre, à son rythme, l'expérience de ce qui s'impose sur un mode d'abord souvent énigmatique et demande à être appréhendé, reçu et… reconnu dans ses dimensions d'abord les plus immédiates et les plus concrètes »[2].

Jung se retrouve confronté au problème du sens, du sens des mots comme pour la prière du soir. En effet, il n'a jamais pu établir si sa mère dans ce rêve veut dire « C'est ça l'ogre » ou « Ca c'est l'ogre ».

Dans la première formulation « C'est ça l'ogre », le rêve signifie alors : « Ces histoires d'ogre, c'est ça qu'elles cachent et qu'il te faut voir. A toi maintenant d'y faire face ». A savoir : ce n'est pas Jésus ou le jésuite qui mange les hommes mais le phallus.

Dans la seconde formulation « Ca c'est l'ogre », la phrase de la mère est rassurante et peut vouloir dire : « Ne t'effraye donc pas. Ce que tu viens de voir de monstrueux, c'est bien connu, c'est l'ogre ». Phallus et Jésus/jésuite sont alors associés : ils sont identiques. Le phallus est le représentant de Jésus et des jésuites.

La notion chrétienne d'un Dieu tout amour ne résiste pas à ces premières expériences intimes. Traversé par le *mysterium tremendum*, cette source d'effroi sacré, Jung sent intuitivement que l'homme doit se forger lui-même une personnalité solide. Comment ? En « plongeant dans ses profondeurs ». Et en cherchant à comprendre cette première expérience fondatrice. Cette quête du sens de l'expérience intérieure va l'habiter toute sa vie. Car Jung ne peut trancher entre ces deux sens. Et, pour son jeune âge, il ne peut se retrancher sur du « déjà su ». Il est obligé d'avancer en territoire inconnu. Ainsi, très tôt, Jung se pose la double question qui va dominer sa vie : « Qu'est le monde et qui suis-je ? ». L'insuffisance du cadre religieux éclate aux yeux de ce fils d'un pasteur torturé par le doute. Jung sait aussi qu'en lui dorment des connaissances que son père ne lui délivre pas. Sa méditation sur son rêve en souligne la composante religieuse plutôt que sexuelle ; point de vue dont il ne changera pas par la suite. Dès qu'il est question de phallus, Jung l'aborde sous l'angle d'une

[1] Carl Gustav Jung, *Ma vie. op. cit.,* 1973, p. 32.
[2] Christian Gaillard, *Jung, op. cit.*, pp. 14 et 15.

symbolique religieuse ancestrale : le phallus en tant que source de la vie, le créateur et le faiseur de miracles (par exemple dans les *Upanishads* du yoga)[1].

Ici, Jung apprend que l'interprétation n'est jamais que provisoire et qu'elle est en même temps un exercice du symbole[2]. Jung dans son autobiographie, à cet endroit, vient de se livrer à *l'amplification*, une technique de travail avec le rêve qu'il a élaborée au cours de son œuvre et dont il se fit l'ardent défenseur. Qu'est donc l'amplification ? Jung écrit dans *Psychologie de l'inconscient*[3] que l'amplification est un « *procédé synthétique* » qui s'applique lorsque les symboles oniriques ne peuvent plus se réduire à des souvenirs ou à des composantes personnelles, lorsque surgissent des images de l'inconscient collectif. Il est donc question d'élargir la compréhension du rêve en ayant recours aux similitudes. Exactement comme le faisaient les onirocrites (comme Artémidore). Cette technique vise un effet thérapeutique. C'est à dire moins à donner des significations au rêveur qu'à être sensible à ce qui se passe en lui. Aussi, il ne s'agit pas de plaquer sur un mot toutes les significations possibles, toutes les « définitions » des diverses clefs des songes. Comme l'écrit Elie Humbert[4], il s'agit « de trouver le mythe, le conte, le fragment philosophique aussi bien que la pièce de sculpture, de peinture ou de musique qui rencontrera un assentiment émotionnel (chez le rêveur) et commencera à ouvrir le conscient à la dynamique qui se manifestait dans le rêve ».

Ainsi, nous pouvons mieux comprendre pourquoi Jung développe ce qu'est le phallus car, au-delà de son histoire personnelle, le rêve contient une image de l'inconscient collectif : le phallus. Le phallus est dans son rêve intronisé de façon ithyphallique (« dressé »). La clarté de la lumière au-dessus de la tête rappelle l'étymologie de phallus qui est : lumineux, brillant ; comme plus tard le sera le *numen* !

De cette première expérience de l'inconscient, le phallus lui semble être un dieu souterrain. Le Jésus conscient a sa contrepartie inconsciente : « une sorte de dieu des morts »[5]. Car le trou carré dans la prairie verdoyante est une tombe. En Égypte ancienne, l'esprit de la végétation est incarné par le dieu du monde souterrain, Osiris, qui vivait un cycle initiatique de morts et de renaissances. Lorsque le pharaon mourait, son esprit rejoignait celui d'Osiris représenté par un *Jed* phallique (un tronc de pin érigé dans la chambre mortuaire afin d'assurer la résurrection du roi). C'est ce qui fait écrire à Jung une « sorte de dieu des morts » ! L'équivalent du dieu *Osiris* est *Hermès*, le messager des dieux. Son nom signifie « *celui des pierres* ». De petits tumulus marquaient les routes… Aussi les amas de pierre sont-ils des images archétypiques des dieux. A ce propos, nous

---

[1] Anthony Stevens, *Jung L'œuvre - vie*, Editions du Félin, 1994, p.106.

[2] Christian Gaillard, *Jung, op. cit.*, p. 15.

[3] Carl Gustav Jung, *Psychologie de l'inconscient*, Georg et Cie S. A. Genève, Librairie de l'université, 1952, p. 158.

[4] Elie Humbert, *Jung*, Paris : Editions universitaires, 1983, p. 29.

[5] Carl Gustav Jung, *Ma vie. op. cit.*, p. 33.

pouvons nous demander si ce rêve, dans une perspective prospective, n'est pas l'instigateur des jeux de pierre que Jung instaurera par la suite sous forme de rituels…

Ainsi l'amplification permet-elle d'élargir la compréhension d'un rêve. Et d'illustrer un premier point de l'interprétation jungienne des rêves. Ce que nous allons illustrer avec Marie Louise von Franz qui a fait un travail d'amplification sur le symbole du phallus du rêve de Jung tout en collant aux propos de ce dernier quant au « dieu des morts », sans pour autant s'éloigner du propos du rêveur. Avec cet exemple, nous pourrons voir alors combien le symbole est le meilleur moyen d'expression de la psyché et combien il n'est pas réductible à une seule signification. En effet, le symbole embrasse toujours plus de sens qu'on ne peut en donner. Ce sens, d'ailleurs, peut se dévoiler des années plus tard.

Quand il renvoie à l'inconscient collectif, un symbole ne s'approche pas directement mais par des circumambulations pour laisser ses différents aspects se refléter peu à peu dans la conscience[1].

Le « bon seigneur Jésus » représenté par les hommes en redingotes noires et aux souliers luisants va inspirer à Jung pendant de nombreuses années (pasteurs, jésuites) des frayeurs. Même si le jeune Jung cherche à établir une relation positive avec le Christ, il ne parvient pas à surmonter une secrète méfiance. Car le créateur de cette forme gigantesque, mangeur d'hommes, a pour créateur « le Bon Dieu ».

« Ce n'est que cinquante ans plus tard que je fus cloué de stupeur par le passage d'un commentaire sur les rites religieux où il est question de l'anthropophagie dans le symbolisme de la communion »[2]. Comme quoi le premier rêve d'enfant anticipe le futur de la personnalité : c'est ce que Jung développera comme idée dans ses séminaires sur les rêves d'enfants dans les années 1940.

Marie-Louise von Franz qui travaille auprès de Jung dès 1934 et assure après sa mort la poursuite de l'enseignement de la psychologie des profondeurs - en particulier tout ce qui concerne la littérature alchimique - précise dans *C. G. Jung, son mythe en notre temps* ce que signifie le phallus chez les Romains et les Grecs. Cette amplification a le mérite d'être à la fois pertinente et époustouflante au sens où, pratiquée sur ce premier rêve de Jung, elle éclaire les grands aspects de sa vie par la suite. En voici la démonstration…

Dans la Rome antique, le phallus représente « le génie » de l'homme. Dans ce sens, le phallus symbolise la source de la puissance créatrice physique et spirituelle. Il est le dispensateur de toutes les idées « géniales », de l'enjouement, de la joie de vivre[3].

---

[1] Anthony Stevens, *Jung L'œuvre - vie*, *op. cit.*, p. 107.
[2] Carl Gustav Jung, *Ma vie. op. cit.*, p. 34.
[3] Marie-Louise von Franz, *C.G.Jung Son mythe en notre temps*, Paris, Buchet/Chastel, 1988, p. 33.

Marie-Louise von Franz, elle qui a vécu auprès de Jung pendant plus d'un quart de siècle, constate combien celui-ci savait créer autour de lui une ambiance de fête, combien il était habité d'une extraordinaire vitalité tout en sachant toujours se soumettre à l'esprit intérieur de création qui conduit à poursuivre sans cesse les recherches. Et nombreux furent les livres et articles que Jung a pu écrire !

Pour cette raison le phallus incarne le principe de l'Éros et de la création mais aussi le compagnon du dieu médecin Asclépios dont l'entrée du temple est décorée par les images d'Éros et de Méthé : l'Amour et l'Extase, personnifiant les puissances psychiques de guérison. Ce compagnon du médecin est le *Télesphoros*, mot qui signifie « *celui qui apporte l'accomplissement* »[1]. Par là, nous pouvons mieux comprendre pour quelles raisons Jung choisit la profession de médecin psychiatre, puis d'analyste. Et, nous le verrons tout de suite après, les jeux avec les pierres et le bonhomme peint en noir et habillé d'un manteau de laine (son télesphore). De même, les nombreuses aventures amoureuses que Jung eût par la suite semblent être la mise en scène des images d'Éros et de Méthé !

Marie-Louise von Franz poursuit son amplification du rêve de Jung. Chez les Égyptiens, le roi soleil mort est vénéré sous les traits d'Osiris, le dieu vert ou noir du monde infernal qui incarnait l'esprit de la végétation.

Dans la Grèce, Hermès joue le rôle de conducteur des morts. Il est le dieu de l'amour, de la fécondité, des négociateurs de paix, des savants, des interprètes, des cuisiniers et des alchimistes. Dans l'antiquité, l'image du dieu Hermès s'élargit à celle d'homme-dieu cosmique remplissant la nature. Certains peuples (les Cylléniens) considèrent Hermès comme le Logos. Dans le sanctuaire de Samothrace, des statues d'hommes nus les mains levées au ciel et le sexe en érection représentent l'Homme primordial et l'homme qui a subi la renaissance pneumatique. Les Phrygiens lui donnent le nom de cadavre et de Dieu en tant qu'être aux noms variés. « Cette figure gnostique d'anthropos était un esprit divin remplissant la nature, un symbole de « l'unification de la matière spirituellement vivant et physiquement mortelle »[2], secret que plus tard les alchimistes et les hermétistes recherchèrent inlassablement dans la nature »[3]. Là encore, nous pouvons mieux saisir le contact que Jung entretient jusqu'à la fin de sa vie avec la Nature. Toute son œuvre est parsemée de textes qui rendent hommage à la beauté de la terre. Les récits de ses nombreux voyages sont de grands moments de poésie. La thérapie qu'il élabora passait aussi par la redécouverte de ce contact avec la terre, le corps, les exercices adéquats…

L'œuvre de Jung ne peut se comprendre sans ce point essentiel : la nécessité d'intégrer ce Dieu qui vit dans la profondeur de la terre couverte d'herbe,

---

[1] *Ibid.*, p. 38.

[2] Carl Gustav Jung, *Ma vie. op. cit.*, p. 246.

[3] Marie-Louise von Franz, *C.G.Jung Son mythe en notre temps*, *op. cit.*, p. 41.

comme la prairie du rêve... D'autant plus que Jung lira par la suite Goethe qui proclamait « la Nature - Dieu... - mystère écrasant qui nous entoure, rempli d'événements et de figures où s'allient la beauté et l'effroi »[1]. Cette liaison du spirituel au matériel, cette conjonction des opposés (en apparence), la question de l'anthropos et du « Dieu est mort » nietzschéen va travailler Jung de l'intérieur le reste de sa vie : le rêve de ce « Bon Dieu mangeur d'homme phallique » annonce déjà ses recherches alchimiques et l'écriture de *Réponse à Job*. Car le rêve de Jung traite du problème de la mort de Dieu. En effet, il montre l'image d'un phallus funéraire (trou dans la prairie, la question du rêve : à n'importe quel moment le phallus peut ramper vers l'enfant). Dans ce cas, les Étrusques et les Romains dressaient un phallus sur les tombes des hommes. Celui-ci symbolisait alors la renaissance spirituelle et la promesse de la résurrection du mort. « Dans le rêve de Jung, le mort est manifestement devenu un roi qui désormais impatiemment attend la résurrection ».

En effet, ce Jésus/jésuite ténébreux et inquiétant est associé à l'ogre et à la mort. Par la mort, il se transforme en une figure salutaire au sens où il est le gardien de la force de Jung. Il se présente plein de mystère comme ce roi enseveli. Il est ambigu : c'est Jésus et ce n'est pas lui. Paradoxalement, ceci n'est pas un paradoxe ! Pour quelles raisons ? Lorsque le Dieu meurt (en mourant, il devient ténébreux), il passe dans le secret du monde infernal où il est transformé. Et sa première forme de résurrection est le phallus (s'élançant de la terre). Même si dans le rêve elle n'est pas encore actuelle ! Telle est l'interprétation de ce rêve par Marie-Louise von Franz[2]. Jung a en effet médité toute sa vie sur la relation étroite qui pouvait exister entre la figure du Christ et cet esprit souterrain de la Nature. Il répondra à cette question du « Dieu est mort » soixante dix ans plus tard. En effet, il écrira avec *Réponse à Job* sur la nature paradoxale de Dieu (et son « incarnation en l'homme »).

Ainsi certains rêves peuvent-ils être compris après coup, des années plus tard. Ce rêve d'enfant initia donc Jung aux mystères de la terre, même si, symboliquement, la mise en terre d'un processus et d'une compréhension intérieure va prendre le temps de mûrir et de se révéler... Alors la lumière sur ce rêve « phallique » pourra effectivement avoir lieu.

D'où l'importance fondamentale de ce rêve dans la vie future de Jung et sa théorisation. Il scelle un destin. Comme Jung l'écrira par la suite, le premier rêve conservé dans la mémoire dépeint l'essence d'une vie entière ou d'une première tranche de vie. Le rêve d'enfant reflète en quelque sorte un élément de «destin intérieur » que l'homme apporte avec lui en venant au monde[3]. A savoir, pour conclure momentanément sur cette amplification de Marie-Louise von Franz : la vie sexuelle de Jung (ses nombreuses liaisons), l'archétype du phallus (et la

---

[1] *Ibid.*, p. 41.
[2] *Ibid.*, p. 45.
[3] *Ibid.*, p. 31.

découverte de l'inconscient collectif ainsi que sa conception de la libido), le questionnement sur Dieu (et sa part d'ombre), l'intérêt pour la Nature, le problème de la mort. Jung écrira *Les sept sermons aux morts*, commentera *Le livre des morts tibétains* et vivra une Near Death Expérience. Il s'intéressera en particulier à l'esprit de Mercure (Hermès/Osiris), aux pierres (son télesphore). Il cherchera ce que signifient la pierre philosophale et la table d'émeraude. Et, à l'image d'Hermès/Mercure, il développera l'art de l'interprétation tout en fréquentant des savants, cuisinant, en appréciant l'alchimie… de la vie.

D'autres interprétations sont encore possibles. Ce rêve, en effet, peut permettre de faire un état des lieux de la situation familiale des Jung et du contexte historique dans lesquels tous vivaient. Dans le rêve, la mère est loin d'être réconfortante : elle rajoute à la frayeur de Jung avec ses propos sur l'ogre. Pour Stevens, la disparition d'Émilie Jung à la suite de sa dépression explique certainement l'absence dans le rêve de la protection et du réconfort maternel[1]. Stevens interprète encore d'une autre façon ce rêve. Ce premier rêve livre à Jung « la clé symbolique de sa situation : le principe masculin, le dieu phallique, s'y trouvait enseveli dans le féminin, au sein de la terre-mère. Il avait besoin d'une forte image de père, non seulement pour compenser l'inconsistance spirituelle du pasteur Jung, mais aussi pour se libérer du joug maternel… La pulsion d'individuation le contraignait à libérer sa virilité de l'emprise maternelle »[2].

Ce rêve est le premier secret de Jung. Il ne peut en parler à personne. Ce que le puritanisme de l'époque permet de comprendre. Comment parler de phallus à un père pasteur ? Nous pouvons supposer aussi que Jung eut à charge dès lors d'illuminer les noirs souterrains de la culture religieuse dans laquelle il vivait. Si les enfants ont à répondre aux questions auxquelles les ancêtres n'ont pu répondre (ce que Jung écrivait souvent), alors il est possible aussi de se demander quelle place donnait Jung à la sexualité. Car la tumescence phallique est une menace dans le rêve. En effet, dans ses écrits, à la différence de Freud, Jung en parle souvent avec réticence ou de façon mythique, sublimée. Stevens se demande dans quelle mesure Jung était porteur des craintes de sa mère face au pénis de son mari (aussi ne peut-il le nommer, comme sa mère) [3]. Cette hypothèse n'est pas aussi hasardeuse qu'il y paraît au premier abord. En effet, dans la suite de l'autobiographie, plusieurs indices laissent supposer que tout n'allait pas pour le mieux chez les époux Jung. Ils font chambre à part. Jung dort dans la chambre de son père. L'atmosphère ambiante devient irrespirable[4]. Ainsi Jung se retrouve-t-il à porter les conflits parentaux et religieux.

Gerhard Wehr signale que Jung mettra « plusieurs décennies avant de mentionner ce songe… Il est évident que l'objet aperçu ne pouvait provenir

---

[1] Anthony Stevens, *Jung L'œuvre - vie*, *op. cit.*, p. 103.
[2] *Ibid.*, p. 159.
[3] *Ibid.*, p. 104.
[4] Carl Gustav Jung, *Ma vie. op. cit.*, p. 38.

d'un simple fragment de souvenir lié à l'univers de l'enfant. Donc, il remontait à un au-delà de la mémoire, et relevait d'une nature suprapersonnelle »[1]. Il estime comme Marie-Louise von Franz que « la figure gnostique de l'Anthropos ou de l'homme primordial [dont Hermès et le phallus sont une figuration] apparaît comme un esprit procréateur se réalisant dans la nature, symbole de l'union de la matière spirituellement vivante et physiquement morte », selon l'expression de Jung. Ceci touche au *Mysterium conjunctionis*, au secret de l'union de contraires ; ce sur quoi Jung écrira dans *Psychologie et Alchimie.* Gerhard Wehr interprète ce rêve comme indiquant l'avènement de la vie spirituelle. De plus, ce rêve anticipe l'individuation qui est la maturation de la personnalité car le dieu souterrain sort de terre, d'un trou funéraire ; ce qui symbolise une naissance spirituelle[2].

Liens avec l'Œuvre

Le premier « vrai » rêve, nommé comme tel par Jung, signe la carrière de celui-ci, scelle son destin comme il l'a évoqué plus particulièrement dans ses séminaires sur les rêves d'enfants des années 1940.

Ce que Jung précise dans *Ma vie.* Ce rêve met en scène le phallus rituel, pose le problème du sens. Il déclenche chez le jeune Jung le *mystérium tremendum* qui est l'une des signatures de l'archétype en tant que numineux. D'ailleurs, on retrouve dans ce rêve toute la symbolique du mandala, du *Soi* : le carré (trou), la pierre (l'escalier), la douce lumière (phallus signifie lumineux et brillant) et la clarté, et la voix entendue (la vox dei) même si elle est incarnée par sa mère (mais pour un enfant la voix de sa mère n'est-elle pas celle de la Mère de toutes les mères ?).

Ce rêve bouscule la notion d'un Dieu tout amour : le phallus est associé par Jung à Jésus et aux jésuites. On peut voir là toute l'interrogation que Jung va avoir sur la religion, sa place au monde, en un mot : la quête du sens. Cette quête est fondatrice de la technique de l'amplification (le recours aux similitudes d'Artémidore comme Jung l'écrit dans *Psychologie de l'inconscient*) qui, en définitive, a pour but de donner du sens. La fameuse phrase du rêve ouvre la question de la signification des mots, de « l'exercice du symbole » en tant qu'interprétation momentanée.

Comme nous l'avons écrit plus haut, ce rêve met en œuvre une liaison du spirituel au matériel, une conjonction des opposés (Terre-Ciel) : la forme haute de quatre, cinq mètres descend de son trône pour ramper. Jung développera ces thèmes avec ses écrits alchimique et religieux. Il l'écrit : ce rêve l'a préoccupé pendant des années[3]. Il questionne l'anthropos et le « Dieu est mort » nietzschéen (le phallus est funéraire). Le rêve de ce « Bon Dieu mangeur

[1] Gerhard Wehr, *Carl. Gustav. JUNG sa vie, son oeuvre, son rayonnement,* Paris, Editions Librairie de Médicis, 1994, p. 35.

[2] *Ibid.*, p. 37.

[3] Carl Gustav Jung, *Ma vie. op. cit.*, p. 31.

d'homme phallique » annonce déjà les recherches alchimiques de Jung et l'écriture de *Réponse à Job.*

Le thème du mangeur d'hommes renvoie à la question de l'anthropophagie dans le symbolisme de la communion. Le rêve annonce donc les écrits de Jung sur la messe. Pour exemple : *Le symbole de la transsubstantiation dans la messe* publié dans *Les racines de la conscience*[1].

Pour certains jungiens dont Elie Humbert et Marie-Louise von Franz, ce rêve ouvre la porte à l'inconscient collectif dont le Phallus est l'une des figures. Ce phallus est souterrain. Il introduit au royaume des morts (le trou carré est une tombe), au royaume d'Osiris qui est une figure d'Hermès, de Mercure qui va « imprégner » les écrits alchimiques de Jung dans les années quarante.

Le phallus incarne l'Éros et la création, le dieu médecin Asclépios, le *Télesphoros*, mot qui signifie « celui qui apporte l'accomplissement »[2]. Par là, nous pouvons mieux comprendre pour quelles raisons Jung choisit la profession de médecin psychiatre, puis d'analyste. Aussi pouvons-nous dire, selon le point de vue de Marie-Louise von Franz, que ce rêve est vraiment annonciateur du futur de Jung qui va méditer toute sa vie sur la relation étroite existant entre la figure du Christ et cet esprit souterrain de la Nature (le Phallus rampe sur la terre). De notre côté, nous comprenons mieux pour quelles raisons Jung verra dans le Phallus plus qu'une simple (et banale) évocation de la sexualité ; ce qui ne veut pas dire qu'il sera « aveugle » vis-à-vis de la sexualité (comme l'écrit Glover)[3].

Laissons le dernier mot à Jung : il considère que ce rêve l'a initié aux secrets de la terre. Et « c'est à cette époque que ma vie spirituelle [intellectuelle][4] a inconsciemment commencé »[5]. Quelques années avant sa mort, précise Deidre Bair, Jung affirmera ne jamais s'être remis de ce rêve car il lui était arrivé quelque chose de merveilleux et de terrible simultanément : « Un message destiné au monde m'était parvenu avec une force écrasante… Et de là émergea mon œuvre scientifique… Le plus incroyable est [que le rêve] ne m'ait pas détruit ».[6] Jung veut dire par là qu'il aurait pu être démoli comme Schreber. Il ajoute que le phallus peut être interprété de manière freudienne au sens où le phallus est une expérience primitive. Néanmoins, il n'est pas un pénis. Car c'est une chose aux dimensions colossales appartenant à la mythologie, comme dans le culte du Phallus en Inde. C'est ainsi que lui est apparu naturellement ce Phallus dans son imaginaire.[7]

---

[1] Carl Gustav Jung, *Les racines de la conscience, Etudes sur l'archétype*. Paris, Buchet/Chastel, 1971, p. 235.

[2] Marie-Louise von Franz, *C.G.Jung Son mythe en notre temps*, *op. cit.*, p. 38.

[3] Edward Glover, *Freud ou Jung ?* Presses Universitaires de France, Bibliothèque de psychanalyse et de psychologie clinique, 1954, p. 41.

[4] La traduction est différente de la version française dans Gerhard Wehr, *op. cit.*, p. 37.

[5] Carl Gustav Jung, *Ma vie. op. cit.*, 1973, p. 34.

[6] Deirdre Bair, *Jung*, *op. cit.*, p. 47.

[7] *Ibid.*, note de bas de page, p. 996.

Ce premier rêve associé aux précédents rêves/visions de Jung annonce l'essentiel de son œuvre à venir. Tous les principaux points théoriques de Jung sont présents.

1881 : les Beaux-arts et les religions exotiques

A l'âge de 6 ans, Jung visite avec sa tante un musée d'animaux empaillés à Bâle. Ils se retrouvent tous deux enfermés dans la galerie des antiques. Ils remarquent derrière les vitrines des corps nus portant des feuilles de vigne. Sa tante cherche à l'empêcher de voir[1]. Jung avoue ne rien avoir vu d'aussi beau lors de cette rencontre avec les « Beaux-arts ».

Un autre événement marque son rapport à la religion : auprès d'une église catholique, Jung trébuche sur une marche et heurte du menton un décrottoir de fer. Il saigne fortement. Pour lui, cette chute est un présage : il vient d'être puni de sa curiosité par rapport à « l'autre » : comme le commente Deirdre Bair, tout ce qui est associé aux catholiques et au catholicisme est complètement « autre »[2]. Par la suite, pendant des années, il lui est impossible d'entrer dans une église sans « éprouver une peur secrète du sang, des chutes et des jésuites »[3]. A cet âge, il commence à apprendre le latin sous la direction de son père. Sa mère lui fait la lecture de l'Orbis Pictus (*Images de l'univers*). Dans ce livre, il découvre des images de Brahma, Vichnou, Civa... Son intérêt s'avive et il se sent en étroite relation avec ces religions exotiques car elles lui rappellent sa « *révélation* » (le rêve du mangeur d'hommes).

1882 : visions angoissantes et télesphore

A cette époque il dort dans la chambre de son père. De la porte de la chambre de sa mère, il ressent des influences angoissantes. Une nuit...

Visions de tête planant dans l'air

> Une nuit, je vis sortir de sa porte une figure quelque peu lumineuse, indécise, dont la tête se sépara du cou et plana dans l'air comme une petite lune. Aussitôt apparut une nouvelle tête qui s'éleva aussi. Ce processus se répéta six ou sept fois.[4]

Cette angoisse montre-t-elle que Jung est en train de perdre la tête ? En tout cas, de nouveau le thème du *numen* ressurgit avec la figure lumineuse. Si la tête représente l'esprit (Jung écrira sur l'archétype de l'esprit), ce flottement de la tête numineuse associée à la lune provient de la chambre de la mère. Cette angoisse « complexifiée », personnifiée, renouvelle la méfiance de Jung vis-à-vis du féminin. Ceci se répète sous une autre forme : suite à l'hospitalisation et après avoir entendu la voix de la mère dans le rêve du mangeur d'homme,

---

[1] Carl Gustav Jung, *Ma vie. op. cit.*, 1973, p. 36.

[2] *Ibid.*, p. 46.

[3] *Ibid.*, p. 36.

[4] *Ibid.*, p. 38

l'esprit de la mère est présent même à distance. Le thème de la répétition sera développé avec insistance par Jung dans les séminaires sur *Les rêves d'enfants*. Ce qui ne nous surprend pas. Il vient de voir la tête planer à plusieurs reprises.

Jung a toujours voulu comprendre l'incompréhensible et le mystère du rêve. Il aura la réponse à la fin de sa vie grâce au rêve de l'autre Bollingen : une voix lui dit que c'est achevé et prêt à être habité.

Un autre rêve encore.

Rêves d'angoisse

> J'avais des rêves d'angoisse à propos d'objets tantôt grands, tantôt petits : par exemple, une petite boule lointaine se rapprochait, grandissait immensément, devenant écrasante ; ou bien des fils télégraphiques, sur lesquels des oiseaux se posaient, s'épaississaient énormément ; mon angoisse grandissait jusqu'à ce que je me réveille[1].

Comme Jung l'écrit, ces rêves sont en relation avec la préparation physiologique de l'adolescence.

Liens avec l'Œuvre

Et ils caractérisent la manifestation du numen, de l'archétype[2]. Jung l'écrit dans *Dialectique du moi et de l'inconscient* : la marque des images collectives se caractérise par « l'infini spatial ou temporel, une vitesse, un mouvement ou une expansion considérables, des rapports astrologiques, des analogies telluriques, lunaires, solaires, des modifications essentielles dans les proportions du corps, etc. » Ainsi les rêves au cours desquels on traverse le firmament comme une comète, au cours desquels le rêveur se sent être la terre, le soleil ou les étoiles, au cours desquels il est démesurément grand ou petit. L'alternance du très grand et du trop petit signe des motifs archétypiques à l'œuvre. Dans ces images archétypiques, nous retrouvons l'idée de l'archétype en tant qu'il est ambivalent, bipolaire : par exemple, le plus grand est le plus petit[3].

Jung devient solitaire et vulnérable. Il a sept ans. Il souffre de crises d'étouffement. Dans ces moments de crise, il voit d'autres choses.

Vision de cercle bleu

> Au-dessus de moi, je voyais un cercle bleu brillant de la grosseur de la pleine lune, où se mouvaient des formes dorées que je prenais pour des anges[4].

---

[1] *Ibid.*, p. 38.

[2] Carl Gustav Jung, *Dialectique du moi et de l'inconscient,* Paris, Idées Gallimard, n° 285, 1978, pp. 86-87.

[3] Carl Gustav Jung, *Les rêves d'enfants, Séminaires tome 2*. Paris, Albin Michel, 2004, p. 225.

[4] Carl Gustav Jung, *Ma vie. op. cit.*, p. 38.

Cette vision adoucit l'angoisse de l'étouffement qui, néanmoins, réapparaît chaque nuit. Il se rassure en s'émerveillant toujours de la nature et en s'inventant des jeux presque muets. Il construit et démonte des tours avec des cubes. Il dessine des batailles. Il remplit un cahier entier de tâches d'encre qu'il s'amuse à interpréter avec réjouissance (avant même la méthode de Rorschach !). Il élabore des canaux sophistiqués avec de la terre et des pierres à l'embouchure d'un ruisseau. C'est ce que Jung appelle ses « jeux d'eau » qu'il poursuivra jusqu'à sa mort. Il expliquera bien plus tard à Barbara Hannah (une analyste qui a vécu auprès de Jung) ainsi qu'à Marie-Louise von Franz que ces jeux ou la simple contemplation de l'eau étaient la meilleure préparation pour son travail créatif et pour se libérer de l'extraversion de la vie sociale[1].

Bien qu'il ne le sache pas à l'époque, Jung vit déjà la psychologie qui le rendra célèbre. Il est déjà sa propre psychologie, cette psychologie qui est fondamentalement fondée sur l'expérience.

Il constate combien il peut être différent à l'école par rapport à ce qu'il est à la maison. Il a conscience de l'influence de l'environnement scolaire qui semble le dédoubler. Jung se sent divisé, dédoublé, en insécurité. Il aime jouer avec le feu qu'il cherche à toujours entretenir. Ce feu lui est *« sacré »*. De même, il aime s'asseoir sur une grosse pierre du haut de laquelle il se questionne : « Suis-je celui qui est assis sur la pierre, ou suis-je la pierre sur laquelle il est assis ? »[2].

Pour se « réunir », il sculpte dans une règle d'écolier un bonhomme qu'il peint en noir et habille d'un manteau de laine. Il place son bonhomme fétiche dans un plumier avec une pierre peinte avec différentes couleurs d'aquarelle. Il y glisse aussi des rouleaux de papier sur lesquels il écrit des messages codés que le petit bonhomme est chargé de garder. Jung les cache sur une poutre maîtresse du grenier. De temps à autre, il place cette pierre dans sa poche. Alors, il se sent sûr de lui et le sentiment de désunion avec lui-même disparaît[3]. De ce geste naît chez Jung l'idée de « l'Autre », d'un autre « moi »[4].

Cet épisode du petit bonhomme marque l'apogée et la fin de son enfance. Jung ne s'en souviendra que trente ans plus tard au moment où il écrit les *Métamorphoses et symboles de la libido*… qui signe sa rupture d'avec Freud. Durant l'écriture de ce livre, il découvre l'existence des caches de pierres d'âme près d'Arlesheim et chez les aborigènes australiens qui utilisent les *churingas*. Les churingas sont des objets rituels ; certains sont des pierres ovales décorées. Ils servent à mieux chasser, à frotter les corps malades, et, surtout lors d'initiation, à recevoir la force vitale des ancêtres. De même, dans les temples dédiés à Esculape, on trouve un *Télesphore* (petit dieu caché de l'antiquité) à qui il est fait

1 Anthony Stevens, *Jung L'œuvre - vie*, *op. cit.*, p. 35.
2 Carl Gustav Jung, *Ma vie. op. cit.*, p. 39.
3 *Ibid.*, p. 41.
4 Linda Donn, *Freud et Jung. De l'amitié à la rupture*, Paris, Presses Universitaires de France, Histoire de la psychanalyse, 1995, p. 47.

lecture avec des rouleaux de papier (sur lesquels sont écrits les désirs de celui qui cherche à guérir).

Sans le savoir, Jung façonne une image associée à Esculape. A cette époque, Jung ne pense pas devenir médecin comme son grand-père ou son arrière grand-père. Il ne sait pas non plus que les dieux nains de l'antiquité, les Cabires (cités dans le *Faust* de Goethe que Jung va « dévorer »), symbolisent l'impulsion créatrice. D'après Barbara Hannah, l'origine de la théorie des archétypes, des symboles universels, provient de ce petit bonhomme noir.

Ce petit bonhomme noir n'est pas sans rappeler l'Osiris noir, ce dieu au phallus puissant qui, nous apprend Marie-Louise von Franz[1], ressuscite en mangeant les autres dieux et devient ainsi un Dieu universel. Ce qui donne un autre ton au rêve du mangeur d'hommes.

Le rêve du mangeur d'homme et la sculpture du télesphore sont des débuts de réponses à l'interrogation de l'atmosphère chrétienne mortelle et paralysante à laquelle le jeune Jung se trouve confronté. En même temps, cette interrogation n'est pas que le fait d'un seul individu. Ce problème est on ne peut plus d'époque. Par ailleurs, nous voyons que des représentations archétypales traversent un rêve individuel. Ainsi le phallus d'Osiris. Redit autrement, Jung rêve de ce qui est déjà rapporté dans différentes traditions. De même, le plumier dans lequel Jung place son petit bonhomme n'est pas sans évoquer pour Barbara Hannah le dieu phallique placé dans une *kysta* (caissette utilisée pour mettre des objets sacrés dans les mystères antiques)[2].

Jung développe pendant son enfance solitaire une tendance au rêve et une activité fantasmatique qui vont exercer une influence importante sur son œuvre. Ce temps de jeu sérieux et secret lui permet de donner corps à ses représentations et mouvements intérieurs. Il trouve ainsi prise sur ses affects et symboles jaillissant de ce qu'il comprendra plus tard être des manifestations de l'inconscient individuel et collectif. Jung a déjà là un rapport vivant et concret, sensuel, avec ce qui l'habite et ce qui jaillit de ses profondeurs.

L'enfance et l'adolescence de Jung sont donc placées sous le joug de l'introversion, du secret, de l'expérience de la solitude suite à un abandon momentané de la mère. L'intuition enfantine de Jung s'est développée. En même temps, il s'est mis à lire et à étudier avec ardeur. Il joue ensuite. Et il se remet à étudier. Comme s'il s'était créé lui-même, à l'image des aborigènes et de leurs pierres, ses propres possibilités d'initiation. Il se crée des rituels que ses parents semblent ne pas avoir apportés.

Jung réunit ainsi toutes les conditions pour faire de la science un objet transitionnel et de surcompensation par rapport à son manque de confiance fondamental faisant suite à l'abandon momentané de sa mère dépressive. Et, en même temps, il sème les graines de ses découvertes futures. « La psyché

---

[1] Marie-Louise von Franz, *C.G.Jung Son mythe en notre temps*, *op. cit.*. p. 45.

[2] Anthony Stevens, *Jung L'œuvre - vie*, *op. cit.*, p. 39.

inconsciente de l'enfant est… sans limites et d'une ancienneté incalculable ». Il a déjà l'intuition de l'existence de composantes archaïques dont la psyché est imprégnée sans que celles-ci passent par l'enseignement traditionnel (famille, éducation, école). Il a conscience aussi que le symbole est vivant et qu'il a de multiples implications dans la vie quotidienne. Le symbole est plus que tous les commentaires ou réductions de sens qu'on peut en faire. Pour cette raison, il ne pourra pas supporter plus tard les interprétations réductionnistes de Freud.

Ainsi le symbole phallique est plus qu'un pénis. Jung affirmera même que le pénis est lui-même un symbole phallique[1]. Ainsi ses rêves d'angoisse de rétrécissements et d'agrandissements peuvent évoquer le phallus comme certains auteurs ont pu l'écrire. Mais ils peuvent aussi indiquer le petit d'homme qui cherche à grandir et l'ambivalence que Jung avait entre ses deux personnalités : l'une sûre d'elle-même, l'autre apeurée et manquant de confiance en elle.

Même si Jung est passé par des épreuves peu fréquentes pour son âge (les sept premières années), même si on peut supposer qu'il a failli perdre la tête (à l'image de sa mère dépressive et de ses visions de têtes volantes…), Jung apprend à faire avec les puissances de l'inconscient et de ce qui va tracer un destin hors norme.

Lien avec l'Œuvre

Si nous analysons les symboles de la vision de Jung, cercle et couleur d'or sont là aussi des expressions du *Soi* comme Jung l'écrira des années plus tard dans *Psychologie et alchimie*, à propos du second rêve de Pauli, le rêve du chapeau. En effet, Jung écrit que le chapeau qui ceint la tête du sujet est rond comme le cercle solaire, une couronne[2]. Il est la première allusion au mandala. Dans *Psychologie et orientalisme*, Jung liste les éléments formels du symbole dans le mandala. Parmi eux, on trouve la forme circulaire, sphérique ou ovoïde. Dans *Aïon*, Jung rappelle que les symboles du cercle et de la quaternité peuvent se manifester dès les premiers rêves de l'enfance, « c'est-à-dire longtemps avant toute possibilité de conscience et de compréhension »[3]. Il ne croit pas si bien dire.

Dans son commentaire de *La Grande vision de l'horloge mondiale*, il précise que le bleu est la couleur du manteau céleste de la Vierge. Le bleu, représente aussi la verticale, la hauteur et la profondeur (ciel et mer), ces derniers étant les attributs de l'anima. « L'*anima* représente la hauteur et la profondeur de l'homme. Sans le cercle vertical bleu, le mandala doré reste bidimensionnel, sans corps – une image purement abstraite. Ce n'est que l'interférence de l'espace et du temps dans l'ici et maintenant qui crée la réalité »[4]. Jung décrit un

---

[1] *Ibid.*, p. 111.
[2] Carl Gustav Jung, *Psychologie et alchimie*, Paris, Buchet/Chastel, 1970, p. 126.
[3] Carl Gustav Jung, *Aïon. Etudes sur la phénoménologie du Soi,* Paris, Albin Michel, 1983, p. 209.
[4] Carl Gustav Jung, *Psychologie et orientalisme*, Paris, Albin Michel, 1985, pp. 275-276.

mandala tibétain que lui a fait connaître son ami Richard Wilhelm. « D'ordinaire, le mandala contient trois cercles peints en noir ou en bleu foncé, dont le but est d'exclure l'extérieur et de donner une cohésion à l'intérieur »[1].

Le doré est pointé dans la *Fleur d'or* qui est « une structure aux couleurs lumineuses, ignées, croissant à partir d'une obscurité située au-dessous d'elle et portant des fleurs d'or à son sommet. (Il y a là un symbole analogue à l'arbre de Noël) »[2]. Cette même couleur est pointée dans *Psychologie et alchimie* dans la grande vision de l'horloge. Dans la *Psychologie du transfert*, elle est aussi la caractéristique de l'enfant divin (qui naît de l'union des opposés).

Résumons : les motifs du bleu, du cercle, du doré sont des caractéristiques du mandala (qui en sanskrit signifie cercle), du *Soi*.

Jung conseillait d'analyser des séries de rêves pour repérer les transformations à l'œuvre. En appliquant ce procédé à ses expériences d'enfant de 1882 dans leur ordre d'apparition (vision de tête, de rétrécissement, de cercle bleu), force est de constater que Jung est confronté très tôt au *Soi*. En termes d'évolution, de transformation des motifs oniriques, nous voyons qu'il passe de l'effroi sacré numineux à l'adoucissement procuré par la contemplation du cercle bleu doré comme il le décrit dans *Ma vie*. Même si nous retrouvons la bipolarité du numineux, de l'archétype, l'essentiel ici est de pointer que la rencontre avec la figure du mandala apaise. Ce dont Jung parlera bien plus tard quand il écrira sur les mandalas.

Il précise aussi que, suite à ces expériences intérieures de 1882, il se rassure en mettant en place ses jeux d'eau, en prenant contact avec la nature, en montant et démontant des tours et des cubes, en jouant avec des pierres et en dessinant[3]. Il en parle en 1913 à propos de la peinture et du dessin dans *Moyens et buts de la psychothérapie* : « Il s'agit de quelque chose qui diffère de l'art et même le surpasse, à savoir d'une efficacité vivante sur le malade lui-même »[4]. Et il en reparle plus particulièrement dans le fameux article concernant *La fonction transcendante*[5].

1887 : Sortie du brouillard et conscience d'exister, excrément divin et Grâce

Jung a 12 ans. Il va au collège de Bâle. Un nouveau monde s'ouvre devant lui. Il se retrouve avec des camarades de classe dont les familles sont aisées : ce qui contraste avec la situation financière de ses parents. Jung est obligé d'affiner sa langue d'origine, le suisse-allemand, car on y parle l'allemand littéraire. Il constate aussi que les Bâlois s'expriment avec distinction en allemand et en

---

[1] *Ibid.*, p. 68.

[2] Carl Gustav Jung, *Commentaire sur le Mystère de la Fleur d'Or,* Paris, Albin Michel, 1987, p. 40.

[3] Anthony Stevens, *Jung L'œuvre - vie, op. cit.*, p. 35.

[4] Carl Gustav Jung, *La guérison psychologique*, Georg et Cie S. A. Genève, Librairie de l'université, 1953, p. 121.

[5] Carl Gustav Jung, *L'âme et le Soi,* Paris, Albin Michel, 1990, p. 173.

français. Bien qu'ils soient conventionnels et matérialistes, les Bâlois fêtent le carnaval une fois l'an et circulent masqués dans les rues en s'adressant directement aux uns et aux autres. De plus, ils manient l'humour (la seule qualité divine selon Schopenhauer) tout en étant critique et franc.

Jung se fait exclure des cours de dessin. « Je ne savais dessiner que ce qui occupait mon imagination »[1]. Pour autant, par la suite, il n'arrêtera pas de dessiner, en particulier des mandalas.

Un autre événement renforce la conscience de soi-même, le fait d'exister soi *per se.* Au cours d'une promenade, le jeune Jung éprouve le sentiment de sortir brusquement d'un épais brouillard en arrière duquel il n'existait pas encore, où il se laissait mener passivement par les choses qui arrivaient. Maintenant il a conscience de vouloir, de pouvoir faire acte d'autorité vis à vis de sa vie. Gerhard Wehr estime que Jung vient de faire sa première expérience du *Soi.* En effet, Jung écrit : « Cette expérience me parut extrêmement importante et nouvelle [Cet événement sembla d'une immense portée et nouveau[2]] ; il y avait de l'autorité en moi »[3]. Mais cette affirmation de soi, intérieure, n'évite pas à Jung d'avoir conscience d'être toujours deux personnages. L'un est le collégien. L'autre est un homme important de grande autorité. En même temps, il lui souvient d'avoir vécu à une autre époque. Comment ? En empruntant à un vieil homme son bateau. Le vieil homme le sermonne. Jung remarque les souliers à boucle du vieil homme : ce sont ceux-là même que Jung portait au XVIIIe siècle. À sa grande surprise, il constate de lui-même qu'il reconnaît, d'une part, le bien-fondé de la réprimande et que, d'autre part, il est pris d'une fureur irrationnelle. Comment un « ours aussi mal léché » ose-t-il l'insulter, lui, le lycéen (le personnage n°1) qui est *aussi* quelqu'un d'important, un vieil homme important qui vivait au XVIIIe siècle (le personnage n°2). En écrivant cela, Jung pense-t-il aux risques d'inflation du moi ? D'où la question intérieure du « Qui es-tu, toi ? ». Jung a l'impression de vivre à deux époques différentes simultanément. Il soupçonne que cette impression proviendrait peut-être des récits racontés par ses parents au sujet de son grand-père.

Barbara Hannah précise que de cette scène est née la conception du moi et du *Soi* chez Jung[4]. Le moi est figuré par le lycéen, et le *Soi* par ce vieil homme. Jung vient de faire l'expérience de ce que les *Upanishads* nomment *l'Atman.*

Jung se fait interdire la pratique de la gymnastique car il hait qu'on lui dise comment se mouvoir dans le monde. Il se demande si sa crainte du monde ne provient pas de la période dépressive de sa mère, du moment où elle l'a abandonné. En tout cas, cette dispense de gymnastique lui permet d'aller consulter la bibliothèque du collège. La pulsion de lire commence à le saisir.

---

[1] Carl Gustav Jung, *Ma vie. op. cit.*, p. 49.

[2] La traduction française dans *Ma vie. Souvenirs, rêves et pensée*, p. 54.

[3] Gerhard Wehr, *Carl. Gustav. JUNG sa vie, son oeuvre, son rayonnement, op. cit.*, p. 45.

[4] Barbara Hannah, *Jung, sa vie et son œuvre,* Fontaine de pierre, Dervy –Livres, 1989, p. 55.

En repassant devant la fameuse cathédrale, il éprouve de nouveau un malaise étouffant. Il éprouve un sentiment de culpabilité à l'idée de s'approcher du trou. Ce serait commettre un péché, voire un meurtre à l'encontre de ses parents[1]. Les nuits suivantes sont faites d'angoisse. Jung repense à la cathédrale. Il cherche à contrôler sa pensée. Il ne veut pas consciemment se laisser aller à un certain type de pensées (celles de pêché…). Il se demande d'où peuvent provenir ses pensées coupables. Sont-ce de ses grands-parents ? Ont-ils eu eux aussi pareil sentiment ? De fil en aiguille, par la pensée, Jung remonte la lignée de ces ancêtres pour aboutir finalement à Adam et Ève. Dieu les ayant créés, Jung en déduit que « c'était l'intention de Dieu qu'ils commettent ce pêché »[2], Adam et Ève mais aussi ses ancêtres, ses parents. Cette pensée, cette conclusion « logique » (Si Dieu est créateur de Tout, il l'est donc aussi du pêché, du Mal) libère Jung de son tourment. Il se demande alors si Dieu n'a pas mis à l'épreuve son courage et son obéissance. Une autre expérience l'amène à cette nécessité personnelle de penser. Le jeune Jung se réveille d'un sommeil agité. Il laisse alors advenir ses pensées. Il rassemble tout son courage – comme s'il avait eu à sauter dans les feux de l'enfer – et laisse émerger l'idée… Resurgit la cathédrale…

Vision de la cathédrale et de l'excrément divin

> Devant mes yeux, se dresse la belle cathédrale et au-dessus d'elle le ciel bleu ; Dieu est assis sur son trône d'or très haut au-dessus du monde et de dessous le trône un énorme excrément tombe sur le toit neuf et chatoyant de l'église ; il le met en pièces et fait éclater les murs[3].

Cette vision libère et allège Jung immédiatement : il a l'impression de recevoir la Grâce qui guérit et qui donne la compréhension plutôt que d'être damné. Puis, il a l'impression de faire l'expérience que son père n'a jamais faite : celle d'accepter totalement la volonté de Dieu. Il s'estime être détenteur d'un secret : les réprouvés sont les élus. Et il sait ce qu'est la Grâce. Ce qu'il lit ensuite dans la bible de son père.

Après cette expérience, Jung imagine combien Dieu peut être terrifiant ! Il se sent détenteur d'un secret. Les tourments religieux se poursuivent donc. Comme si Jung se trouvait porteur à la fois des interrogations et doutes de son père mais aussi de cette fin de siècle où, comme Nietzsche l'écrit, Dieu est mort. « Tous les dieux finissent par mourir et à retourner sous terre dont ils sont venus »[4].

Néanmoins, si Jung vit cette expérience de la Grâce comme « une distinction », il la subit aussi comme humiliante dès qu'il laisse en lui revenir son côté traditionnel. Alors, il perçoit le caractère blasphématoire de la pensée qui

---

[1] Carl Gustav Jung, *Ma vie. op. cit.*, 1973, p. 56.

[2] *Ibid.*, p. 58.

[3] *Ibid.*, p. 59.

[4] Anthony Stevens, *Jung L'œuvre - vie, op. cit.*, p. 150.

est montée en lui. « C'est ainsi qu'il apprit à connaître, douloureusement, les contraires… et à les vivre dans la vie quotidienne, dans son monde intérieur, comme faisant partie intégrante de lui-même »[1]. Cette expérience trouvera une « compréhension » dans les années 1950 avec ce qui passe pour être sa dernière œuvre : le *Mysterium Conjunctionis* (1955).

À partir de ce moment, il se met à dévorer la Bible ; *Job* en particulier sur lequel il écrira en 1952. Cette expérience et la pulsion de lire qui dès lors l'habite le confirment dans ce qui deviendra un princeps dans toute son œuvre : il faut faire l'expérience d'abord pour ensuite savoir. En cela, Jung se démarque de son père qui lui reproche de penser plutôt que de croire. Ce à quoi Jung lui rétorque : « Donne - moi ta foi et je croirai ». Des années plus tard, en août 1952, Jung avoue à Mircea Eliade : « J'ai été péniblement choqué lorsque, enfant encore, j'ai lu pour la première fois le *Livre de job*. J'ai découvert que Yahvé est cruel, qu'il est même un malfaiteur ! Car s'il se laisse persuader par le Diable il accepte de torturer Job à la suggestion de Satan. Dans la toute-puissance de Yahvé, aucune considération pour la souffrance humaine »[2]. C'est ce qui l'a incité à écrire à *Réponse à Job.*

Jung est déçu par son père pasteur qui se dérobe aux questions pressantes sur les énigmes et zones d'ombre de la religion prônée par ce dernier. Il perçoit à la fois son père comme un homme digne de confiance et un incapable. Ce qui explique ses analyses ultérieures des impasses du christianisme, du dogme de la Trinité et ses dénonciations de toute organisation dogmatique, institutionnelle, détentrice d'une vérité qui n'a pas été mise à l'épreuve par et dans l'individu. Il prend conscience de la réalité psychique qui peut se manifester à l'insu du conscient. En soi, sourde une réalité vivante, insistante, pressante, qui a un potentiel énergétique et créatif.

Liens avec l'Œuvre

Cette vision rêvée marquante semble poursuivre le précédent rêve. Jung a souvent conseillé d'analyser une suite de rêves plutôt qu'un seul. Ce rêve (ou vision) montre que l'église est mise en pièces. Si les représentants humains de Dieu, comme le pasteur, ne peuvent plus répondre aux énigmes de Jung, celui-ci n'a plus le choix que de trouver sa religion. C'est ce à quoi Jung va passer le reste de sa vie. Il écrira beaucoup sur la religion (*Aïon*, *Réponse à Job*, etc.). Jung, dans ces deux rêves initiatiques, vient d'éprouver le numineux, terme qu'il emprunte à un théologien, Rudolph Otto (*Le sacré*). Ce terme désigne « ce qui est indicible, mystérieux, terrifiant, tout autre, la qualité dont l'homme fait l'expérience immédiate et qui n'appartient qu'à la divinité »[3]. Le *numen* se manifeste en général lorsque le rêveur est face à des thèmes archétypiques.

[1] *Ibid.*, p. 54.
[2] W. Mc Guire et R. F. C. Hull, *C. G. Jung parle*, Paris, Buchet/Chastel, 1985, p. 179.
[3] Carl Gustav Jung, *Ma vie. op. cit.*, p. 459.

L'archétype ouvre au *numen* et à la crainte des dieux. Jung est là en plein dans ce mystère qu'il devra résoudre. Mystère où, en tant que jeune chrétien, il doit relier le sexuel et le religieux qui se manifestent dans ses deux premiers rêves. Si la religion dissociait le sexuel du spirituel, ces deux rêves semblent montrer qu'il y a nécessité de relier le haut et le bas. Ce second rêve est le pendant, la *compensation* du premier. Au sens où celle-ci est un mécanisme de régulation d'un fonctionnement (en langue allemande) et non ce qui corrige un manque (en langue française). « Les rêves actualisent le plus souvent des composantes du psychisme opposées à celles qui dominent le conscient… La compensation ne vise pas un équilibre où les tensions s'annuleraient, mais un fonctionnement plus large des dynamismes inconscients »[1].

Ici, le rêve en son début indique la conception de Jung quant à l'ordonnancement du monde. La fin du rêve lui montre un autre aspect des choses. Ainsi, pourrions-nous donner différentes interprétations « sauvages » de ce rêve, en avoir différents niveaux de lecture du jeu entre conscient et inconscient : Dieu spirituel merveilleux/ Dieu humain, Dieu qui ordonne tout/Dieu qui détruit tout… Cette vision des opposés est renforcée par la dualité entre le toit rutilant, le ciel bleu et l'excrément.

En tout état de cause, Jung - qui doutait de la religion consciemment face au manque de réponse de la part de son père - vit là une expérience religieuse. Alors que des Freudiens pourraient lire dans cette expérience les scrupules liés au premier orgasme d'un écolier intelligent mais sexuellement naïf[2], Jung vit sa première rencontre et une confrontation directe avec Dieu. Dès lors, il devient très attentif aux mécanismes du refoulement, aux modalités et aux effets propres des émergences circonstancielles et actuelles de l'inconscient. Par la suite, les principaux concepts de Jung garderont, à l'image de cette vision, cette vocation à la figuration, à la dramatisation, à la symbolisation. Et Jung insistera tout au long de son œuvre sur la nécessité de tenir compte du contexte d'émergence du rêve ; en particulier dans les séminaires sur *Les rêves d'enfants*.

Par ailleurs, Jung estime que Dieu n'a pas mis à l'épreuve son courage et son obéissance d'autant qu'il est saisi par des pensées coupables (tuer ses parents) dont il attribue la responsabilité à Dieu, en fin de compte. Cette idée sera la matière première de *Réponse à Job* (1952) : le Mal est inhérent à Dieu.

Et cette expérience trouvera une « *compréhension* » dans les années 1950 avec ce qui passe pour être sa dernière œuvre : le *Mysterium Conjunctionis* (1955) où il est question justement de réconcilier les opposés.

A partir de ce moment, Jung se met à dévorer la Bible, *Job* en particulier. Cette expérience et la pulsion de lire le confirment dans ce qui deviendra un princeps dans toute son œuvre : faire l'expérience d'abord pour ensuite savoir. Ici Jung vit sa première rencontre et une confrontation directe avec Dieu. Ce

---

[1] Elie Humbert, *Jung*, Paris : Editions universitaires, 1983, p. 36 et 37.
[2] Anthony Stevens, *Jung L'œuvre - vie*, *op. cit.*, p. 135.

thème de la confrontation (plutôt que le refoulement) reviendra par la suite dans son œuvre.

1891-1896 : *Faust*, l'orientation professionnelle, rêves d'ombre et de mort du père

Jung plonge dans les livres pour trouver des réponses à ses questions concernant la religion. *La dogmatique chrétienne* de Biedermann (1869) l'insatisfait car aucune réponse n'est apportée à la question du diable. Jung se pose donc déjà la question du Mal. Sa mère lui conseille le *Faust* de Goethe qui devient pour le jeune homme un baume de l'âme. Car Goethe prend le diable au sérieux à la différence de Biedermann. Et Jung dévore *Faust* dans lequel il retrouve son expérience personnelle du Dieu ténébreux. « Pendant le reste de sa vie, Jung allait recueillir de tels signes »[1]. De là, débute certainement l'intérêt de Jung pour les phénomènes de synchronicité.

L'école et la vie citadine absorbent Jung. Le personnage n°1 prend le devant de la scène et apaise les humeurs dépressives. La réflexion de Jung s'alimente des lectures de Pythagore, Platon, Héraclite, Maître Eckhart et de Schopenhauer qui le marquent profondément car ce dernier voit que tout n'est pas « pour le mieux dans les fondements de l'Univers »[2]. Ce qui le conduit à lire Kant et *La critique de la raison pure*. Mais aussi les *Rêves d'un visionnaire*, qui analyse les expériences prophétiques du voyant suédois Swedenborg. *L'essai sur les fantômes et ce qui s'y rattache* de Schopenhauer affirme la validité des phénomènes hypnotiques et de seconde vue. Jung lit aussi la *Théorie de la science des esprits publié* en 1808 par un piétiste, Jung-Stilling. Un autre livre va influencer et servir de modèle à la thèse de Jung *:* *La voyante de Prévorst* (1829) de Justinius Kerner.

La question de l'orientation professionnelle se pose de manière de plus en plus angoissante pour Jung. Il a cherché à mettre en veilleuse le personnage n°2 mais le n°1 s'attriste du sort réservé au n°2. Néanmoins, il décide, faute de mieux, faute de choix délibéré et pesé en accord avec le n°2, de s'inscrire en faculté de sciences naturelles. Après cette décision, Jung alors fait deux rêves. Dans le premier…

Les os d'animaux préhistoriques

> … j'allai dans une sombre forêt qui s'étendait le long du Rhin. J'arrivai à une petite colline, un tumulus funéraire, et je me mis à creuser. Au bout d'un moment, à mon grand étonnement, je tombai sur des os d'animaux préhistoriques. Cela m'intéressa passionnément et à ce moment même je sus qu'il fallait que je connaisse la nature, le monde dans lequel nous vivons et tout ce qui nous entoure[3].

---

[1] Linda Donn, *Freud et Jung. De l'amitié à la rupture*, *op. cit.*, p. 60.

[2] Carl Gustav Jung, *Ma vie. op. cit.*, p. 91.

[3] *Ibid.*, p. 107.

Jung sait alors qu'il lui faut connaître la nature, le monde dans lequel nous vivons. Ensuite vint un second rêve. Jung est dans la forêt. Il perçoit…

Le radiolaire coloré aux tentacules

> … entouré d'épaisses broussailles, un étang de forme ronde. Dans l'eau, à moitié enfoncé, il y avait un être extraordinairement étrange : un animal rond, scintillant de multiples couleurs et composé de nombreuses petites cellules ou d'organes ayant la forme de tentacules. Un radiolaire gigantesque d'environ un mètre de diamètre. Que cette créature magnifique soit restée à cet endroit caché, dans l'eau claire et profonde, sans être dérangé, me parut une merveille indescriptible ; elle éveilla en moi le plus ardent désir de savoir, si bien que je me réveillai le cœur battant[1].

Ces deux rêves confirment à Jung sa décision des sciences naturelles. Mais il envisage les conséquences de son choix professionnel. Etre zoologue le conduirait à devenir maître d'école ou à être rattaché à un parc zoologique. Alors, l'idée lumineuse de devenir médecin surgit[2]. Son grand-père paternel avait été lui aussi médecin. Le principe de n'imiter personne a conduit Jung à ignorer ce choix possible professionnel. La médecine comportant des sciences naturelles, Jung y trouve son compte. Ainsi des rêves peuvent-ils indiquer une direction quant au futur. Jung, par la suite, analyse les rêves selon les trois temps de la vie consciente : présent, passé et futur. Il cherche la valeur prospective du rêve. Dans son autobiographie, c'est avec ce rêve qu'il indique précisément cette possibilité de travail.

Marie-Louise von Franz signale[3] que ces deux rêves (les os d'animaux préhistoriques et le radiolaire) font suite au rêve du mangeur d'hommes. En effet, il est de nouveau question de la lumière de la nature car le radiolaire est considéré par Paracelse comme tel ! Ce radiolaire symbolise aussi « l'ordre caché dans l'obscurité de la nature. C'est une fois encore l'image de Dieu qui s'est gravée dans la nature maternelle et qui, maintenant, est sortie de la terre, mais vit toujours caché dans la nature ».

Depuis le moyen âge, cette lumière de la nature est considérée comme une seconde source de connaissance pour les chrétiens. Pour Guillaume de Conches (1080-1154), elle est un savoir inconscient et instinctif. Pour les scolastiques d'Avicenne, elle est aussi un don de prophétie et de télépathie. Pour beaucoup d'alchimistes (Albert le grand entre autres), elle est la source de toute connaissance de la nature. Pour Agrippa de Nettesheim, elle est la lumière des présages qui descendent sur les animaux et les oiseaux et d'autres êtres vivants qui les rend capables de prédire l'avenir. Pour Paracelse, l'homme est « un

---

[1] *Ibid.*, p. 107.
[2] *Ibid.*, p. 107.
[3] Marie-Louise von Franz, *C.G.Jung Son mythe en notre temps*, *op. cit.*, p. 46.

prophète de la lumière de la nature et il apprend d'elle notamment par les rêves » ! Comme elle ne parle pas, elle instruit pendant le sommeil…[1]

Jung ne pouvait pas connaître cette doctrine de la lumière de la nature. Pourtant, suite à ces rêves, sa conclusion est d'étudier la nature ! Néanmoins, ce rêve du radiolaire indique le premier signe de la guérison, de la résurrection de la matière. En effet, ce que Jung étudiera et découvrira beaucoup plus tard et dont il rendra compte dans des articles ou des livres comme *Paracelse*, *Les racines de la conscience*, dans le symbolisme alchimiste, l'homme doit trouver dans la matière l'esprit de la nature, qui, transformée, fait plonger dans la *nigredo* (le noir de la mort) dont on ressort avec la « queue du paon » (la *cauda pavonis*) qui est un jeu de couleurs irisées. Jung l'a éprouvé en rêve avec le radiolaire aux multiples couleurs.

Pour Marie-Louise von Franz, le télesphore de Jung est une représentation de cette *ombre* à laquelle Jung se trouve confronté. En même temps qu'existe la possibilité de sortir de cette période de vie avec « plus de couleurs ».

Lien avec l'Œuvre

Ces deux rêves sont des réponses à la question de l'orientation professionnelle. Ils confirment la décision des sciences naturelles faites par Jung. Il sait alors qu'il lui faut connaître la nature et le monde dans lequel nous vivons. En pesant le pour et le contre, l'idée lumineuse de devenir médecin surgit[2]. De ces deux rêves (encore le deux !) vient l'idée de la valeur prospective du rêve.

Marie-Louise von Franz signale qu'il est de nouveau question de la « lumière de la nature » car le radiolaire est considéré par Paracelse comme tel[3] ! Ce que Jung étudiera dans des articles ou des livres comme *Paracelse*, *Réflexions théoriques sur la nature du psychisme* (*Les racines de la conscience*), dans le symbolisme alchimiste. L'homme doit trouver dans la matière *l'esprit de la nature*, qui, transformée, fait plonger dans la *nigredo* (le noir de la mort, le tumulus) dont on ressort avec la « queue du paon » qui est un jeu de couleurs irisées. Ainsi le radiolaire aux multiples couleurs du rêve de Jung ! Il n'est pas étonnant que par la suite Jung s'intéresse aux *scintallae*, ces rayons de l'âme universelle qui forment les lumières de la nature et qui sont des manifestations du *Soi*. Ce que Jung évoquera dans *Psychologie et alchimie*[4], dans *Les racines de la conscience*[5]. Après en avoir vu de toutes les couleurs, Jung voit noir avec le rêve suivant.

Avec ce rêve et les précédents, l'image du monde de Jung change radicalement. Jung quitte le monde de l'enfance et de l'adolescence pour

---

1 *Ibid.*, p. 48.

2 Carl Gustav Jung, *Ma vie. op. cit.*, p. 107.

3 Marie-Louise von Franz, *C.G.Jung Son mythe en notre temps*, *op. cit.*, p. 46.

4 Carl Gustav Jung, *Psychologie et alchimie*, Paris, Buchet/Chastel, 1970, p. 385.

5 Carl Gustav Jung, *Les racines de la conscience*, *Etudes sur l'archétype*. Paris, Buchet/Chastel, 1971, p. 597.

aborder celui de la vie estudiantine qui le voit sortir de l'isolement et de la dépression.

Le Phallus souterrain, le petit télesphore noir, le radiolaire, l'excrément divin préfigurent ce qu'il découvrira plus tard dans l'alchimie et l'hermétisme. Mais il ne sait pas encore… que ses rêves tracent son futur. Dès lors, on peut comprendre, dans cette suite de rêves, si on en suit la logique interne, que Jung ne peut que se confronter à *l'ombre* (ou *nigredo*). Ce qui, effectivement, se passe. Un autre rêve vient simultanément effrayer et encourager Jung. En pleine nuit, il est dans un endroit inconnu. Un vent puissant souffle. Il peine à avancer. Un épais brouillard règne…

Le rêve de la forme noire et de la petite flamme

> Je tenais et protégeais de entre mes deux mains une petite lumière qui menaçait risque à tout instant de s'éteindre. Or il fallait à tout prix que je maintienne cette petite flamme : tout en dépendait. Soudain, j'eus le sentiment d'être suivi ; je regardai en arrière et perçus une gigantesque forme noire qui avançait derrière moi. Mais au même moment j'avais conscience que – malgré ma terreur – sans me soucier de tous les dangers, je devais sauver ma petite flamme à travers nuit et tempête[1].

Au réveil, Jung comprend que cette « ombre » est le fantôme du Brocken qu'il projette sur les traînées de brouillard. La flamme est sa conscience. « Ma connaissance… était la seule lumière que je possédais ». Jung est en pleine tempête intérieure. La flamme de la conscience est son personnage n°1 qui doit poursuivre son chemin : poursuivre ses études contre vents et marées. Le n°1 est suivi comme son ombre par le n°2. Et il doit explorer « l'obscurité immense du monde où l'on ne voit et ne perçoit rien que les surfaces de secrets insondables »[2]. Et ce, avec la distanciation nécessaire apportée par la conscience comme le lui enseigne le rêve. Pour Marie-Louise von Franz, ce rêve est un tournant capital dans la vie de Jung. Car Jung s'écarte de toute identification avec le personnage n°2 afin de ne pas succomber à l'inflation du moi, afin de ne pas se considérer comme un « annonciateur » du royaume de la « lumière intérieure ».

A ce moment de sa vie, Jung sait que son chemin le conduit vers l'extérieur, avec son obscurité et sa limitation. Adam a quitté le paradis. L'Eden à atteindre lui est devenu fantomatique. C'est à la sueur du front qu'il faut le regagner. Jung en est persuadé même si ses connaissances sont ébranlées. Il croyait que les rêves étaient envoyés immédiatement par Dieu (là, il évoque indirectement le songe). Maintenant il sait que quelque chose d'intelligent, de plus intelligent que le moi conscient, œuvre en lui. Il attribue cette intelligence supérieure au

---

[1] Carl Gustav Jung, *Ma vie. op. cit.*, 1973, p. 110.

[2] *Ibid.*, p. 110.

personnage n°2 qui est une personnalité autonome (c'est à dire qui peut surgir à n'importe quel moment ; ainsi en rêve) dont le n° 1 est le fruit.

Son univers intérieur lui apparaît comme une ombre gigantesque faite de brouillard et teinté d'étrangeté. Jung comprend pour quelles raisons les gens sont saisis d'étrangeté et embarrassés à l'évocation du royaume intérieur.

Il sait aussi que ce personnage n°2 est intemporel et qu'il existe à l'arrière-plan de sa vie. Pourtant, tel que l'indique le rêve et tel qu'il le comprend, Jung sait qu'il doit mettre de côte ce n°2 pour s'adonner aux activités du n°1. Il va donc mettre en veilleuse quelques années le n°2.

Liens avec l'Œuvre

Ce rêve aborde le thème de *l'ombre* sous un autre angle. D'abord il y a eu l'ombre du *Soi* dans les visions d'hommes noirs, comme si elle était extérieure à Jung. Maintenant, Jung prend conscience de s'y confronter en l'explorant. Car, quoiqu'on fasse, notre *ombre* nous suit. Ce qu'il écrira à plusieurs reprises : se confronter à *l'ombre* est l'étape indispensable du processus d'individuation. D'où la nécessité de maintenir en soi la « petite lumière » du moi conscient. Coûte que coûte, quoiqu'il se passe, il est important de rester conscient et de procéder à la différenciation critique ; c'est-à-dire ne pas s'identifier. Ce « mot d'ordre » parsème toute l'œuvre de Jung ensuite.

L'*ombre* est repérable dans les rêves à des figures qui sont du même sexe que le sujet. Jung écrit dans *La guérison psychologique* : « La figure de l'ombre personnifie l'ensemble de ce que le sujet ne reconnaît pas et qui directement ou indirectement le poursuit inlassablement »[1]. Dans *Psychologie et inconscient*, il précise : « Le diable est une variante de l'archétype de l'ombre qui figure l'aspect dangereux de la moitié obscure et non connue de l'homme »[2].

Les rêves d'ombre de Jung illustrent tout à fait ces propos avec ces personnages de sexe masculin : Siegfried (1913-1915) ou encore le jeune prince arabe qui tente de noyer Jung (1920).

Par la suite, le concept d'*ombre* se précise et se dédouble peu à peu pour passer du statut de projection individuelle à celui de projection « collective ». Dans *A propos de la renaissance* (1940), il écrit : « Ce côté sombre inhérent à toute personnalité est la voie d'accès à l'inconscient et le portail du rêve »[3]. La manifestation de l'ombre (le « saisissement » de l'individu) est de l'ordre de la projection[4].

L'*ombre* n'est pas qu'individuelle : Jung envisage une projection de l'ombre qui concerne le sexe opposé. Dans ce cas, il s'agit de projeter son *ombre*, c'est à

[1] Carl Gustav Jung, *La guérison psychologique*, Georg et Cie S. A. Genève, Librairie de l'université, 1953, p. 267.

[2] Carl Gustav Jung, *Psychologie de l'inconscient*, Georg et Cie S. A. Genève, Librairie de l'université, 1952, p. 186.

[3] Carl Gustav Jung, *L'âme et le Soi,* Paris, Albin Michel, 1990, p. 29.

[4] Carl Gustav Jung, *Aïon. Etudes sur la phénoménologie du Soi,* Paris, Albin Michel, 1983, p. 21.

dire l'*anima* (pour l'homme) sur le partenaire féminin et l'*animus* (pour la femme) sur le partenaire masculin.

Plus tard, Jung associe l'*ombre* au mal. L'expérience du Mal est « aussi rare que bouleversante »[1]. L'*ombre* acquiert donc un double statut : elle est à mi-chemin entre le personnel et l'impersonnel. C'est ce que Jung a vécu avec ce rêve où une gigantesque forme noire le suit.

Il approfondit son propos dans *Réponse à Job*. Jung soutient en effet que ce choc de la rencontre avec la noirceur humaine nécessite de se « laver de ces noirceurs » pour accueillir « le dieu obscur », la face sombre de l'archétype du *Soi*[2]. Ce qu'illustreront les alchimistes dans les différentes étapes du premier degré de l'opus : la rencontre avec la *nigredo*, source de mélancolie, d'affliction, de confusion »[3].

Dans *Un mythe moderne*, Jung ajoute un élément supplémentaire à ses considérations sur l'*ombre* et le *Soi*. La réconciliation des contraires, l'acceptation et l'intégration du féminin chez l'homme, conduit au *Soi*. Auquel cas, le *Soi* reste dans l'ombre : il ne se manifeste pas[4].

Ce rêve de la forme noire a donc été riche en conséquences théoriques car remarquons que, telle qu'elle est décrite par Jung, cette ombre n'est qu'une forme. Elle n'a pas encore de visage humain (de même sexe). Jung ne peut pas encore définir tout ce que l'*ombre* recèle. Il va mettre une grande partie de sa vie à faire le tour de l'*ombre*, à déboucher sur l'idée que le Mal est inhérent à Dieu (cinquante cinq ans plus tard dans *Réponse à Job*), que le *Soi* possède une autre facette : l'*ombre*.

Durant cette période (1891-1894), Jung a de violentes discussions avec son père. Il constate que la période intellectuelle « héroïque » de son père s'est arrêtée après l'examen terminal à l'Université. Son père avait étudié les langues orientales et réalisé une thèse sur la version arabe du *Cantique des Cantiques*. Sa vie s'arrête ensuite au moment où il officie comme pasteur. Son père est emprunt de doute théologique et il ne peut répondre aux questions religieuses de son fils. Rétrospectivement, Jung comprend son rêve de la cathédrale de 1879 : Dieu désavoue la théologie et l'Église fondée sur elle. Jung rejette la religion théologique (et son père) qui ne repose pas sur une expérience intérieure. Son père n'a pas l'expérience de la foi ni de Dieu qui lui jouent des tours. On comprend mieux que, par la suite, Jung ne cesse d'affirmer : « Je ne peux pas croire à ce que je ne connais pas, et ce que je connais, je n'ai pas besoin d'y croire »[5].

Si Jung n'a pas les échanges qu'il aurait souhaité avec son père, il a néanmoins un confident : un homme de cinquante ans, un ami de la famille

---

[1] *Ibid.*, p. 23.

[2] Carl Gustav Jung, *Réponse à Job*, Paris, Buchet/Chastel, 1977, p. 214.

[3] Carl Gustav Jung, *Mysterium conjunctionis, tome 2*, Paris, Albin Michel, 1982, p. 323.

[4] Carl Gustav Jung, *Un mythe moderne*, Paris, Idées Gallimard, n° 323, 1974, p. 145.

[5] Henri Frédéric Ellenberger, *Histoire de la découverte de l'inconscient*, Paris, Fayard, 1995, p. 683.

comme le confiera Jolande Jacobi. Jung admire cet homme mais ce dernier, un jour, lui fait des avances homosexuelles. Jung brise là leur amitié, « partagé entre l'effroi et la répugnance »[1].

Automne 1895. Il s'inscrit à l'université de Bâle la même que son grand-père Carl Gustav. Il assiste à la mort de son père début 1896, le 28 janvier. La voix « seconde » de la mère de Jung commente : « Il a disparu au moment favorable pour toi. Vous ne vous êtes pas compris et il aurait pu être un obstacle pour toi »[2]. Une certaine virilité et liberté s'éveillent en Jung : il s'installe dans sa chambre et prend dès lors la place de père. Six semaines après le décès, son père apparaît à Jung en rêve.

Le rêve du retour du père

> Il fut brusquement devant moi et me dit qu'il revenait de vacances. Il s'était bien reposé et revenait maintenant à la maison. Je pensais qu'il me ferait des reproches parce que je m'étais installé dans sa chambre. Mais il n'en fut pas question. J'avais honte, pourtant, parce que je m'étais imaginé qu'il était mort[3].

Quelques jours plus tard, le rêve se répète.

Le rêve de guérison du père

> Mon père revenait guéri à la maison et je recommençai à me faire des reproches parce que j'avais pensé qu'il était mort.[4]

Jung se questionne continuellement sur la signification de ces deux rêves. Pour la première fois, il est conduit à réfléchir sur la vie après la mort. Pourtant, par rapport à son père, comme l'indiquent les deux rêves (retour et guérison du père), le père n'est pas tout à fait mort. Jung a encore besoin d'un mentor tout-puissant pour résister aux incertitudes intellectuelles et spirituelles, avec qui aussi il puisse échanger sur ses expériences intérieures. Pour cette raison, il ne pouvait rencontrer que des grands penseurs de son époque : Bleuler, Freud, R. Wilhelm…

Liens avec l'œuvre

Ces deux rêves conduisent Jung à se questionner continuellement sur leur signification. Pour la première fois de sa vie, il est amené à réfléchir sur la vie après la mort. Pour cette raison, il lit le *Bardo Thodol* qu'il commentera en 1915[5].

Il le dit lui-même : « … le Bardo Thödol a été pour moi… un fidèle compagnon auquel je dois non seulement de nombreuses suggestions et

---

[1] Linda Donn, *Freud et Jung. De l'amitié à la rupture*, *op. cit.*, p. 61.

[2] *Ibid.*, p. 119.

[3] Carl Gustav Jung, *Ma vie. Souvenirs, rêves et pensée*, *op. cit.*, p. 120.

[4] *Ibid.*, p. 120.

[5] Carl Gustav Jung, *Psychologie et orientalisme*, Paris, Albin Michel, 1985, p.167.

découvertes, mais encore des idées tout à fait essentielles »[1]. Jung trouve dans les différents Bardos des similitudes avec sa théorie des archétypes, un lien entre ce célèbre écrit tibétain et ceux de Swedenborg ainsi qu'une nouvelle confirmation des archétypes (avec l'état des formes-pensées et le monde des rêves).

C'est une constante chez notre auteur : il a toujours cherché confirmation de ses théories chez d'autres, en particulier dans des traditions qui « ont fait leur preuve » et qui ont résisté à l'épreuve des temps et des modes ; en particulier les textes traditionnels sacrés comme les Upanishads, le bouddhisme, l'alchimie et les gnostiques. Même en rêve (celui de 1922 du père consultant le psychologue à propos du mariage ; cf. *infra*), il demande confirmation à son père quant à la teneur des *Types psychologiques.*

1897-1899 : Lectures philosophiques, expériences spirites, le choix d'être psychiatre

Jung rentre à l'université de Bâle. Ses années d'étude sont une belle époque.

Il lit *Les rêves d'un illuminé* de Kant et les *Rêves d'un visionnaire*, qui analyse les expériences prophétiques du voyant suédois Swedenborg (XVIIIe siècle) dont il lit l'œuvre, *L'essai sur les fantômes et ce qui s'y rattache* de Schopenhauer qui affirme la validité des phénomènes hypnotiques et de seconde vue. D'autres lectures le passionnent : les mystiques chrétiens (Maître Eckhart, Jakob Boehme, Swedenborg), les philosophes (Kant, Schopenhauer, Platon, Plotin, Héraclite, Empédocle), les romantiques allemands (Goethe, Carus, Schelling), les théoriciens de l'évolution biologique (Lamarck, Darwin, Haeckel).

Il découvre *Ainsi parlait Zarathoustra* de Nietzsche qui lui fait une aussi forte impression que le *Faust* de Goethe. Il constate que Nietzsche a été en contact lui aussi avec son n°2 et son monde dans lequel l'écrivain s'est perdu. La possibilité que le personnage n°2 puisse être morbide effraye Jung. Aussi décide-t-il de se consacrer à sa vie estudiantine, taisant ses expériences de *l'arrheton*, cet indicible qui ne peut être exprimé, qui renvoie aux rites initiatiques des mystes.

En 1898, il pense sérieusement à sa carrière de médecin. Il se voit travailler dans un quelconque hôpital cantonal pour gagner sa vie et rembourser ses dettes.

À partir de juin 1895, Jung organise trois séances de spiritisme pendant lesquelles il prend des notes qui serviront à l'écriture de sa thèse « *De la psychologie et de la pathologie des phénomènes dits occultes* » (publiée en France sous le titre de *L'énergétique psychique*, Buchet-Chastel). Jung apprend comment naît un n° 2. Comme l'a écrit Ellenberger, les expériences de spiritisme sont la cellule germinale de la psychologie analytique de Jung.

[1] Carl Gustav Jung, *Ma vie. Souvenirs, rêves et pensée, op. cit.*, p. 228.

Un autre événement va être déterminant dans ses choix professionnels. Jung tombe sur un livre de psychiatrie de Krafft-Ebing (*Lehrbuch des Psychiatrie*, 1890). En lisant que les psychoses sont des maladies de la personne, Jung a une révélation ! Il sait qu'il deviendra psychiatre car « Là était le champ commun de l'expérience des données biologiques et des données spirituelles… C'était enfin le lieu où la rencontre de la nature et de l'esprit devenait réalité »[1].

1900-1902 : Bleuler, Janet, *L'Interprétation des rêves*, *La psychopathologie des phénomènes dits occultes*, les travaux sur l'association verbale et la découverte des complexes, les rêves de patients, le transfert, les ancêtres

Il acquiert le titre de médecin en 1900. Il décide de se spécialiser en psychiatrie et devient l'assistant d'Eugène Bleuler à la clinique du Burghölzli, où il est amené à soigner de nombreux patients psychotiques.

En 1902, il soutient sa thèse sur *La psychopathologie des phénomènes dits occultes*.

Bleuler satisfait du travail de son collaborateur, accorde à Jung un semestre supplémentaire d'études à Paris. Là, Jung y rencontre Pierre Janet (1859-1947), créateur d'une nouvelle psychiatrie dynamique. Jung est attiré par les expériences parapsychologiques de Janet. Le cas de la belle Léonie est un événement pour les psychiatres de l'époque. « La technique du « parler automatique », développée en 1892, l'intéresse aussi, à cause de la « synchronicité » avec son test sur l'association d'idées »[2]. De son côté, Jung est intéressé « par l'étude des réactions inconscientes. Freud fait très peu référence aux travaux de Janet mais, pour ma part, j'ai travaillé avec lui quand j'étais à Paris et il m'a beaucoup aidé à formuler mes idées »[3].

Avec « l'abaissement du niveau mental », « un contenu sombre en-dessous du niveau de conscience et devient donc inconscient. C'est aussi l'opinion de Freud, hormis que, pour lui, le contenu descend parce qu'il y est aidé, il est réprimé d'au-dessus. Ce fut mon premier point de discorde avec Freud ». En effet, Jung prétend que ce contenu n'est pas forcément, à tous les coups, réprimé, refoulé. Il peut aussi avoir une certaine autonomie[4]. Jung affirme que tous les contenus mentaux avec une tonalité de sentiment, de nature émotionnelle ont la valeur d'un affect et ont tendance à devenir autonomes[5].

Il lit Freud et son *Interprétation des rêves* qui lui est « une source d'illumination ». Dans un premier temps, il parcourt l'un des trois cent cinquante et un exemplaires du premier tirage dont l'énonciation du nom de

---

[1] *Ibid.*, p. 134.

[2] Emilio Rodrigué, *Freud Le siècle de la psychanalyse 1,* Désir Payot. Editions Payot &Rivages, 2000, p. 452.

[3] Richard Evans, *Entretiens avec Carl Gustav Jung*, Paris, Petite bibliothèque Payot, 2002, p. 30.

[4] W. Mc Guire et R. F. C., Hull *C. G. Jung parle*, Paris, Buchet/Chastel, 1985, p. 221.

[5] *Ibid.*, p. 222.

l'auteur suffit à faire s'empourprer les dames[1] car le nom de Freud est associé aux histoires « salaces ». Jung laisse de côté, faute de compréhension, le livre dont les chapitres s'étalaient sur la terre battue à Rimerlehen[2] et dont les rêves et les souvenirs proviennent de l'auteur et renvoient à son enfance.

Dans un second temps, ce livre sur les rêves n'est pas pour déplaire à Jung car Freud introduit la dimension psychologique. Et la notion de refoulement permet à Jung de comprendre les temps d'attente dans le test des associations verbales qu'il utilise. Il dira plus tard à Richard Evans : « Je pensais que c'était certainement une œuvre essentielle pour l'avenir »[3].

Il reprend la lecture de *L'interprétation des rêves* au regard de son expérience clinique. Avec l'une de ses patientes, mélancolique, il travaille sur les rêves de celle-ci. Il obtient ainsi des informations essentielles que l'anamnèse ordinaire ne peut mettre en évidence. Pour Jung, la véritable thérapie ne commence qu'une fois examinée l'histoire personnelle qui représente souvent le secret du malade. De plus, l'histoire du patient renferme la clé du traitement. A cette fin, le thérapeute doit poser des questions concernant la totalité du patient et non se borner à son seul symptôme. Il constate aussi qu'explorer le matériel conscient reste souvent insuffisant. D'où le recours à l'expérience d'associations, à l'interprétation des rêves et le contact long et patient avec le malade[4]. En relisant *L'interprétation des rêves*, Jung se demande si les « mauvaises » réponses aux associations viennent de la même source que les rêves. Il constate à plusieurs reprises qu'un nombre écrasant de complexes sont de nature érotique. Mais si Jung admet que la sexualité joue un rôle important, il lui semble qu'il n'en est pas toujours ainsi[5]. Ainsi, parlant d'un rêve de serpent avec le journaliste Richard Evans, le serpent étant un symbole phallique pour un psychanalyste orthodoxe, Jung signale que la flèche d'une église est aussi un symbole phallique. « Mais lorsqu'on rêve de pénis, qu'est-ce donc alors ? Vous savez ce qu'en a dit un membre de la vieille garde orthodoxe : « Dans ce cas, la censure n'a pas fonctionné ». Vraiment, vous appelez cela une explication scientifique ? [Rires] »[6].

De ses premières expériences thérapeutiques, Jung met en place ce qui deviendra sa « méthode d'analyse »… Celle-ci consiste d'abord à éviter d'être systématique car chaque malade emploie un langage différent. Aussi n'hésite-t-il pas à écrire qu'il peut utiliser avec l'un un langage adlérien et avec l'autre un langage freudien[7]. L'essentiel n'est pas de confirmer une théorie mais d'amener le malade à ce qu'il se comprenne lui-même. A cette fin, il est nécessaire que le

[1] Linda Donn, *Freud et Jung. De l'amitié à la rupture*, *op. cit.*, p. 71.
[2] *Ibid.*, p. 38.
[3] Richard Evans, *Entretiens avec Carl Gustav Jung*, *op. cit.*, p. 13.
[4] Carl Gustav Jung, *Ma vie. Souvenirs, rêves et pensée*, *op. cit.*, p. 143.
[5] Linda Donn, *Freud et Jung. De l'amitié à la rupture*, *op. cit.*, p. 38, p. 78.
[6] W. Mc Guire et R. F. C., Hull *C. G. Jung parle*, Paris, Buchet/Chastel, 1985, p. 254.
[7] *Ibid.*, p. 157.

thérapeute se comprenne lui-même : la thérapie du malade commence dans la personne du médecin/thérapeute si celui-ci a fait une analyse. Car le thérapeute doit se rendre compte à tout instant de la manière dont il réagit lui-même à la confrontation avec le malade. « Il faut donc s'efforcer de comprendre ses propres rêves... », être attentif à soi-même[1]. Dans le cadre de la relation analytique, Jung n'hésite pas à dire au malade ce qu'il ressent ou ce qu'il pressent, d'autant plus si son intervention lui est indiquée par des rêves. Dans ce chapitre IV de *Ma vie*, Jung donne en exemple plusieurs cas cliniques. Il a une femme en analyse. Il lui semble que le dialogue devient superficiel et que ses analyses oniriques tombent à côté. Il décide de parler de cette situation à la malade lorsqu'il fait le rêve suivant.

Rêve de la femme haut placée

> Je marchais sur une route de campagne, dans une vallée, au crépuscule. A droite s'élevait une colline abrupte. En haut il y avait un château ; sur sa plus haute tour, une femme était assise sur une sorte de balustrade. Pour que je puisse bien la voir, il me fallait renverser la tête en arrière.[2]

Jung se réveille avec une crampe à la nuque. Il saisit immédiatement la signification de son rêve. Les rêves sont des *compensations* de l'attitude consciente. Dans la réalité, Jung a regardé de haut sa malade. Il communique cette interprétation à la malade. Et « le traitement fut remis à flot »[3]. Jung a l'habitude, le réflexe, d'être vigilant par rapport à ses projections. Aussi se demande-t-il « quel message m'apporte mon malade ». Car « le médecin n'agit que là où il est touché. Le blessé seul guérit ». Ainsi, les malades sont souvent « l'onguent qui convient au point faible du médecin ». A cette fin, le médecin a touché du doigt sa vérité intérieure : au sens où, tout au moins, il s'est défait de sa *persona*, du masque social qui lui sert de cuirasse ; sinon il est sans efficacité.

Liens avec l'Œuvre

Nous sommes en 1900-1902. Jung commence à prendre des patients en thérapie. Ce rêve est le premier cité par Jung concernant la relation analytique. Que dit-il ? Que Jung a regardé de haut sa patiente. Et qu'il s'est protégé derrière la cuirasse de la *persona* médicale. D'où découle ce rêve qui indique une compensation par rapport à la situation consciente : c'est à Jung maintenant d'être regardé de haut.

Avec ce rêve, Jung prend donc conscience de la fonction de compensation des rêves par rapport à l'attitude consciente[4]. Et de l'intérêt d'être attentif à la manière dont il réagit par rapport à ses patients. « Le thérapeute doit se rendre compte à tout instant de la manière dont il réagit lui-même à la confrontation

---

[1] *Ibid.*, p. 158.
[2] *Ibid.*, pp. 159-160.
[3] *Ibid.*, p. 160.
[4] Carl Gustav Jung, *Ma vie. Souvenirs, rêves et pensée, op. cit.*, p. 160.

avec le malade. On ne réagit pas seulement avec son conscient, on doit toujours aussi se demander aussi : « comment mon inconscient vit-il cette situation ? ». Il faut donc s'efforcer de comprendre ses propres rêves, faire attention de façon minutieuse à soi-même et s'observer autant que le malade, sinon le traitement tout entier peut aller de travers… »[1].

Les rêves de l'analyste sont là pour indiquer comment se situer vis-à-vis d'un(e) patient(e). Ces premières réflexions de Jung sur les projections, sur le jeu du transfert et du contre-transfert expliquent pour quelles raisons Jung a prôné aux médecins de s'être fait d'abord analyser eux-mêmes. « Mais le psychothérapeute ne doit pas se contenter de comprendre son malade ; il est aussi important qu'il se comprenne lui-même »[2]. Ce que Jung mettra lui-même en place, dès 1906, en appliquant à ses rêves la méthode d'analyse freudienne[3].

Le mérite de Jung est d'avoir été vigilant à ce qui se passe dans le cadre de la séance d'analyse mais aussi, et là il était innovant pour l'époque, au sein de l'inconscient de l'analyste, au travers de ses rêves qui peuvent indiquer la route à suivre. Jung s'est donc intéressé aux rêves pour travailler ces questions de la relation thérapeutique, du transfert. C'est ce qui sera la matière première de *Psychologie de l'inconscient* (les chapitres VII et VIII), de *La guérison psychologique* (la partie concernant *La méthode*) et encore plus de *La psychologie du transfert* en 1946.

L'autre point important du rêve et de ce que Jung en dit est de prendre en considération la compensation dans le travail analytique. Cette notion de compensation est déjà en germe dans *Psychogenèse des maladies mentales*. Jung écrit que le délire onirique est une compensation de la réalité.

Dans la *Psychologie de l'inconscient*, il en reparle en disant que les rêves des patients peuvent compenser les points de vue du conscient du médecin ! Ainsi le rêve de la jeune fille juive au complexe paternel. Elle traite Jung avec une telle condescendance qu'il est obligé en rêve de regarder le menton pointé vers le haut, s'occasionnant ainsi une crampe à la nuque. Jung précise aussi combien analysé et analyste (et leur inconscient) forment un couple indissociable : l'inconscient de l'un fait réagir l'inconscient d'autrui. Cette idée, Jung la reprend dans *La psychologie du transfert* où il démontre que dix étapes caractérisent la situation transférentielle. Le principe de compensation ne concerne pas que le patient lui-même. Il concerne aussi la relation thérapeutique. Les années d'expérimentation de l'analyse des rêves ont conduit Jung à avoir une « confiance indéfectible dans la sûreté des compensations qu'apportent les rêves »[4].

---

[1] *Ibid.*, p. 159.

[2] *Ibid.*, p. 158.

[3] Carl Gustav Jung, *Psychogenèse des maladies mentales*, Paris, Albin Michel, 2001, p. 180.

[4] Carl Gustav Jung, *Psychologie de l'inconscient*, Georg et Cie S. A. Genève, Librairie de l'université, 1952, p. 154.

D'où l'importance de ce premier rêve cité concernant la relation thérapeutique. Jung commencera à en rendre compte dix ans plus tard dans *Psychologie de l'inconscient* et *La guérison psychologique.*

Travailler sur ses rêves, c'est aussi accéder à l'inconscient collectif et s'ouvrir alors « à la relativité du temps et de l'espace dans l'inconscient »[1]. Cette situation, Jung l'a souvent vécue et il donne plusieurs exemples dans ce chapitre de *Ma vie.* Il se souvient d'une juive qui avait perdu la foi. Il fait le rêve suivant.

Le rêve de la jeune fille juive au complexe paternel

> Une jeune fille que je ne connaissais pas se présentait chez moi comme malade. Elle m'exposait son cas, et tandis qu'elle parlait je me disais : « Je ne la comprends pas du tout. Je ne saisis pas de quoi il s'agit ! » Mais soudain il me vint à l'esprit qu'elle avait un complexe paternel peu ordinaire.[2]

Le jour suivant, Jung reçoit pour une première consultation une jeune femme. Elle est juive et souffre d'une névrose d'angoisse depuis plusieurs années. Malgré l'anamnèse, il ne comprend pas son cas. Son rêve alors lui revient à l'esprit et il se rappelle que cette jeune fille est là en face de lui ! Mais il ne perçoit nulle trace d'un complexe paternel. Dans ces cas de figure, Jung questionne alors sur les grands-parents. Alors, il sait que là le bât blesse. Ce que confirme sa patiente : son grand-père rabbin a été infidèle à la religion juive en oubliant Dieu. La jeune femme souffre de la crainte de Dieu de son grand-père.

Liens avec l'Œuvre

Ce rêve présente plusieurs intérêts en ce sens qu'il illustre différents points de la cosmogonie jungienne. Il est une illustration de l'accès à l'inconscient collectif au sens où il est possible à l'analyste de percevoir des événements avant qu'ils n'adviennent « réellement ». Jung l'écrit : accéder à cet inconscient collectif permet de s'ouvrir « à la relativité du temps et de l'espace dans l'inconscient »[3]. Autrement dit, il aborde aussi la fonction prospective du rêve : la jeune juive se présente au réveil… du rêve ! Jung abordera cette fonction dans *L'homme à la découverte de son âme*[4], dans *Les rêves d'enfants, tome 1*[5].

En même temps, Jung vient de faire ainsi une première expérience de ce qu'il nommera synchronicité en 1929 (*Synchronicité et Paracelsia*).

L'autre intérêt de ce cas clinique est sa singularité : la jeune femme souffre de la crainte de Dieu de son grand-père rabbin qui a été infidèle à la religion. Ce rêve est le premier cité par Jung indiquant combien un sujet peut être porteur

---

1 Carl Gustav Jung, *Ma vie. Souvenirs, rêves et pensée, op. cit.*, pp. 162 et 163.

2 *Ibid.*, p. 165.

3 *Ibid.*, pp. 162 et 163.

4 Carl Gustav Jung, *L'homme à la découverte de son âme*, Paris, Petite bibliothèque Payot, n°53, 1982, p. 213.

5 Carl Gustav Jung, *Les rêves d'enfants, Séminaires tome 1*. Paris, Albin Michel, 2002, p. 234.

des problèmes de ses ancêtres. Cette idée est chère à Jung. Il la développera dans *Les sept sermons aux morts* en 1916 : dialoguer avec les morts pour résoudre leurs problèmes, en définitive. Ce dont il rêvera en 1911 avec le rêve de la question en langue latine : il doit apporter une réponse à cet ancêtre spirituel qui, durant son vivant, n'a pu apprendre ce qu'il n'avait pas pu savoir de son temps !

Dans *Les rêves d'enfants* (tome 1), Jung aborde fréquemment cette question du legs des parents chez les enfants. Les enfants héritent des problèmes non résolus par leurs parents.[1] Il démontre aussi que le rêve de l'enfant peut être aussi une compensation de l'éducation parentale. Ainsi, les enfants dont les parents ont contenu leur émotion éprouvent beaucoup d'émotions comme si c'était leur mission.

Dans *Les rêves d'enfants* (tome deux), Jung donne l'exemple d'une fille dont l'éducation a négligé les instincts. Le plaisir de patauger dans la boue, de n'être « qu'un petit cochon » (phrase que les parents disent) semble interdit à la rêveuse. Ce que le rêve met en scène. De ce point de vue, les rêves d'enfants d'une part mettent en scène les réactions de l'inconscient face à l'éducation parentale et d'autre part peuvent indiquer les problèmes non résolus des parents, voire des ancêtres.

Ainsi, dans *L'énergétique psychique*, l'âme enfantine n'est pas *tabula rasa* car d'elle surgissent « des rêves effrayants ou encourageants, des images aux lointaines perspectives qui préparent tout un destin, en même temps que ces pressentiments rétrospectifs qui atteignent bien au-delà de l'expérience enfantine jusqu'à la vie des ancêtres »[2].

Par la suite, à plusieurs reprises, Jung évoque autrement les ancêtres. Il articule ce thème avec celui des archétypes de l'inconscient collectif.

Dans *Psychologie et religion*, Jung évoque l'archétype. Il existe non pas une transmission héréditaire de représentations mais « une possibilité formelle de reproduire des idées semblables ou au moins analogues »[3]. Ainsi les mandalas ont déjà été rêvés et vus par nos ancêtres[4].

Dans *Psychologie de l'inconscient*, il précise que les archétypes sont des images qui se sont formées au cours de la vie de nos ancêtres. En analysant le fameux rêve de l'écrevisse, Jung signale qu'est réactivée « la lignée d'ancêtres que l'homme possède parmi les animaux ». L'inconscient pour Jung contient des engrammes (Semon), des résidus de fonctions archaïques.

Dans *L'essence de la mythologie*, le mythe de Déméter (mère) et de Korè (fille) indique que chaque femme se prolonge en arrière dans sa mère et en avant dans

---

[1] *Ibid.*, p. 118.

[2] Carl Gustav Jung, *L'énergétique psychique*, Georg et Cie S. A. Genève, Librairie de l'université, 1981, p. 77.

[3] Carl Gustav Jung, *Psychologie et religion,* Paris, Buchet/Chastel, 1978, p. 196.

[4] *Ibid.*, p. 197.

sa fille[1]. Elle se situe alors au sein d'une lignée d'ancêtres reconstruite. Se situer dans une lignée libère de l'isolement.

Ces quelques exemples indiquent une autre idée essentielle concernant les ancêtres. Faire l'expérience de l'archétype, c'est voir ce que nos ancêtres ont vu. Pour cette raison, nous ne naissons pas avec un terrain psychique vierge de tout contenu : des engrammes y sont déjà inscrits. Des formes structurelles préexistent que nous réactivons en fonction de notre expérience personnelle. Par exemple, nous pouvons refaire l'expérience de l'écrevisse, et par ce biais, nous réinscrire dans la lignée des animaux. Pour Jung, les ancêtres ne sont pas exclusivement humains.

Jung a encore un rêve la nuit suivante.

Le rêve du parapluie remis à une divinité

> Il y avait une réception dans ma maison et ô, surprise ! La jeune personne en question y était aussi. Elle vint vers moi et me demanda : « N'avez-vous pas un parapluie ? Il pleut si fort ! ». J'en trouvais vraiment un, j'eus du mal à l'ouvrir et voulais le lui donner. Mais qu'arriva-t-il ? Au lieu de cela, je le lui remis à genoux comme à une divinité[2].

Il raconte son rêve à cette jeune femme qui guérit ! Ce traitement fut le plus court que Jung ait jamais réalisé. Qu'est-ce qui fait que cette patiente a guéri ? Jung a senti chez cette femme la présence du *numen* qu'il lui a expliquée. Ce qui donna un sens à la vie de cette jeune juive qui jusqu'alors ne se préoccupait que de *persona* : le paraître, la réussite sociale… Plus tard, dans une interview de 1958, Jung dira ceci. « Lorsque je rêve d'un patient, c'est habituellement le signe qu'un de mes complexes a été touché. Chaque pas en avant fait par le patient peut être un pas pour l'analyste »[3].

Lorsque la vie acquiert un sens, lorsque la personnalité se fait plus vaste, la névrose cesse[4]. Ceci explique la raison pour laquelle Jung a rapidement pris conscience de l'importance de l'idée de développement, d'évolution, du sens de la vie. D'où son observation attentive au symbole dans le rêve. Quand il y a manque, l'inconscient produit des symboles qui remplacent ce qui manque. La question à ce moment est « de savoir si un homme qui a des rêves ou des visions de cette sorte est à même d'en comprendre le sens et d'en accepter les conséquences »[5].

---

[1] Carl Gustav Jung et Charles Kerényi, *L'essence de la mythologie,* Paris, Petite bibliothèque Payot, n°124, pp. 222-223.

[2] Carl Gustav Jung, *Ma vie. Souvenirs, rêves et pensée, op. cit.*, pp. 165-166.

[3] W. Mc Guire et R. F. C., Hull *C. G. Jung parle, op. cit.*, p. 284.

[4] Carl Gustav Jung, *Ma vie. Souvenirs, rêves et pensée, op. cit.*, p. 166.

[5] *Ibid.*, p. 167.

Liens avec l'Œuvre

Du point de vue technique, Jung raconte son rêve à sa patiente qui guérit ! L'explication de la guérison est la présence du *numen* qu'il lui a expliquée. Dans le rêve, Jung semble s'en remettre à la femme qu'il considère comme une divinité. Ce dont lui ne se protège pas puisqu'il n'arrive pas à ouvrir le parapluie, semble-t-il.

L'intérêt de ce rêve est néanmoins de montrer la puissance guérisseuse du *numen* et du sens, comme Jung l'écrira à différentes reprises par la suite.

Lorsque la vie acquiert un sens, lorsque la personnalité se fait plus vaste, la névrose cesse[1]. D'où l'intérêt de l'observation attentive des symboles (archétypiques) dans le rêve[2] car quand il y a manque, l'inconscient produit des symboles qui remplacent ce qui manque. Ce que Jung fera avec l'alchimie : décoder les symboles alchimiques et leur déclinaison permet de mieux comprendre ce qui participe à la guérison de l'homme : « Le développement de ces symboles [du centre ou du but] est pour ainsi dire synonyme de processus de guérison »[3].

Grâce aux deux rêves cités (celui de la jeune fille juive au complexe paternel et celui du parapluie remis à une divinité) et à sa pratique analytique, les conceptions de Jung sur le transfert commencent à se mettre en place. Tout au long de son œuvre, il évoque la relation analytique. En particulier avec W. Pauli à qui il écrit qu'on devient analyste « par l'analyse de ses propres rêves » avec l'aide d'un analyste[4].

Dans *La guérison psychologique*, il évoque la relation analytique en décrivant les étapes du processus analytique : épuiser tous les matériaux conscients pour passer aux rêves. Et il conclut ce point par : « une fois qu'on en a terminé avec le conscient, on en arrive aux rêves qui… sont l'objet principal de l'analyse ».

Ces deux rêves concernant des patients vont être les premiers d'une longue série que Jung analysera au fur et à mesure de sa vie. Soit dans des livres comme *Psychologie et Alchimie* (les rêves de W. Pauli), comme *A propos de la symbolique des mandalas* (*Psychologie et orientalisme* – analyse de mandalas rêvés, dessinés spontanément ou provenant de la tradition tibétaine), soit au travers de sa correspondance où de nombreux rêves sont analysés comme ceux de W. Pauli, du comte Hermann Keyserling, entre autres.

C'est donc pendant ses années de psychiatrie que Jung prend en compte la réalité du transfert, des rêves comme indicateur et orientation de traitement, comme permettant de faire un diagnostic. Il a saisi que les matériaux conscients sont insuffisants pour soigner un patient. Il met aussi en évidence les

---

[1] *Ibid.*, p. 166.

[2] Dans ce rêve, le parapluie ouvert peut évoquer la figure du cercle qui est l'une des manifestations du *Soi*.

[3] Carl Gustav Jung, *Psychologie et alchimie*, Paris, Buchet/Chastel, 1970, p. 42.

[4] Carl Gustav Jung, *La guérison psychologique*, Georg et Cie S. A. Genève, Librairie de l'université, 1953, pp. 129-130.

complexes, le *numen*, les archétypes, l'inconscient collectif (pour ces deux derniers concepts, il ne les nomme pas encore ainsi). Il commence à élaborer sa méthode thérapeutique. Et il se questionne sur la nécessité que le médecin connaisse ses rêves ; la compréhension des rêves étant l'un des points clés de la formation de l'analyste car elle permet une meilleure connaissance de soi mais elle est aussi un élément décisif sur la possibilité ou non d'entreprendre une analyse. De cela découle la nécessité de respecter la résistance quand elle est en œuvre sous forme de répétition par le biais du rêve et non sous l'angle du conscient (même s'il peut refléter la position inconsciente). Les conceptions de Jung sur le transfert commencent à se mettre en place. Il s'intéresse aux phénomènes irrationnels mettant en évidence l'autonomie de certains complexes qui peuvent se manifester sous forme de personnalités à part entière.

1903-1907 : Mariage avec Emma Rauschenbach, Sabina Spielrein, premières ébauches des futures théories de Jung sur les rêves, rencontre avec Freud

Nous sommes en 1903. Jung se marie avec Emma Rauschenbach (1882-1955), la fille d'un riche industriel pour qui il a eu un véritable coup de foudre lorsque celle-ci avait 14 ans. Entre 1904 et 1914, Emma Jung donnera le jour à cinq enfants.

Jung vient de reprendre la lecture de *L'interprétation des rêves* de Freud qui lui « est secourable pour comprendre les formes d'expression schizophréniques »[1].

Il s'intéresse en particulier au mécanisme du refoulement qu'il voit à l'œuvre dans ses expériences d'associations. Face à certains mots induits, le patient ne trouve pas de réponse associative ou a un temps de réaction très long. La cause en est que le mot inducteur a touché une douleur morale ou un conflit. Sur ce point, Jung est pleinement d'accord avec Freud. Par contre, quant au contenu même du refoulement, l'explication du trauma sexuel ne lui suffit pas. Sa pratique l'amène à penser que d'autres causes déclenchent le refoulement ; ainsi le problème de l'adaptation sociale, de circonstances tragiques de la vie…

Jung écrit l'article *Des temps de réaction dans l'expérience des associations* suite à ses premières applications des méthodes de Freud avec une jeune patiente russe : Sabina Spielrein âgée de dix-neuf ans. Elle fait forte impression à Jung. Un jour, il lui dit : « Il faut que vous deveniez psychiatre »[2].

En 1905, il est nommé assistant en psychiatrie à l'université de Zurich et médecin chef de la clinique psychiatrique de l'université de Zurich. Il met sur pied un laboratoire de psychopathologie expérimentale avec Franz Ricklin. Il utilise l'hypnose qu'il abandonne rapidement pour plusieurs raisons. Jung déteste travailler dans le flou et il n'arrive pas à comprendre ce qui s'est passé avec la guérison d'un patient. De plus, il ne peut prédire combien de temps

[1] Carl Gustav Jung, *Ma vie. Souvenirs, rêves et pensée*, *op. cit.*, p.173.
[2] Linda Donn, *Freud et Jung. De l'amitié à la rupture*, *op. cit.*, p. 79.

durera cette guérison. Son expérience croissant, Jung constate que l'inconscient accepte mal l'hypnose. Et il est de plus en plus convaincu, comme Freud, que les rêves sont la voie royale. Pour cette raison, il utilise de plus en plus ces derniers dans les traitements[1]. C'est important de le souligner : lorsque Jung rencontre Freud, il est convaincu de l'existence de l'inconscient, il a laissé tomber l'hypnose au profit de l'analyse des rêves avec lesquels il travaille... déjà.

En 1906, il écrit un article pour défendre les conceptions freudiennes de la névrose obsessionnelle, ce qui lui vaut des lettres d'avertissement de la part des universitaires.

La correspondance entre les deux hommes débute lors de ce printemps de l'année 1906. L'entrée en lice de ces deux escrimeurs de haute volée débute, pour reprendre les bons mots d'Emilio Rodrigué. « Pendant sept ans que dure la correspondance, chacun répète inlassablement, avec de subtiles variantes, les mêmes arguments, en essayant de séduire l'adversaire ou, du moins, de diminuer son importance »[2].

Jung limite son engagement, dès le départ, à l'égard de Freud : il n'est pas un simple « élève » du maître viennois. « Il est aussi inexact de croire que j'accorde à la sexualité la même prépondérance ou que je lui concède même l'universalité psychologique que Freud postule, dirait-on, en raison du rôle au demeurant énorme que la sexualité joue dans le psychisme ». Par ailleurs, précisons que Jung considère la technique psychanalytique « comme une parmi d'autres possibles ».

La publication de ses études sur les tests d'associations verbales (*Etudes diagnostiques sur les associations*) le fait connaître dans le monde de la psychologie. Notons aussi qu'Emma participe à la mise en ordre du matériel recueilli auprès des malades mais aussi auprès des soignants et de leur famille !

Jung publie en 1906 sa *Psychologie de la démence précoce* qu'il envoie à Freud. Cette étude est centrée sur le langage du symptôme, la signification des délires et des rêves.

Jung affirme que la psychologie tirera un immense profit de « l'expression symbolique pour la psychologie de la démence précoce »[3]. Il cite un rêve pour illustrer cette notion d'expression symbolique. « Un ami m'a raconté le rêve suivant : »

Rêve du cheval au tronc d'arbre

Je voyais des chevaux qu'on hissait à une hauteur indéterminée à l'aide de gros câbles. L'un des animaux, un robuste cheval bai, qui était harnaché de courroies et que l'on montait comme un paquet, attirait

---

[1] Barbara Hannah, *Jung, sa vie et son œuvre, op. cit.*, p. 102.
[2] Emilio Rodrigué, *Freud Le siècle de la psychanalyse 1, op. cit.*, p. 454.
[3] Carl Gustav Jung, *Psychogenèse des maladies mentales*, Paris, Albin Michel, 2001, p. 75.

particulièrement mon attention lorsque soudain la corde se rompit et le cheval retomba dans la rue. Il était sûrement mort. Mais aussitôt il se releva d'un bond et s'éloigna au galop. [...] Le cheval traînait derrière lui un lourd tronc d'arbre. [...] Visiblement il était emballé et risquait fort de provoquer un accident. C'est alors qu'arriva un cavalier monté sur un petit cheval qui se mit à chevaucher lentement en avant du cheval emballé, lequel modéra alors aussi quelque peu son allure. Mais je craignais malgré tout que le cheval qui roula au pas devant lui et ralentit ainsi encore plus l'allure du cheval emballé. Voyant cela, je me dis : maintenant ça va, maintenant le danger est écarté[1].

Jung fait associer son ami sur chacun des éléments du rêve.

L'harnachement ressemble aux courroies utilisées pour descendre les chevaux dans les mines, les Berg-Werk. Jung se demande si l'expression *Berg-Werk* n'est pas la condensation de deux idées du rêve : *Berg* (la montagne) exprime la hauteur du gratte-ciel, *Werk* le travail). A l'évocation de la Berg, son ami dit à Jung avoir grande envie de faire une excursion à la montagne. Mais sa femme est anxieuse à l'idée qu'il parte seul, d'autant qu'elle est enceinte : elle ne peut l'accompagner tout comme elle avait déjà dû annuler un voyage en Amérique (gratte-ciel).

Pour Jung, l'une des significations possible du rêve est : On s'élève (Berg) par le travail (Werk). Les images du rêve sont des expressions symboliques de cette idée d'élévation par le travail.

L'image du cheval associée au travail signifie « tâche pénible ». Etre « monté comme un paquet » est différent du fait de se hisser par ses propres forces. « Comme un paquet » semble indiquer un certain mépris. Appliquant les conseils de Freud, Jung se demande par quoi est représenté le rêveur ? Par le robuste cheval bai car il est l'acteur principal du rêve. Ce cheval est robuste : il est capable de beaucoup travailler. Pourtant il est hissé : ceci entre en contradiction avec la formule trouvée : on s'élève par le travail, par ses propres forces.

Le tronc d'arbre rappelle au rêveur qu'il était surnommé « l'arbre » en raison de sa forte stature : ce qui confirme Jung dans son idée que le rêveur est bien représenté par le cheval bai. « Avancer » signifie « s'élever ». En dépit de l'arbre, le cheval risque de provoquer un accident et d'être écrasé par le tronc d'arbre. La rue évoque le commerce dans lequel l'ami de Jung a failli réussir un jour. D'où le fait que la corde rompt et le cheval tombe qui symbolisent la déception de n'avoir pas réussi. Le cheval se relève et galope : le rêveur ne se laisse pas abattre. A partir de là, « ici commence une nouvelle tranche de rêve correspondant vraisemblablement à une nouvelle tranche de vie »[2].

---

[1] *Ibid.*, pp. 75-76.
[2] *Ibid.*, p. 79.

Le cheval galopant évoque au rêveur un tableau de Welti dans lequel un cheval se dresse en rut. Le symbole du cheval ne relève plus du complexe de l'ambition, de la carrière mais aussi de la sexualité. Le tempérament ardent du rêveur pourrait l'entraîner à des actes irréfléchis[1]. Heureusement, arrive un autre cheval, un autre cavalier qui modère le train trop rapide du cheval en se plaçant devant lui. Le petit cheval évoque au rêveur un petit cheval d'enfant qui lui rappelle alors l'état avancé d'une grossesse d'une femme. L'enfant demanda à sa mère si cette femme n'avait pas un cheval sous ses vêtements. Comme pour le voyage en Amérique, la grossesse est un obstacle au voyage.

Traduction de Jung : la grossesse de la femme impose la retenue à l'homme. Mais cette interprétation n'est pas suffisante car le rêveur craint que le cheval ne renverse le cavalier. Mais le fiacre arrive rempli « d'une charretée d'enfants », se souvient à ce moment le rêveur. La crainte d'avoir trop d'enfants est une autre cause de retenue pour l'homme ! Jung conclut momentanément que ce rêve « montre déjà clairement l'espoir et la déception d'une carrière ambitieuse, et au plus profond il renferme une question extrêmement personnelle qui pourrait bien s'accompagner de nombreux sentiments pénibles »[2].

Liens avec l'Œuvre

A la fin de *Psychogenèse des maladies mentales*, Jung affirme en fin de cet essai que tout événement affectif se mue en complexe. La plupart des complexes sont « de nature érotico-sexuelle (comme la plupart des rêves et la plupart des hystéries). Notamment chez la femme pour qui la sexualité est au centre de la vie psychique, il n'existe guère de complexe qui n'englobe la sexualité ». Jung précise immédiatement après que « dans la psychanalyse, il faut toujours penser à la sexualité, ce qui ne signifie pas forcément que toute hystérie ait une origine exclusivement sexuelle ». Car « n'importe quel autre complexe fort peut provoquer des symptômes hystériques chez des sujets prédisposés »[3].

Jung, s'appuyant sur son expérience clinique, critique l'idée qu'une censure soit nécessairement à l'origine des rêves. En même temps, cet ouvrage « laisse déjà entrevoir l'ébauche de ses idées à venir [celles de Jung], sur l'hypothèse de l'énergétique psychique par exemple ainsi que celle de l'inconscient collectif avec ses contenus archétypiques »[4].

Cheval et tronc d'arbres parsèmeront toute l'œuvre de Jung.

Freud répond à Jung en mettant le doigt sur les points faibles de l'analyse du rêve du cheval au tronc d'arbre. A cette occasion, Jung annonce alors à Freud qu'il connaît parfaitement le rêveur, « l'ami » sensé faire des associations sur les motifs oniriques : c'est lui-même !

---

[1] *Ibid.*, p. 80.
[2] *Ibid.*, p. 82.
[3] *Ibid.*, p. 86.
[4] Gerhard Wehr, *C. G. Jung*, *op. cit.*, p. 40.

Il donne alors d'autres éclairages pour comprendre le rêve et propose d'autres interprétations différentes de celles de Freud semble-t-il (car la lettre n'est pas publiée) : « L'échec du mariage riche » est contenu dans le rêve mais pas dans le sens où Freud le comprend. Jung confie que sa femme est riche, qu'elle a une première fois rejeté sa demande de mariage « pour diverses raisons » pour ensuite l'accepter. Il est heureux « sous tous les rapports » (sans jeu de mots !) avec sa femme mais cela « n'empêche pas de tels rêves. Il n'y a pas eu par conséquent d'échec sexuel (une autre suggestion de Freud là encore), mais un échec social ». Jung ajoute : « L'explication-écran, la modération sexuelle, est simplement... un déplacement à portée de main, à l'arrière-plan se tient un désir sexuel illégitime, qui fait mieux de ne pas voir le jour. Une des déterminantes du petit cavalier, qui éveille d'abord dans l'analyse la représentation de mon chef, est le désir d'un garçon (car nous avons deux filles [Agathe née en 1904 et Gret née en 1906]). Mon chef est déterminé parce qu'il a deux garçons [Manfred né en 1903 et Richard Bleuler né en 1905]. Je n'ai pu déterminer nulle part de racine infantile. J'ai également le sentiment que le « paquet » est insuffisamment éclairci. Mais je n'en sais pas l'interprétation. Ainsi, bien que le rêve soit incomplètement analysé, j'ai quand même cru pouvoir l'utiliser pour illustrer les symbolismes du rêve. Il est vrai que l'analyse et l'utilisation de ses propres rêves est toujours une chose délicate, car on succombe toujours à nouveau aux inhibitions qui émanent du rêve, quand même l'on pense être le plus objectif possible »[1].

En relisant alors les commentaires de Jung concernant son rêve, on peut comprendre que le cheval robuste et le tronc d'arbre réfèrent à Jung et à son surnom zofingien de Tonneau. Le cavalier sur le petit cheval peut représenter Emma ou Bleuler. D'où deux interprétations possibles du rêve que propose Deirdre Bair. Premièrement, le désir sexuel illégitime concerne sans doute Sabina Spielrein. Deuxièmement, Jung est jaloux de Bleuler qui n'a eu que des garçons[2] (!).

Concernant la question de l'argent, Emma était riche et la loi suisse accordait à son époux le contrôle légal de sa fortune mais c'est elle qui tenait les cordons de la bourse et décidait des dépenses de son mari. Elle aimait les voyages et l'idée du séjour aux États-Unis venait d'elle[3].

Vincent Brome, quant à lui, souligne le propos de Jung : « L'échec est plutôt social que sexuel » à partir duquel il propose une interprétation différente de celle de Jung et de Freud. Des tensions sont apparues dans l'union de Jung et d'Emma. Le cheval bai sanglé représente le piège des responsabilités familiales et des ambitions sociales dans lequel Jung est pris. Lorsque le câble se rompt, le cheval ne meurt pas mais il est libéré et il s'enfuit à toute vitesse. Vincent

[1] Sigmund Freud et Carl Gustav Jung, *Correspondance 1906 - 1914*, Paris, Gallimard, pp. 54-55.
[2] Deirdre Bair, *Jung*, *op. cit.*, p. 165.
[3] *Ibid.*, p. 165.

Brome reprend l'interprétation « buche-pénis » évoquée par Freud dans sa lettre du 1er janvier 1907 (notre traduction est : arbre = pénis) pour démontrer combien Jung a « un désir tenaillant d'échapper à la sexualité conjugale pour vivre une aventure, ce qui s'est déjà produit très peu d'années auparavant ». Il appuie son propos par la remarque de Jung dans sa lettre du 29 décembre 1906 concernant « le refoulement sexuel » (ou « modération sexuelle » selon les traductions) qui « est simplement, comme je l'ai dit, un déplacement à portée de main, à l'arrière-plan se tient un désir sexuel illégitime, qui fait mieux de ne pas voir la lumière du jour. » Vincent Brome y voit en effet une confirmation du désir de Jung d'infidélité conjugale[1]. Comme nous allons le voir ci-après, la suite de la vie de Jung mettra en pleine lumière ce désir sexuel et ses avatars.

Le 23 octobre 1906, Jung échange des données cliniques avec Freud à propos de Sabina Spielrein. Celle-ci fait courir la rumeur d'une prétendue liaison. Depuis un semestre, elle vient à des consultations privée sans payer dans le laboratoire ou dans le bureau de Jung. A la vue de tout le monde puisque les uns et les autres passent à leur guise. Néanmoins, la réputation de Jung comme coureur de jupon s'amplifie à cause des dames du Zürichberg Pelzmantel. Toutes souhaitent que Jung leur accorde des consultations privées chez elles pour clamer ensuite qu'elles ont eu une liaison avec lui !

C'est dans ce contexte, nous rappelle Deirdre Bair, que Jung se prête aux expériences d'associations pour la thèse de doctorat de Ludwig Binswanger. Les électrodes sont placées dans les mains de Jung. Au 4ème mot, piqûre, ce dernier répond couteau, réponse commune. Le mot suivant auquel il est demandé d'associer est le mot ange. Mais Binswanger a modifié le test. Il a remplacé ange par diable. Au mot ventre, Jung répond être couché au sens de ramper sur le ventre. Trois quarts d'heure plus tard, Binswanger en sait assez sur Jung. Il en conclut : « Nous avons ici affaire au complexe d'ambition, à la soif de savoir, la volonté de puissance ». « Orgueilleux, ambitieux, avide de renommée et de savoir mais rechignant à s'incliner devant un autre dans le domaine scientifique, Carl Jung attendait avec impatience de se rendre à Vienne »[2]. Tel est le portait que brosse Linda Donn.

Avec deux tests (janvier et février 1906), Binswanger découvre beaucoup de détails privés de la vie et de la personnalité de Jung.

Deirdre Bair rapporte des appréciations quelque peu différentes de celles de Linda Donn : le sujet Jung a un goût prononcé pour le savoir, le travail et la reconnaissance. Il a un sens moral très développé, souhaite retrouver le plaisir intellectuel du terrain de la philosophie (de ses années d'étudiant), craint de s'ennuyer avec les tâches administratives et la mise au point des tests d'association. Binswanger pointe chez Jung un complexe à propos de l'argent et une volonté de puissance en lien avec le salaire de l'hôpital et son futur mode

---

[1] Marie-Louise von Franz, *C.G.Jung Son mythe en notre temps*, *op. cit.*, p. 100.
[2] Linda Donn, *Freud et Jung. De l'amitié à la rupture*, *op. cit.*, p. 85.

de vie. Jung s'impatiente de traverser les eaux pour aller en Angleterre ; ce qui lui provoque de fortes émotions, tout comme le mot Goethe. L'idée d'une jeune fille aguicheuse et de la fuite du temps font vivement réagir émotionnellement Jung. De même, le mot sexe qui déclenche une vive réaction tout et le mot consternation associée à la grossesse d'Emma.

Une partie du test consiste à laisser venir des associations à l'écoute de certains sons. Le son sch plonge Jung dans une forte agitation. Seul le nom de Sabina Spielrein parmi les Zürichberg Pelzmantel contient ce son ! Binswanger oblige Jung à se détendre. Jung s'endort et à son réveil, il déclare avoir fait un rêve dans lequel...

Rêve du son sch

La dame au nom en « sch » a le rôle principal[1].

Binswanger se taira sur ce complexe sexuel… qui avait un rapport avec une ancienne patiente dont le nom commençait par le même son[2]. D'autant que le mariage entre Emma et Carl tournaient court et qu'au même moment la sœur cadette d'Emma (Gret) augmente l'insatisfaction de son aînée par rapport à la position sociale de Jung qui jette l'embarras et l'humiliation sur la famille Rauschenbach (rumeur d'infidélité). Emma Jung posera un ultimatum à son mari : quitter le Burghölzi, se trouver une maison et se construire une clientèle privée.

Freud invite Jung à venir le rencontrer à Vienne alors que Jung, suite à un rêve, souhaitait se rendre en Amérique.

Rêve d'aller en Amérique

Il lui écrit : « …Peut-être votre route vous mènera-t-elle néanmoins à Vienne plus tôt qu'en Amérique (c'est plus près). »[3].

C'est ce qui va se dérouler effectivement, à court terme. Par contre, à long terme, et avec le recul, comme semble l'indiquer le rêve, la route de Jung le mène avec succès en Amérique plutôt qu'à Vienne ! Jung va beaucoup faire pour développer « la Cause ». Il est un excellent vendeur de la psychanalyse hors de l'Allemagne et de la Suisse (en Angleterre, aux Etats-Unis) ; ce qui ne sera pas sans inquiéter Freud à maintes reprises.

Cette lettre signe le début d'un long dialogue par écrit : cent soixante lettres de Freud à Jung, cent quatre-vingt-dix lettres de Jung à Freud. « Le ton est d'abord, pour Jung, celui d'un fils s'adressant à un père, presque un confesseur (il lui fait l'aveu de sa relation amoureuse avec sa patiente Sabina Spielrein). Freud se tient quant à lui, dans un rôle paternel. Il joue l'entêté et celui qui a toujours raison, mais reconnaît en Jung l'aide la plus forte qui se soit jamais

[1] Deirdre Bair, *Jung, op. cit.*, p. 178.

[2] *Ibid.*, p. 178.

[3] *Ibid.*, pp. 63.

associée à lui. Il apprécie et aime celui en qui il voit son continuateur et son dauphin. Il est prêt à tout lui pardonner, sauf l'indépendance de ses idées »[1].

Jung répond à Freud le 8 janvier 1907 combien il est désolé de répondre aussi tardivement, c'est-à-dire une semaine plus tard. Freud ne sait pas encore qu'il aura souvent à attendre le courrier de son dauphin. La réponse de Jung se fait attendre : par la suite, à chaque fois qu'il sera dérangé par Freud, qu'il sera conduit à éclaircir des concepts, qu'il commencera à écrire son œuvre, lorsqu'il ira à l'encontre de la pensée de son mentor, la réponse tardera ! Jung aujourd'hui avoue être « gêné, rétrospectivement, du jeu de cache-cache » avec son rêve. L'ayant fait lire à Bleuler, ce dernier avait trouvé le rêve de Jung « beaucoup trop clair ». Pour cette raison, Jung a été incité à « cacher secondairement des choses dans l'interprétation » et ainsi « jouer le jeu des complexes. Pourquoi je n'ai justement pas mis l'interprétation tronc d'arbre - pénis, cela a ses raisons particulières, auxquelles se rattache principalement le fait que je n'étais pas en état d'écrire impersonnellement mon rêve, ce pourquoi ma femme a rédigé toute la description (!) »[2]. La justification de Jung est-elle réelle ? Ou ne vaut-il pas mieux voir là un désaccord avec Freud à propos de la théorie du déguisement ? En effet, Jung affirme bientôt que le rêve est à prendre au sens littéral ; il réfute la distinction du contenu manifeste et latent du rêve. Quant à l'écriture du rêve par sa femme Emma, est-ce vraiment parce qu'il ne peut décrire son rêve avec le recul nécessaire, même s'il s'agit de tronc d'arbre !? Par la suite, Jung, quand cela lui paraîtra nécessaire, saura très bien décrire de façon impersonnelle des rêves : ainsi ceux de sa fille Agathe. Dans cette lettre du 8 janvier 1907, il avoue que Freud a vu juste sur la question de la *« toxine »* (cf. *supra*). Il justifie son omission de la cause sexuelle parce qu'il manque la preuve physiologique (les « glandes sexuelles… productrices de toxines »[3]) et parce qu'il veut éviter des malentendus pour un public empreint de lenteur (d'esprit)[4]. Ce dernier argument (prendre soin des ennemis à la Cause, ne pas effrayer le public) sera souvent utilisé par Jung : en particulier tout ce qui touche à la sexualité. Ainsi, dès cette deuxième lettre, la question de la sexualité semble-t- elle être « toxique » pour Jung ?

Les années 1906 et 1907 marquent donc la publication des deux premiers grands écrits de Jung qui portent en germe la future théorie du psychiatre suisse, indépendamment de la rencontre avec le maître viennois. Ce point mérite d'être précisé au regard de nombreuses publications qui affirment que Jung s'est détaché de l'enseignement freudien pour fonder sa propre théorie. Cette dernière préexistait avant la rencontre entre les deux hommes et Freud en était averti ! Après la rupture entre Freud et Jung, notre psychiatre ne fera que

[1] Aimé Agnel, *Jung, la passion de l'Autre*, Milan, Les Essentiels, 2004, pp. 16-17.
[2] Sigmund Freud et Carl Gustav Jung, *Correspondance 1906 - 1914*, Paris, Gallimard, p. 64.
[3] *Ibid.*, p. 65.
[4] *Ibid.*, p. 64.

poursuivre ce qu'il avait déjà esquissé auparavant. La théorie jungienne existait donc déjà avant la rencontre d'avec Freud.

L'ouvrage *Psychologie de la démence précoce* et le rêve de Jung occasionnent la rencontre des deux hommes à Vienne en février 1907. Ils passent treize heures d'affilée ensemble. Ils sont fortement impressionnés l'un par l'autre. Jung a trente-deux ans et Freud cinquante et un ans. Leur collaboration va se dérouler essentiellement de façon épistolaire jusqu'en 1913. Lors de cette première rencontre, accompagné de Binswanger et d'Emma, « une orgie de discussions professionnelles » débute (l'expression est de Peter Gay). Jung trouve Freud « intelligent, pénétrant, remarquable à tous points de vue »[1]. Néanmoins, il a des doutes et des scrupules dont il fait part à Freud. Ce dernier lui oppose son manque d'expérience.

Jung est impressionné par la théorie de la sexualité même s'il constate que, pour Freud, toute expression de la spiritualité (l'esprit) est une manifestation d'une sexualité refoulée. Il remarque sur le visage de Freud une « étrange expression d'agitation. La sexualité était pour lui une réalité numineuse »[2]. Les trois hommes échangent entre autres sur les rêves. Binswanger rapporte que Freud a interprété l'un des rêves de Jung… comme le souhait de le détrôner !

Rêve de détrôner Freud

Aucun des hommes ne tient compte de l'avertissement du rêve[3].

Liens avec l'Œuvre

Ce rêve d'Amérique est simplement annonciateur des succès que Jung rencontrera en Amérique. Si Freud souhaite que Jung vienne à Vienne plutôt qu'en Amérique, le désir de Jung est peut-être de gagner en liberté par rapport à Freud : l'Amérique a souvent eu cette signification dans les rêves avec la statue de la liberté ! En tout cas, ce rêve est le premier rêve de voyage de Jung avant bien d'autres.

Le rêve de détrôner Freud rapporté donc par Binswanger est une interprétation de Freud lui-même[4]. Néanmoins, ce rêve que nous ne connaissons pas indique d'un côté la crainte de Freud et d'un autre côté le fait que Jung ne va plus « idolâtrer » Freud. Ce rêve est peut-être un avertissement de la rupture d'avec Freud.

Jung fait une forte impression à Freud et aux siens. Martin Freud rapporte que le psychiatre faisait la conversation et Freud se contentait d'écouter avec un plaisir non dissimulé.

L'année 1907 est fructueuse. Les deux hommes s'échangent leur photo. Jung fonde à Zurich la Société médicale freudienne. Freud publie *Le délire de la*

[1] Carl Gustav Jung, *Ma vie. Souvenirs, rêves et pensée, op. cit.*, p. 176.

[2] *Ibid.*, p. 177.

[3] Peter Gay, *Freud Une vie Tome 1,* Hachette, Pluriel n° 8681, 1995, p. 330.

[4] *Ibid.*, notre de bas de p. n°25, p. 592.

Gravida. C'est Jung qui a attiré l'attention de Freud sur ce livre de Jensen. Ce premier essai d'analyse appliquée est écrit pour faire plaisir à Jung, selon Strachey[1]. Freud tient à connaître l'opinion de Jung. Ce dernier fait éloge du livre qu'il considère « magnifique » même si Freud a « sans doute parfaitement raison de chercher dans les affects la résistance des adversaires, surtout dans les affects sexuels » (lettre du 24 mai)[2]. Jung parle-t-il là encore de lui-même ? En tout cas, il écrit à Freud combien il est impatient de « voir ce que le complexe sexuel dira de votre *Gravida* ». Freud reçoit cette approbation par Jung comme étant plus importante que « l'applaudissement de tout un congrès médical »[3].

Les Viennois rencontrent Jung, le chrétien, le mercredi 6 mars 1907. Huit des dix membres de la Société psychologique du mercredi se méfient de Jung[4]qui reste obtus mais tranquille.

Rêve de problème d'adaptation à la vie viennoise

Au sortir d'une séance, Jung soumet l'interprétation de son dernier rêve à Freud. Ce rêve indique un problème d'adaptation à la vie viennoise. Jung avoue « Je me suis senti si étranger devant le monde intellectuel juif [...] c'était quelque chose de totalement nouveau pour moi ». Freud lui rétorque : « Vous ne seriez pas devenu antisémite, par hasard ? » Jung répond : « Non, non. Rien à voir avec de l'antisémitisme. » Comme le commente Deidre Bair, Freud n'était pas convaincu : cette accusation contre Jung devait rester d'actualité tout au long des années que dura leur collaboration.

Jung prévint Freud qu'il le traiterait d'antichrétien (parce qu'il cite voltaire) dès qu'il serait taxé d'antisémite. Rien n'y fit ! Freud resta sur sa position : il s'en tînt à son idée de l'antisémitisme de Jung, même si ce dernier, par la suite, loua « les vertus des juifs, connus pour leur sens de la famille »[5].

1908-1912 : Le dogme de la sexualité et le flot noir de l'occultisme, le rêve de la grotte avec les deux crânes, le sacrifice, l'inceste, le geste de Kreuzlingen, les malaises de Freud, Munich et la bombe.

En cette fin d'année 1908, Freud annonce à Jung, le 08 novembre, que la deuxième édition de *L'Interprétation des rêves* est achevée[6].

Le 25 mars 1909, Jung rend visite à Freud accompagné d'Emma. Ils y restent du jeudi 25 mars au mardi 30 mars, pour la seconde et dernière fois.

Le dernier soir de cette visite viennoise, un événement craquelle les relations entre les deux hommes. Il concerne la parapsychologie et la précognition. Freud n'y voit que sottise. Cette réflexion noue le diaphragme de Jung qui devient « en

---

[1] Emilio Rodrigué, *Freud Le siècle de la psychanalyse 1, op. cit.*, p. 471.
[2] Sigmund Freud et Carl Gustav Jung, *Correspondance 1906 - 1914 op. cit.*, p. 98.
[3] Emilio Rodrigué, *Freud Le siècle de la psychanalyse 1, op. cit.*, p. 473.
[4] Linda Donn, *Freud et Jung. De l'amitié à la rupture*, *op. cit.*, p. 93.
[5] Deirdre Bair, *Jung, op. cit.*, p. 187.
[6] Sigmund Freud et Carl Gustav Jung, *Correspondance 1906 - 1914*, *op. cit.*, p. 244.

fer et brûlant ». Alors, juste après les propos de Freud, une armoire – bibliothèque proche d'eux craque ! Jung dit à Freud : « Voici... un phénomène catalytique d'extériorisation ». Le craquement qui s'opère en Jung par rapport à Freud se matérialise ! Freud répond « ... pure sottise ! ». Pour prouver qu'il a raison, Jung répond que ce craquement va se reproduire. Ce qui se passe effectivement ! Freud regarde alors Jung sidéré. Cette aventure éveille la méfiance de Freud à l'égard de Jung. Et, ce qui est remarquable, ce phénomène de craquement se produit au moment même où Freud adopte Jung comme son fils aîné, successeur et dauphin ! Ainsi, le jour même où Freud nomme Jung comme son héritier, les relations entre eux deux « craquent ».

Lors de cette rencontre à Vienne (que Jung date en 1910 dans *Ma vie*), Jung se souvient des années plus tard que Freud lui a demandé de lui promettre de ne jamais abandonner la théorie sexuelle. « Nous devons en faire un dogme, un bastion inébranlable !... contre le flot de vase noire... de l'occultisme ! »[1]. Cette réflexion choque Jung.

L'été 1909 est décisif dans les relations entre Jung et Freud, dans ce mode de relation qui n'est pas celle de maître à disciple mais de confrères (E. Bennet, ami et collègue de Jung, en a témoigné). Les deux hommes sont invités aux États-Unis par la Clark University, à Wotchester, dans le Massachusetts. Les deux hommes se rejoignent à Brême, juste avant de partir pour les États-Unis. Tout le monde est de bonne humeur. Sous la pression de Freud et de Ferenczi, Jung accepte de boire un verre de vin, montrant ainsi qu'il s'est libéré de la tutelle de Bleuler qui interdisait de boire aussi bien à l'intérieur qu'à l'extérieur du Burghölzli. Jung n'avait pas bu de vin depuis neuf ans alors qu'il était surnommé « *Le tonneau* » lors de ses années estudiantines !

Freud voit dans ce geste que le jeune Suisse est acquis à la Cause. Il est soulagé. Pour se mettre en colère aussitôt après. D'où vient cette colère ? De l'intérêt de Jung pour « les cadavres des marais de Brême ». Jung est fasciné par ces cadavres que l'on trouve dans les tourbières d'Allemagne septentrionale et dont on ne sait si ces hommes ont péri noyé ou ont été inhumés. L'acidité des marais a tanné et durci la peau : d'où l'apparence des corps qui ressemblent à des momies. « Que vous importent ces cadavres ? » lance Freud avant de s'écrouler en syncope. Jung est dérouté devant cet épisode. Il a souvent envié l'assurance de Freud. Et voilà que cette syncope révèle Freud humain, compliqué, sensible et non un « surhomme ». Plus tard, réveillé, Freud dit à Jung que son bavardage sur les cadavres signifie qu'il souhaite sa mort.

Au réveil, la première parole de Freud est : « Comme il doit être agréable de mourir » (dans *La vie et l'œuvre de Sigmund Freud*, tome 1, 348). Freud est effrayé de l'intensité des imaginations de son dauphin qui peuvent le mettre en syncope[2].

---

[1] Carl Gustav Jung, *Ma vie. Souvenirs, rêves et pensée, op. cit.*, p. 177.

[2] *Ibid.*, p. 184.

Freud et Jung prennent le bateau pour l'Amérique. Lors des huit jours de traversée, les deux hommes analysent mutuellement leurs rêves, « un jeu très en honneur parmi les premiers psychanalystes »[1]. Freud a un rêve que Jung ne peut dévoiler dans son autobiographie. Jung demande à Freud quelques détails complémentaires pour mieux l'analyser. Freud lui répond, méfiant : « Je ne puis pourtant pas risquer mon autorité ! ». Il vient de la perdre avec ces propos. Cette phrase préfigure pour Jung la fin imminente de leurs relations. Franz Jung confie, soixante-dix ans plus tard, à Linda Donn : « Père avait été très déçu par son propre père ; et après ce rêve sur le bateau, il se montra très critique envers tout ce que disait Freud. Il avait un complexe paternel négatif qu'il reporta sur ses liens avec Freud »[2]. Jung a quelques rêves dont Freud ne peut rien tirer. « Il peut arriver au meilleur analyste de ne pouvoir résoudre l'énigme d'un rêve »[3]. Certains de ces rêves étaient importants pour Jung car ils avaient un contenu collectif. Pour la première fois, ses rêves le conduisaient à la notion d'inconscient collectif et ils constituaient le prélude à la matière première des *Métamorphoses et symboles de la libido* qui sortira en 1912. En particulier, le fameux rêve de la grotte avec les restes d'une civilisation va stigmatiser la rupture de Jung d'avec Freud. Ce rêve a été évoqué lors d'une promenade dans Central Park. Dans les *Protocoles*, il porte un titre, souligné par la main d'Aniela Jaffé : « Dreams about the inner history of the separation from Freud ».[4]

Le rêve de la grotte avec les deux crânes

> Je me trouve dans une maison à deux étages inconnue de moi. C'était ma maison. J'étais à l'étage supérieur. [...] Tout à coup me vint l'idée lui vient que je ne savais pas encore quel aspect avait l'étage inférieur. Je descendis l'escalier et arrivai au rez-de-chaussée. Là, tout était plus ancien : cette partie de la maison datait du XVe ou du XVIe siècle. [...] J'allais d'une pièce dans une autre, me disant : je dois maintenant explorer la maison entière !
>
> J'arrivai à une porte lourde, je l'ouvris. Derrière je découvris un escalier de pierre conduisant à la cave. Je le descendis et arrivai dans une pièce très ancienne, magnifiquement voûtée. [...] Je reconnus [...] que les murs dataient de l'époque romaine. [...] Je le descendis [un escalier de pierres] et parvins dans une grotte rocheuse, basse. Dans l'épaisse poussière qui recouvrait le sol étaient des ossements, des débris de vases, sortes de vestiges d'une civilisation primitive. Je découvris deux crânes humains, probablement très vieux, à moitié désagrégés. Puis je me réveillai[5].

---

[1] Peter Gay, *Freud Une vie Tome 1, op. cit.*, p. 338.

[2] Linda Donn, *Freud et Jung. De l'amitié à la rupture, op. cit.*, pp. 124 et 125.

[3] Carl Gustav Jung, *Ma vie. Souvenirs, rêves et pensée, op. cit.*, p. 189.

[4] Deirdre Bair, *Jung, op. cit.*, note de bas de page n° 38, p. 1065.

[5] Carl Gustav Jung, *Ma vie. Souvenirs, rêves et pensée, op. cit.*, p. 186.

Freud s'intéresse à la conclusion du rêve : les deux crânes. Il suggère à Jung d'en découvrir le désir. Que pense-t-il des crânes ? De qui proviennent-ils ? Jung voit où Freud veut en venir : un désir de mort caché. De qui souhaite-t-il la mort ? Jung résiste à cette interprétation. Mais ne se sentant pas à la hauteur pour résister à Freud, il répond tout de même : sa femme et sa belle-sœur. Sciemment, il raconte donc un « mensonge » à Freud en acquiesçant à l'idée d'une double mort souhaitée. Ce qui, d'après Emilio Rodrigué, paraît « surdéterminé »[1] ! En tout cas, Jung obéit au désir de Freud : accepter sa suggestion. Ce qui poserait alors la question de savoir de quoi relève ce désir… Toujours est-il que Jung ment à Freud. Et de la façon la plus subtile qui soit.

En effet, Jung se sert de la confidence qui lui avait été faite par Minna Bernays lors des visites de 1907 au 19 Bergasse. La belle sœur de Freud a confié à Jung combien elle se sentait coupable de sa relation très intime avec Freud[2]. Ce que Jung confia à son tour en 1957 à un ami journaliste, John Billinsky en qualifiant cette révélation de « malicieuse calomnie ». Néanmoins, Carl Meier et Antonia Wolff racontent la même histoire que Jung. Ce qui permet d'éclaircir la position de Freud quant à son refus d'en dire plus sur son rêve qui lui fait perdre toute autorité sur Jung. Ce dernier revient dessus des années plus tard avec Billinsky : il complète cet épisode. Jung connaissait la relation triangulaire : Martha, sa jeune sœur Minna et Freud. Ce dont Freud ne se doutait pas.

Pour Jung, le rêve de Freud révèle une blessure sentimentale profonde. Lors du premier séjour à Vienne, suite à des propos de Minna, Jung « avait conjecturé que Freud avait noué une relation irrésolue avec elle. Que Freud ait eu des relations charnelles avec sa belle-sœur est peu vraisemblable. Mais Minna comptait beaucoup dans la vie de Freud et qu'elle apparût dans l'un de ses rêves n'avait donc rien d'étonnant… »[3]. Notons que Jung n'a pas encore découvert l'*anima* et l'*animus*. Pour cette raison, son interprétation des rêves est freudienne : il applique ici l'analyse du rêve sur le plan de l'objet. Il n'est pas encore en possession des « outils jungiens » même s'il confiera à E. A. Bennet en 1969, avec humour : « Je n'ai jamais pensé à cette bonne blague : la seule analyse que Freud ait jamais faite était une analyse jungienne »[4].

Ce refus préfigure avec les cadavres des marais la rupture entre Freud et Jung. Comment Freud réagit-il au « mensonge de Jung » ? « Freud fut comme délivré de ma réponse »[5]. Jung se joue de Freud ! Et Freud semble ne pas s'en apercevoir… Jung se rend compte combien Freud est « désemparé auprès de rêves de cette sorte ». Mais il importe à Jung de découvrir le sens de son rêve. La maison représente une image de la psyché. La salle de séjour est sa situation consciente. Au rez-de-chaussée commence l'inconscient. Plus il descend vers la

---

[1] Emilio Rodrigué, *Freud Le siècle de la psychanalyse 1, op. cit.*, p. 523.

[2] *Ibid.*, p. 470.

[3] Linda Donn, *Freud et Jung. De l'amitié à la rupture*, *op. cit.*, p. 124.

[4] *Ibid.*, p. 125.

[5] Carl Gustav Jung, *Ma vie. Souvenirs, rêves et pensée, op. cit.*, p.187.

grotte, plus il plonge dans sa profondeur, vers l'homme primitif en lui. Lorsque Jung commence à s'intéresser au rêve et aux contenus inconscients, il a recours à des comparaisons historiques. Ce qu'il met en pratique dans l'analyse de ce rêve.

Le rêve de la grotte ajoute à la situation consciente de Jung d'autres couches de conscience : le moyen-âge, l'époque romaine, la préhistoire représentent des époques révolues et des niveaux de conscience dépassés. Il décrit « comme un diagramme structural de l'âme humaine, une condition préalable de nature essentiellement impersonnelle »[1]. Ainsi les crânes sont des vestiges de modes fonctionnels antérieurs de la psyché que Jung nommera plus tard archétypes. Aussi, pour cette raison, et ce qu'il commençait à concevoir, Jung ne peut être d'accord avec la façon dont Freud considère et interprète le rêve.

Jung ne pense pas que le rêve soit « une façade ». C'est un préjugé que de considérer le rêve comme ayant pour fonction de masquer ou de rendre incompréhensible le désir. Les rêves sont « nature » et ne recèlent la moindre intention trompeuse. Ils disent ce qu'ils ont à dire aussi bien qu'ils le peuvent. « Je n'avais aucune raison de supposer que les ruses de la conscience s'étendissent aussi aux processus naturels de l'inconscient »[2]. Jung considère combien l'inconscient s'oppose aux tendances du conscient : il inverse ainsi la problématique freudienne. Il n'ignore pas à l'époque le travail du rêve. S'il reconnaît les jeux de déplacement, de condensation, de figuration, il n'y voit pas l'effet d'une censure. Il pense plutôt que ces jeux, ces procédés, appartiennent à la polysémie de l'image.

Liens avec l'Œuvre

Jung analyse donc la maison comme la représentation figurée de la psyché. Le rêve de la grotte ajoute à la situation consciente de Jung d'autres couches de conscience (le moyen-âge, l'époque romaine...). Les deux crânes font entrevoir à Jung la possibilité d'autres couches de conscience, « une condition préalable de nature essentiellement impersonnelle » qu'il nomme ici *systèmes imaginatifs autonomes*. Les crânes sont une représentation de ce que Jung nommera plus tard les archétypes.

Barbara Hannah a vu Jung en cours dessiner le schéma qui suit (Schéma des strates de l'inconscient collectif en Annexe). Elle l'a reproduit dans son livre *Jung sa vie son œuvre*[3]. Elle apporte quelques informations supplémentaires. Le « feu central », qui est la dernière couche, représente la vie elle-même. « Une étincelle de ce feu passe par toutes les couches intermédiaires dans toutes les créatures vivantes. La couche suivante concerne « les ancêtres animaux en général », présents eux aussi dans toutes les formes de vie les plus élevées. La

---

[1] *Ibid.*, p. 188.
[2] *Ibid.*, p. 189.
[3] Barbara Hannah, *Jung, sa vie et son œuvre, op. cit.*, p. 19.

couche suivante, « les ancêtres primitifs », se retrouve dans toute l'humanité pour se subdiviser, dans celle qui suit, en grands groupes comme l'Occidental, l'Asiatique [E] ». « Avec la couche « nation », des différences considérables apparaissent. Il suffit de considérer l'état actuel du monde pour voir combien il est difficile de se comprendre entre gens de nationalités différentes ». Enfin, « les trois couches situées tout en haut du diagramme [A, B, C] colorent et modifient les images purement archétypiques qui viennent des couches les plus profondes »[1].

Lorsque Jung commence à s'intéresser au rêve et aux contenus inconscients, il a recours à « des comparaisons historiques ». Ce qui s'appellera plus tard l'amplification. Et c'est ce que Jung met en pratique dans l'analyse de ce rêve. Comme l'indique Ernest Jones, dès le 26 avril 1908, Jung a déjà élaboré sa théorie du rêve. Il n'est donc pas surprenant, nous sommes en 1909, que Jung soit en désaccord avec Freud

Aux yeux de Jung, le rêve n'est pas « une façade ». Les rêves sont « *nature* » et ne recèlent pas la moindre intention trompeuse. L'inconscient s'oppose aux tendances du conscient : il inverse ainsi la problématique freudienne. L'énantiodromie commence à poindre le nez. Ce qu'il développera dans *Psychologie et inconscient* (1912)[2], dans *Les types psychologiques* (1921)[3], dans *Problème de l'âme moderne*[4].

Jung n'ignore pas à l'époque le *travail du rêve* avec ses jeux de déplacement, de condensation, de figuration qu'il comprend non pas par la censure mais bien par la polysémie de l'image. Cette idée est l'amorce de la réflexion que Jung fera à propos du symbole (qu'il différenciera du signe). Le motif du crâne conduit Jung à souligner l'importance d'éléments de structures archétypiques et la nécessité d'étudier la mythologie afin de mieux comprendre les productions de l'inconscient collectif. Dès lors, Jung s'intéresse de très près à l'archéologie.

Le décor du rêve renvoie aux vieux meubles de sa maison et à l'univers médiéval placé sous la providence divine qui est en train de devenir « archaïque et périmé ». La foi chrétienne de Jung a perdu « son caractère absolu par la découverte des religions orientales et de la philosophie grecque »[5].

L'intérêt pour l'Histoire a été éveillé en lui par l'étude de l'anatomie comparée et de la paléontologie. Jung est fasciné par les ossements de l'homme fossile de Néandertal et par le crâne du Pithécanthrope de Dubois. Par rapport à son rêve, Jung a une intuition : « mon rêve avait pour sens moi-même, ma vie et mon univers, opposant ma réalité à une structure théorique bâtie par un esprit étranger au mien, pour des raisons et des buts qui lui étaient propres. Ce

[1] *Ibid.*, p. 18.
[2] Carl Gustav Jung, *Psychologie de l'inconscient*, *op. cit.*, p. 145.
[3] Carl Gustav Jung, *Les types psychologiques*, Genève, Georg Editeur, 1991, p. 440.
[4] Carl Gustav Jung, *Problème de l'âme moderne*, Buchet/Chastel, 1987, p. 17.
[5] Carl Gustav Jung, *Essai d'exploration de l'inconscient*, Paris, Denoël. 1984, pp. 71-72.

n'était pas le rêve de Freud. C'était le mien ». Au rêveur de s'approprier l'interprétation.

Jung se sert de son exemple personnel pour montrer combien l'analyse de rêve n'est pas que la simple application d'une technique apprise. Il s'agit plutôt d'un échange dialectique entre deux personnalités qui se résume à la question suivante : « qui, de l'analyste ou du rêveur, dominera l'autre ? ». Au-delà de l'aspect provocateur de Jung, il réalise dans cette confrontation avec Freud combien il est essentiel de ne pas imposer sa propre volonté, sa propre théorie au patient. C'est plutôt à ce dernier de « façonner sa vie selon ses propres désirs »[1].

Pour Jung, l'essentiel est la compréhension du patient (plutôt que celle du médecin) et « un plein accord réciproque, fruit de réflexions communes »[2]. « L'interprétation d'un rêve est sans valeur tant qu'elle n'a pas acquis l'assentiment du patient »[3].

A partir de ce rêve, il s'intéresse à l'archéologie. De ces événements, vont naître ce livre qui représente son accouchement : *Les métamorphoses de l'âme et ses symboles*. Et tel le chevalier à la croix rouge d'un autre rêve, il part à la quête du trésor intérieur, le Graal, le royaume des mystères qu'il évoque avec le complexe Jonas-baleine.

Le voyage et les conférences sont un succès. Freud est ravi de cette réussite. Il dira dix ans plus tard de ce voyage en Amérique : « Ce fut comme l'accomplissement d'un rêve diurne invraisemblable lorsque je montai à la chaire de Worcester afin d'y donner les *Cinq leçons sur la psychanalyse*. La psychanalyse n'était donc plus une formation délirante, elle était devenue une part précieuse de la réalité »[4].

Freud et Jung se sont rapprochés mais ont su trouver la bonne distance, tels les porcs-épics : juste assez près pour se réchauffer et juste assez éloignés pour ne pas se piquer. Ils se sont confessés leurs rêves pour s'éloigner l'un l'autre afin de préserver leur intimité. De retour à Vienne, Freud voit beaucoup de gens porter le même type de chapeau que celui de Jung (lettre du 4 octobre 1909).

En 1909, Jung quitte le Burghölzli et s'installe dans la maison qu'il a fait construire au bord du lac, dans la partie campagnarde de Küsnacht où il va vivre plus de cinquante ans sans pour ainsi dire la transformer. L'adresse de Küsnacht est Seestrasse 1003 qu'une renumérotation transforme en 228. Jung fait graver l'inscription suivante : « Invoqué ou non, le dieu sera présent ».

Revenu à Zurich, le hasard (ou la synchronicité ?) fait tomber Jung sur la *Symbolique et mythologie des peuples anciens* de Friedrich Creuzer (Leipzig, 1810-

---

[1] *Ibid.*, p. 74.
[2] Carl Gustav Jung, *L'homme à la découverte de son âme*, *op. cit.*, p. 253.
[3] *Ibid.*, p.254.
[4] Sigmund Freud, *Sigmund Freud présenté par lui-même,* Paris, Folio, Essais Gallimard, n°54, 1984, p. 88.

1923). Jung découvre les matériaux fantasmatiques d'une jeune américaine, Miss Miller, publiés par un ami paternel, Théodore Flournoy, dans les archives de psychologie (Genève). Il est frappé par le caractère mythologique des imaginations de Miss Miller. De là prend forme le livre *Métamorphoses et symboles de la libido* qu'approuve Flournoy, à la grande joie de Jung. Pendant l'écriture du livre, *Les métamorphoses*, Jung ne cesse de rêver de Freud. Et ses rêves annoncent sa rupture avec Freud. L'un d'entre eux, l'un des plus impressionnants comme le qualifie Jung, se déroule dans une contrée montagneuse, au voisinage de la frontière austro-helvétique.

Le rêve de l'employé des douanes

> C'était vers le soir, je voyais un homme d'un certain âge revêtu de l'uniforme des douaniers de la monarchie impériale et royale. Un peu courbé, il passa près de moi sans m'accorder attention. Le visage avait une expression morose, un peu mélancolique et agacée. D'autres personnes étaient présentes et l'une d'elles me fit savoir que ce vieillard n'était pas du tout réel, c'était l'esprit d'un employé des douanes mort des années auparavant. « Il est de ces hommes qui ne pouvaient pas mourir », disait-on[1].

Jung associe la douane à la censure, la frontière à celle entre conscient et inconscient ainsi qu'à celle entre lui et Freud. Le contrôle minutieux à la frontière (dont il n'est pas fait état dans la narration du rêve ; peut-être est-ce une association de Jung ?) fait allusion à l'analyse. L'employé est associé à Freud. A l'époque de ce rêve, Jung tient encore Freud en haute estime même si celui-ci a perdu de son autorité et même si Jung est très critique. Son ambivalence vis à vis de Freud lui montre qu'il est encore inconscient. Jung sait qu'il projette sur Freud (morose, etc.). Il s'est courbé : il a renoncé à ses propres jugements face à Freud. Jung se demande si ce rêve n'illustre pas le désir de mort du père (comme suggéré au moment du rêve de la grotte). Il en conclut qu'il doit avoir une attitude plus critique. Ce qui le consterne car le rêve renferme « une allusion à l'immortalité » en fin de première partie. Jung fait, plus ou moins, une nette distinction entre ce rêve et le précédent. A la fois, il présente ces deux parties de rêve comme faisant partie d'un même rêve tout en les présentant bien distinctement.

Le rêve du chevalier à la croix rouge

> Je me trouvais dans une ville d'Italie, à l'heure de midi, entre douze et treize heures. [...] C'était Bâle et pourtant c'était une ville italienne qui ressemblait à Bergame. [...] Au milieu de ce flot humain, marchait un chevalier revêtu de toute son armure. Il gravissait l'escalier, venait vers moi. Il portait une salade avec des œillères et une cotte de mailles ; par-

[1] Carl Gustav Jung, *Ma vie. Souvenirs, rêves et pensée, op. cit.*, p.190.

> dessus, un vêtement blanc dans lequel une croix rouge était tissée sur la poitrine et sur le dos.
> Vous pouvez vous imaginer l'impression que me fit un croisé venant vers moi, soudain, dans une ville moderne, à midi, à l'heure de pointe de la circulation ! [...] J'eus l'impression qu'il était complètement invisible pour les autres. Je me demandais ce que pouvait signifier cette apparition et j'entendis, comme si quelqu'un me répondait – pourtant personne n'était là : « Oui, c'est une apparition qui a lieu régulièrement ; toujours entre douze et treize heures le chevalier passe par ici et cela depuis très longtemps (j'eus l'impression que c'était depuis des siècles), et chacun le sait[1].

Jung ne comprend pas ce rêve sur le moment qui lui fait une profonde impression. Car deux personnages, à l'image de sa présentation du rêve, s'opposent. D'un côté, le douanier fantomatique, de l'autre le fantôme du chevalier bien « réel » !

Jung comprend beaucoup plus tard, après avoir longuement médité, une partie du sens de ce rêve. Le chevalier lui rappelle sa jeunesse où les histoires du Graal le marquèrent beaucoup. Il sait que ce chevalier date du XXIIe siècle, époque où débutent l'alchimie et la quête du Saint Graal. Il en conclut momentanément que ce chevalier symbolise la quête du Graal. Et que son monde intime est à dix mille lieues de celui de Freud. Tout en lui recherche « cette part encore inconnue qui donne sens à la banalité de la vie »[2].

Jung ressent une profonde déception. En tant que chercheur, des questionnements intérieurs restent sans réponses. Il sait que le chou prospère sur le fumier : pour autant, l'inceste et les perversités humaines ne lui procurent aucun éclaircissement secourable. Il confiera des années plus tard à Richard Evans : « Si le modèle œdipien était réellement prédominant, nous serions envahis par l'inceste depuis un demi-million d'années au moins »[3].

Pour l'heure, avoir ce type de connaissance rend conscient des névroses mais ne les guérit pas. Qu'en est-il d'ailleurs de la « solution raisonnable » de Freud ? Freud a-t-il réussi à sortir lui-même de sa névrose ? Jung pense que non au vu de ses positions dogmatiques. Le maître est mort. Jung n'a plus de références si ce n'est lui-même, comme l'indique le rêve du douanier. Il doit partir en quête et ne plus s'appuyer ni se faire contrôler par le douanier « freudien ». Comme le chevalier, sa recherche se fera seul, retiré des yeux de la foule.

---

1 *Ibid.*, p. 192.
2 *Ibid.*, p. 193.
3 Richard Evans, *Entretiens avec Carl Gustav Jung, op. cit.*, p. 27.

Liens avec l'Œuvre

Avec le rêve des douanes, la fonction prospective se trouve ici illustrée : le rêve peut indiquer une évolution de la personnalité en montrant un Jung « morose, mélancolique, agacé ». Cette prise de conscience réalisée, Jung réagit à la censure freudienne. Ce rêve annonce donc une rupture avec Freud.

Le second rêve indique un contraste entre le douanier fantomatique, de l'autre le fantôme du chevalier. Jung comprend une partie du sens de ce rêve. Le chevalier lui rappelle les histoires du Graal qui le passionnaient aux alentours de ses quinze ans. Il symbolise la quête du Graal. Et les recherches ultérieures que Jung va mettre en place quant au gnosticisme (1916) et à l'alchimie (1918).

Ces propos de Jung lui-même indiquent qu'il doit se développer par lui-même sur le plan intellectuel, du point de vue du Logos. Dans ce sens, le père est bien mort, et bien tué.

Les deux rêves pris ensemble, comme Jung avait l'habitude de pratiquer, indiquent combien l'inconscient peut être habité par différentes personnifications. Le douanier fantomatique et le chevalier font partie de Jung. D'un côté le censeur (l'employé est Freud), de l'autre, le jeune Jung. Ce rêve indique peut-être que l'entreprise avec Freud est terminée : ce dernier est bien mort car le douanier est fantomatique.

Jung associe la douane à la censure, la frontière à celle entre conscient et inconscient ainsi qu'à celle entre lui et Freud. Ce rêve pourrait indiquer que Jung ne doit plus travailler avec Freud : ça lui est interdit, il a franchi la frontière. Il est en Suisse (la croix rouge du chevalier). Le roi est mort (le douanier du premier rêve a une allure royale et il ne porte plus attention à Jung), un autre (le chevalier du second rêve) est adulé par la foule. Nous retrouvons là des symboles alchimiques (le blanc et le rouge sont des étapes de « l'œuvre ») qu'évoque le contexte interne du rêve : le chevalier du XIIe siècle. Ce rêve peut être considéré comme annonciateur des études gnostiques et alchimiques de Jung ainsi que de son succès : les gens viennent vers lui dans le second rêve. Notons enfin que le motif de la mort, des ancêtres, revient.

Jung est toujours dans l'écriture des *Métamorphoses et symboles de la libido*. Il sait déjà - parce qu'il a largement été averti par ses rêves - que le chapitre sur *Le sacrifice* va lui coûter l'amitié de Freud car il y expose la métamorphose de la libido, sa propre théorie de l'inceste. A savoir : l'inceste est un symbole qui représente un contenu hautement religieux. Pour cette raison, l'inceste joue un rôle décisif dans plusieurs cosmogonies et dans de nombreux mythes[1]. Jung va redécouvrir la richesse du symbolisme sexuel dans l'alchimie que Freud a réactualisé en ce XIXe siècle.

D'autres événements marquent cette année. Franz naît. Fin juillet, Jung écrit qu'il termine l'analyse d'Agathli, sa fille qu'il nommera du prénom d'Anna dans

[1] Carl Gustav Jung, *Ma vie. Souvenirs, rêves et pensée, op. cit.*, p. 195.

son article sur *Les conflits de l'âme infantile* qui paraît dans le *Jahrbuch* (publié dans *Psychologie et éducation*).

Freud publie l'histoire du petit Hans. Et Jung publie donc une histoire assez parallèle dans laquelle la petite Anna se questionne sur l'origine des enfants et sur la vie avant et après la mort. L'enfant a même imaginé spontanément la théorie de la réincarnation. Son père estime qu'il vaut mieux répondre franchement à sa fille. Ce qui rassure Anna. Jung constate par la suite que cette fille retourna à sa théorie, délaissant celle de son père.

Le 14 octobre 1909, Jung remercie Freud de l'analyse pendant la traversée qui lui « a fait beaucoup de bien »[1]. Il évoque en fin de lettre qu'il souhaite « faire un grand coup » sur l'archéologie, ou l'histoire des mythes, car il a réuni « un matériel absolument magnifique »[2]. En effet, Jung confie à Freud qu'il lit le livre du Dr Inmn sur les symboles : *Symbolisme païen antique et symbolisme chrétien moderne exposées et expliqués* (New York, 1874).

Le printemps 1910 marque la création de l'Association psychanalytique internationale au congrès de Nuremberg. Jung en est le président tout désigné pour Jones jusqu'en 1914. La présidence de Jung est limitée à deux ans dans un premier temps pour calmer les Viennois qui sont ulcérés d'être écartés par Freud au profit des nouvelles recrues : les Zurichois[3]. Pourtant deux raisons graves auraient pu l'éloigner de ce poste : Jung est un « révolté » et « un hérétique », bref « un fils » plutôt qu'un chef ; ce qui se révéla bientôt par le peu d'ardeur qu'il mit à exercer les devoirs de sa charge. Ensuite, la perspicacité n'était pas sa qualité majeure ». Jones pointe chez le Suisse un « préjugé nationaliste » qui fait Jung considérer les disciples de Freud comme « un ramassis d'artistes, de décadents et de médiocres ». « En tout cas, l'antipathie était réciproque entre les Suisses et les Viennois et ne fît que croître avec le temps… »[4]. Dans ces propos sévères, Ernest Jones semble être en pleine projection car il a, souligne Ellenberger, participé à la rumeur d'un Jung antisémite et pronazi. Jones signale dans sa biographie de Freud combien les Viennois ont été rapidement jaloux de l'enthousiasme qu'éprouva Freud pour Jung. « Leur réaction (des Viennois) était encore accentuée par la méfiance générale des Juifs à l'égard des Gentils qu'ils soupçonnent toujours, souvent à juste titre, d'être antisémites. Freud lui-même n'était pas entièrement exempt de soupçon, mais, pour le moment, il était tout à la joie de se voir reconnu à l'extérieur. Dès cette époque, les Viennois prédisaient que Jung ne demeurerait

[1] Sigmund Freud et Carl Gustav Jung, *Correspondance 1906 - 1914*, *op. cit.*, p. 331.
[2] *Ibid.*, p. 322.
[3] Peter Gay, *Freud Une vie Tome 1, op. cit.*, p. 353.
[4] Ernest Jones, *La vie et l'œuvre de Sigmund Freud 2/Les années de maturité,* Paris : 4ème édition, Presses Universitaires de France, 1988. p. 36.

pas longtemps dans le camp psychanalytique… Un proverbe allemand affirme que la haine a un regard perçant »[1].

Une chose est sûre : une rivalité existait entre les Viennois et les Suisses (les « *Gentils* »); « ce qui fut une source de tristesse pour Freud ». La tension va monter entre les deux hommes et aura plusieurs origines : la tendance spiritualisante de Jung, son intérêt pour le spiritisme, les morts, les phénomènes paranormaux, et des « folies fantasmatiques » (lettre du 20 février 1910). Jung voyait la psychanalyse « comme un mouvement irrésistible de masse », comme un substitut au christianisme. Ce à quoi Freud répondit : « Vous ne devez pas me prendre pour un fondateur de religion… Je ne pense pas à un substitut de la religion ; ce besoin-là doit être sublimé »[2].

En cette fin d'année, les relations entre Freud et Jung demeurent excellentes. Freud éprouve toujours une forte sympathie pour Jung. Il place en lui de grands espoirs. Il a besoin de quelqu'un qu'il puisse idéaliser comme il a idéalisé Fliess[3]. Jung est son fils favori. Freud loue le « magnifique », le « remarquable » travail de Jung. Il est « convaincu plus que jamais que Jung est l'homme de l'avenir », ce qu'il écrit en décembre 1910 à Fliess. Jung est « l'homme de demain. Ses recherches l'ont conduit loin dans le royaume de la mythologie qu'il veut s'ouvrir en utilisant exclusivement la clef de la théorie libidinale. Malgré tout l'agrément de ces travaux, je lui ai cependant enjoint de revenir en temps voulu aux névroses ». Freud sent-il que Jung est déjà en train de lui échapper ?

Fin juin 1910, Freud a lu un résumé de la première partie des *Symboles de la libido.* Freud a fait l'éloge de certaines parties mais a envoyé aussi certaines critiques à Jung. Emma Jung pense que Freud va accepter cet écrit. Néanmoins, elle a quelque doute vis à vis de Freud. En effet, ce dernier lui confie qu'une de ses filles a de nombreux rêves qui la troublent. Emma demande : « Vous les analysez, bien sûr, ou tout au moins les comprenez vous-même ? ». Freud réplique : « Chère Madame, je passe tout mon temps à m'occuper des rêves de mes patients ; ma fille peut donc continuer à rêver ». Emma Jung, dès lors, commence à douter de Freud alors qu'elle était jusqu'alors optimiste quant aux relations entre les deux hommes. « Pour elle, il allait de soi que Jung prêterait toute son attention à n'importe quel rêve important reçu par un membre de sa famille ; c'est surtout en découvrant que ce n'était pas le cas chez Freud qu'elle fut ébranlée et perdit confiance en lui »[4].

Le 14 février 1911, Jung s'enhardit. Il énonce une suite de critiques à propos de *L'interprétation des rêves* dont la 3ème édition vient d'être publiée. En faisant analyser des passages du livre à ses élèves avec la méthode freudienne (« un drill d'observance freudienne rigoureuse »), Jung a pointé et critiqué les propos de

---

[1] Ernest Jones, *La vie et l'œuvre de Sigmund Freud. 1/La jeunesse,* Paris : 5ème édition, Presses Universitaires de France, 1992, p. 46.

[2] Richard Noll, *Jung Le christ aryen Les secrets d'une vie*, Plon, 1999, p. 77.

[3] Peter Gay, *Freud Une vie Tome 1, op. cit.*, p. 327.

[4] Barbara Hannah, *Jung, sa vie et son œuvre, op. cit.*, p. 107.

Freud concernant les rêves d'enfants. A la différence des rêves des adultes, les rêves des jeunes enfants « sont moins intéressants » car ils « sont souvent des réalisations naïves »[1]. De même, « Quand nous disons que l'enfance est heureuse parce qu'elle ne connaît pas encore le besoin sexuel, nous oublions quelle source permanente de déceptions, de renoncement, et, partant, de rêves est pour elle l'autre grand besoin vital »[2] : Freud ne contredit-il pas sa théorie de la sexualité, après-coup (puisqu'il s'agit de la troisième édition) ? Jung poursuit en signalant à Freud que l'interprétation des rêves d'enfants est insuffisante. Seule une couche superficielle des rêves est abordée : le problème non abordé est le problème sexuel « dont l'énergie pulsionnelle explique seule le dynamisme sexuel »[3]. Jung semble reprocher à Freud de ne pas être suffisamment freudien !? Il ajoute, avec une légère teinte d'ironie : « Mais peut-être avez-vous des raisons (didactiques ?) de taire la couche la plus profonde de l'interprétation, tout comme dans les rêves précédents (les vôtres) »[4]. Enfin, il lui manque « le sens principal (personnel) du rêve ». Pour exemple, Jung cite le rêve d'Irma[5], de l'oncle[6] et de la monographie[7]. Pour ces trois rêves, Freud a fait l'impasse sur le sens principal qui n'est donc pas exposé.

Jung se situe à la fois dans un rôle de pédagogue et de fidèle disciple tout en jouant aussi le rôle d'analyste didacticien. Il souhaite apprendre à ses élèves comment appréhender la dynamique de la libido à l'œuvre dans les rêves. Aussi suggère-t-il à Freud de mettre à côté du rêve d'Irma une analyse typique de patient « où les derniers motifs réels seraient découverts sans ménagement (il souligne) » afin que « le rêve ne se décompose pas en une série de déterminations isolées, mais qu'il ait une construction conclut autour d'un motif central extrêmement pénible ». Jung a le souci d'éviter « l'incomplétude des rêves qui servent d'exemples principaux » pour ne pas donner lieu « à des mécompréhensions ». Enfin, Jung conclut par une dernière suggestion : ajouter à *L'interprétation des rêves* « un index de la littérature postérieure ». Ce qui sera effectivement réalisé dans les éditions suivantes[8]. En fin de lettre, il espère que Freud ne lui en voudra pas trop de ses critiques et de ses désirs hardis. Mine de rien, il annonce une de ses principales critiques à la méthode freudienne d'analyse des rêves : manquer de vision prospective.

Emilio Rodrigué signale combien l'apport de Jung est significatif. Jung a en effet critiqué deux points dans la *Traumdeuntung* : le fait que les rêves des petits enfants soient peu intéressants contrairement aux rêves des adultes, et le fait de

---

[1] Sigmund Freud, *L'interprétation des rêves*, Paris, 1ère édition, Presses Universitaires de France, 1987, p. 117.
[2] *Ibid.*, p. 120.
[3] *Ibid.*, p. 117.
[4] Sigmund Freud et Carl Gustav Jung, *Correspondance 1906 - 1914*, *op. cit.*, p. 500.
[5] Sigmund Freud, *L'interprétation des rêves*, *op. cit.*, p. 99.
[6] *Ibid.*, p. 126.
[7] *Ibid.*, p. 153.
[8] Sigmund Freud et Carl Gustav Jung, *Correspondance 1906 - 1914*, *op. cit.*, pp. 500 à 501.

vanter l'enfance comme heureuse. Freud accepte les réflexions de Jung et ajoute deux grandes notes sur le bonheur des enfants et sur les rêves d'enfants qui sont plus complexes qu'il ne se l'imaginait. Que va répondre Freud à ces désirs hardis ?

Le 17 février, trois jours plus tard, Freud remercie Jung de ses observations sur le livre des rêves. « On tiendra compte de tout en principe » pour les prochaines éditions. Par rapport aux rêves d'enfants, Freud rajoutera un « sembler » au sens de : « les rêves d'enfants peuvent sembler… ». Il reconnaît d'emblée la superficialité de l'interprétation de certains rêves. Effectivement, il fait preuve de souci didactique. Par rapport à la théorie de la sexualité, il reconnaît que « les découvertes de 1905 n'ont pas exercé d'influence sur le texte de 1899 » car il est impossible d'apprendre au lecteur à la fois la théorie de la sexualité et « la connaissance la plus élémentaire de la conception des rêves ». Freud convient que l'incomplétude de l'explication de ses rêves personnels est effective. Mais « le lecteur ne mérite pas que l'on se déshabille encore davantage devant lui. On ne doit donc demander à aucun rêve plus que ce pourquoi il figure là »[1]. Freud rappelle à Jung combien il a cherché à être pédagogue : les exemples de rêves ne sont là que pour illustrer certains points de sa théorie des rêves comme la défiguration, le matériel infantile, la réalisation du désir, etc. Quant à ce qu'il faudrait découvrir « sans ménagement », les « corps vils » des rêves, « ce ne peuvent être que des névrosés, des patients, et la communication de leurs rêves s'excluait pour la raison que les secrets de la névrose ne peuvent être que présupposés alors que *L'interprétation des rêves* devait justement amener leur découverte. »[2]. Freud illustre son propos avec l'exemple du rêve de la monographie et de la discussion avec Königstein : le sens principal du rêve est la dépense d'argent pour des livres, la passion noble de Freud contre laquelle s'élevait son père. Il rajoute : « Comme vous voyez, rien pour le peuple »[3]. Freud accepte toutes les critiques, toutes les demandes d'éclaircissement de Jung pour conclure qu'il ne peut rien changer ! « Le livre prouve les enseignements de *L'interprétation des rêves* en quelque sorte sur son propre corps, par ses propres manques ». Pour autant, il a le projet de pallier cette inconvenance en publiant un autre livre sur les rêves, avec l'aide de Rank, qui sera « impersonnel ». Il pourra ainsi exposer les résultats de la théorie des névroses tandis que Rank traitera les rapports littéraires et mythologiques.

Le 28 février 1911, Jung remercie cordialement Freud de ses renseignements sur *L'interprétation des rêves*. Mais il revient à la charge à propos des exceptions faites concernant les rêves d'enfants. Sa « Grethchen » lui a donné une preuve excellente de l'importance des rêves d'enfants. Elle a rêvé que son ami, Hans, tire son bonnet de feutre par-dessus sa tête et elle doit avaler cette dernière.

---

[1] *Ibid.*, p. 503.
[2] *Ibid.*, p. 503.
[3] *Ibid.*, p. 503.

Puis elle rêve d'un loup assis dans un tunnel. Cette jeune fille a cinq ans et « la connaissance du prépuce et du gland est remarquable. A la suite de cela, elle a fortement vomi... quand son parrain est venu chez nous avec sa fiancée. Grethe était terriblement jalouse ». Ayant rapporté ces faits, Jung avoue se préoccuper désormais du problème de l'inceste. Il a collecté d'excellents fantasmes chez ses patients. Il conclut cette partie de lettre concernant les rêves en se montrant intéressé par l'idée d'un nouveau livre sur les rêves énoncée par Freud « notamment en ce qui concerne le parallélisme de nos points de vue, car l'analyse des rêves est encore pour moi un des problèmes les plus difficiles et les plus riches de contenu »[1].

Le 1er mars, Freud répond à Jung qu'il a bien pris en considération ses réflexions sur *L'interprétation des rêves*. Même s'il n'a pu modifier le texte, il lui envoie l'ajout à la préface afin « d'alléger vos souffrances »[2]. Freud conclut sa lettre en félicitant Jung de l'accroissement de son empire à New York. Visionnaire, il ajoute : « Il ne se passera sans doute désormais pas une année qui n'apporte de nouvel accroissement »[3].

Le 8 mars, Jung écrit espérer que Freud ne prenne pas ses contributions pour une technique dénigrante de *L'interprétation des rêves* « qui est loin d'être surmontée » car « on n'en est même pas encore au commencement des rénovations, en tout cas pour moi. Celui qui l'a fait, celui-là a la maîtrise de l'épée, est-il dit dans *Job* »[4].

En mai 1911, Jung prévient Freud de « l'élargissement » du concept de libido. De même, l'idée de l'inceste ne doit plus être prise dans un sens littéral mais comme un symbole « d'idées plus élevées »[5]. Jung parle des *Métamorphoses*.

Freud est impressionné par le livre. Il écrit : « Jung a eu d'excellentes bases pour affirmer que les forces mythopoïétiques de l'humanité n'ont pas disparu, et qu'aujourd'hui encore, elles donnent naissance aux mêmes produits psychologiques que dans les temps les plus reculés ». Emilio Rodrigué précise alors : « Il n'y a aucune preuve, à ce qu'on sache, qui permette de dire que Freud était contre les premières formulations de Jung sur l'inconscient collectif »[6]. Freud travaillait depuis plusieurs semaines sur l'origine de la religion Et Freud s'aperçoit, apparemment, que Jung tire les mêmes conclusions : « Vous savez donc aussi déjà que le complexe d'Œdipe contient la racine des sentiments religieux. Bravo ! » (Lettre du 1er septembre).

Au cours de l'année 1911, Jung rêve.

---

1 *Ibid.*, p. 505.

2 *Ibid.*, p. 507.

3 *Ibid.*, p. 508.

4 *Ibid.*, p. 509.

5 Ernest Jones, *La vie et l'œuvre de Sigmund Freud 2/Les années de maturité, op. cit.*, p. 152.

6 Emilio Rodrigué, *Freud Le siècle de la psychanalyse 1, op. cit.*, pp. 458 et 459.

Rêve de la question en langue latine

> Je me trouvais devant une assemblée d'illustres esprits des siècles passés et j'éprouvais un sentiment analogue à celui ressenti plus tard en présence des « illustres ancêtres » qui se trouvaient dans la pierre noire de ma vision de 1944. L'entretien se déroulait en latin. Un monsieur avec une grande perruque, m'adressa la parole et me posa une question difficile ; je fus incapable, au réveil, de me rappeler de sa teneur. Je le compris, mais je n'avais pas une connaissance suffisante du latin pour lui répondre dans cette langue[1].

Dès le réveil, Jung, confus, se met à penser aux *Métamorphoses et symboles de la libido*. Se sentant saisi par un sentiment d'infériorité de n'avoir pu répondre en latin à la question du rêve, il se met à écrire (par compensation d'un point de vue jungien, par complexe de d'infériorité d'un point de vue adlérien). Peut être est-ce suite à ce rêve que Jung commence à mettre différentes citations en différentes langues dans ses écrits : le latin, le grec, l'anglais principalement. En travaillant, il espère ainsi trouver une réponse au rêve. Jung comprend que l'homme à la perruque est « l'esprit des ancêtres ou des morts »[2]. Cet esprit l'a interrogé. A Jung d'apporter une réponse à cet ancêtre spirituel qui, de son vivant, n'a pu apprendre ce qu'il n'avait pas pu savoir de son temps ! ! !

Liens avec l'Œuvre

Saisi par un sentiment d'infériorité de n'avoir pu répondre en latin à la question du rêve, Jung se met à écrire, espérant ainsi résoudre le problème d'un de ses ancêtres dont il devient porteur. Jung en vient à considérer qu'un « savoir sans limites est présent dans la nature, mais que ce savoir ne peut être saisi par la conscience que si les conditions temporelles lui sont propices »[3]. Ce dialogue avec les morts, les ancêtres, se poursuivra par la suite au travers de textes comme *Les Sept sermons aux morts* (de 1916). « Les morts questionnent comme s'ils n'étaient pas dans leur possibilité de tout savoir, comme si l'omniscience ou « l'omniconscience » ne pouvait être l'apanage que de l'âme incarnée dans un corps qui vit »[4].

Le livre terminé, Jung ne peut plus lire aucun ouvrage scientifique. Il a le sentiment qu'il ne peut plus participer au monde de l'intellect[5]. Il est face aux matériaux de l'inconscient qu'il affronte, digère et il ne peut en parler tant qu'il n'a pas été au bout de sa Nekyia, de sa descente aux enfers.

Le 16 septembre 1911, Jung accueille Freud à Küsnacht (durant quatre jours). Freud ne sait pas que c'est pour la dernière fois. Emma Jung aime

---

[1] Carl Gustav Jung, *Ma vie. Souvenirs, rêves et pensée, op. cit.*, p. 349.
[2] *Ibid.*, p. 350.
[3] *Ibid.*, p. 350.
[4] *Ibid.*, p. 351.
[5] *Ibid.*, p. 225.

beaucoup Freud. Elle s'arrange pour que les deux hommes ne soient pas dérangés. Jung attend avec impatience d'en savoir plus long sur ce que Freud a pensé de la première partie des *Métamorphoses.* Les deux hommes préparent le congrès de Weimar. Maeder vient leur rendre visite : il ressent une certaine tension entre les deux hommes. Jung ne peut pas parler aussi librement qu'il le faisait auparavant. Pourtant, Freud le pousse à jouer un rôle plus important au sein du mouvement psychanalytique. Jung est choisi comme rédacteur en chef du *Jahrbuch* et il est nommé président de la *Société internationale de psychanalyse.*

Freud se montre réservé quant au livre *Métamorphoses*, même s'il en a lu l'esquisse en 1910 (la première partie). La seconde partie sera considérée comme « *hérétique* » par Freud et son entourage, en particulier l'idée que l'inceste ne doit plus être pris au sens littéral mais comme un « symbole » d'idées plus élevées[1]. Le livre a donc été dénigré dans un premier temps par les freudiens. Pourtant, dans un second temps, Freud reprendra l'idée de l'ambivalence de Sabina Spielrein pour introduire l'instinct de mort (suite à l'article « *La destruction comme cause du devenir* »). Cette idée d'ambivalence est reprise par Jung pour mettre en évidence des figures maternelles archétypiques dispensatrices de vie mais aussi de mort. Jung réfère à Bleuler. « En introduisant la notion d'ambivalence (1910) pour caractériser la juxtaposition des attitudes opposées chez le schizophrène, il attirait l'attention de Jung sur une fondamentale bipolarité de l'esprit, et c'est une leçon qui ne sera jamais oubliée »[2].

Dans une lettre adressée à un Américain (le 4 mars 1930), Jung écrit : « Freud avait accepté mon manuscrit [*Métamorphoses et symboles de la libido*] mais m'avait dit que toute mon idée ne signifiait rien d'autre que la résistance au père. En particulier, il récusait mon idée que la libido avait un caractère contradictoire en soi et voulait tout à la fois la vie et la mort. Vingt plus tard, il a présenté le tout comme sa propre découverte. Il n'a pas du tout pris mon livre au sérieux et c'est la raison pour laquelle j'ai dû le quitter »[3]. Pour Charles Baudouin, Jung s'égare aux yeux de Freud à partir de la page 174 [(c'est-à-dire dans notre édition française, page 241) car c'est là où il élargit le concept de libido[4].

Suite à ses *Métamorphoses* (!), Jung perd la plupart de ses amis. Son livre est déclaré être de la pacotille. Le chapitre *Le sacrifice* est son sacrifice.

Le 21 septembre 1911, la communication de Jung au Congrès de Weimar porte sur le symbolisme dans les psychoses et la mythologie que Jones qualifie de « remarquables »[5]. Freud confiera à Jones, en 1926, que c'est lors de ce congrès que débuta son opposition à Jung. Pour une double raison. D'abord, Jung dit à Freud qu'un jour sa position sera plus haute que la sienne. Freud,

---

[1] Barbara Hannah, *Jung, sa vie et son œuvre, op. cit.*, p. 122.

[2] Charles Baudouin, *L'œuvre de Jung*, Paris, Petite Bibliothèque Payot, 1993, p. 50.

[3] Sigmund Freud et Carl Gustav Jung, *Correspondance 1906 - 1914*, *op. cit.*, p. 113.

[4] Charles Baudouin, *L'œuvre de Jung*, *op. cit.*, note de bas de page n°2, p. 13.

[5] Ernest Jones, *La vie et l'œuvre de Sigmund Freud 2/Les années de maturité, op. cit.*, p. 89.

étonné, lui conseille d'analyser son complexe paternel plutôt « que d'essayer de vivre de manière aussi déplacée ». La réponse de Jung est « mystique » (pour Freud) : « C'est mon destin »[1]. Autre point important : Toni accompagne les Jung à ce congrès. Ce qui alimente les cancans au Congrès et dans les milieux analytiques. Et de longues disputes violentes ont lieu entre Jung et sa femme. Pour Stevens, ceci peut expliquer l'effondrement de Jung qui surgira en fin d'année 1913[2].

Dès le début de l'année, le 9 janvier 1912, Jung « prie instamment » Freud de lire le travail de Stekel sur la « symbolique religieuse dans le rêve » car il doute de la rigueur scientifique de Stekel[3]. Il conclut sa lettre en remerciant Freud de lui avoir envoyé le tiré à part « *Le maniement de L'interprétation des rêves* »[4].

Plusieurs événements durant cette année 1912 vont amener la rupture entre les deux hommes. Le premier événement concerne les lettres de Jung à l'intention de Freud : elles se font plus rares car Jung craint une grande intimité. Et Freud a le sentiment d'avoir beaucoup donné et peu reçu en échange ; il regrette son aspect « âne sentimental »[5].

Freud fait part de ses inquiétudes à Jung. Jung s'en défend et prône l'indépendance intellectuelle : « Vous n'allez sans doute pas me reprocher d'avoir dans l'eschatologie psychanalytique des opinions qui ne sont pas les vôtres, ce qui n'est même pas certain… » Et Jung de citer Nietzsche : « On rend mal son dû à un maître quand on reste toujours seulement l'élève » (lettre du 3 mars 1912)[6]. Jung clame son désir d'indépendance intellectuelle alors que, pendant des années, il a été un élève servile et dévoué.

Le 8 juin 1912, Jung annonce à Freud poursuivre avec application la préparation de ses conférences américaines. Celles-ci portent sur la théorie de la psychanalyse (théorie de la sexualité, théorie de la libido, etc.). C'est dans cette lettre que Jung évoque le fameux « geste de Kreuzlingen ». « Je dois expliquer par la situation de la théorie, dont le développement chez moi vous est antipathique, le fait que vous n'ayez pas ressenti le besoin de me voir lors de votre visite à Kreuzlingen. J'espère que vous pourrez arriver ultérieurement à une entente sur les points litigieux. Il semble qu'il me faille aller encore un bout de chemin tout seul, avec l'entêtement suisse qui vous est connu »[7]. Jung persiste et signe dans son point de vue. Freud lui répond en débutant sa lettre du 13 juin par un « Cher ami » qu'il emploie pour la dernière fois. En effet, la

---

[1] *Ibid.*, p. 171.
[2] Anthony Stevens, *Jung L'œuvre - vie*, *op. cit.*, p. 158.
[3] *Ibid.*, p. 603.
[4] Sigmund Freud et Carl Gustav Jung, *Correspondance 1906 - 1914*, *op. cit.*, p. 604.
[5] Linda Donn, *Freud et Jung. De l'amitié à la rupture*, *op. cit.*, p. 180.
[6] Sigmund Freud et Carl Gustav Jung, *Correspondance 1906 - 1914*, *op. cit.*, pp. 617-619.
[7] *Ibid.*, p. 640.

lettre suivante de Freud débute par la formule conventionnelle : « Cher docteur ». Et elle date, précisons-le, du 14 novembre 1912[1].

Dans cette lettre du 13 juin 1912, Freud cherche à mieux s'informer pour faire preuve d'objectivité. Il reconnaît un différend scientifique mais il ne souhaite pas que ce dernier porte atteinte aux relations personnelles. D'ailleurs, il rappelle à Jung que ce n'est pas la première fois : « Je me souviens que des différences plus profondes existaient entre nous lorsque nous sommes entrés en relations ». Il explique ensuite la cause de sa non-venue à Zurich. Freud a rendu visite à Binswanger (qui n'en a plus pour longtemps à vivre à cause d'une tumeur ; pense-t-on) à Kreuzlingen, près de Constance. Le voyage lui a été pénible et il n'a pas voulu céder encore un ou deux jours supplémentaires pour voir Jung ni l'inviter. « Je ne vous y ai pas invité, parce que c'est une prétention de faire employer de la sorte une journée de Pentecôte, quand on a mieux à faire ou qu'on est content de pouvoir se reposer. Cela aurait été beau si vous l'aviez fait spontanément. Binswanger ne l'aurait pas interprété comme un dommage... Je regrette donc de trouver dans cette observation de vous une incertitude concernant ma personne » [le fait que Freud n'ait pas ressenti le besoin de voir Jung][2]. Freud conclut sa lettre en signalant à Jung la publication d'un « grand livre de Rank sur le problème de l'inceste »[3]. Freud sait reconnaître les siens. Jones précise que Freud avait prévenu Jung et Binswanger par écrit qu'il partirait le lendemain du jeudi 23. Freud supposait que Jung « saisirait cette occasion de le rejoindre à Kreuzlingen où il resta du samedi midi au lundi. Il fut surpris et déçu de n'y recevoir aucunes nouvelles de Jung »[4]. « Le geste de Kreuzlingen », après la rareté grandissante des lettres de Jung, est le second événement qui marque cette année 1912.

Dans le mois qui suit, Jung écrit plusieurs phrases sarcastiques sur « ce geste » qui a conduit Freud à ne pas pousser son voyage jusqu'à Zurich. Au cours de leur échange épistolaire, la situation entre les deux hommes se dégrade. Jung a pris le mot de Freud comme une fin de non recevoir plutôt que comme une invitation. Jung, susceptible, choisit de se sentir offensé.

Le 18 juin 1912, Jung écrit à Freud : « Je n'ai su que dire, jusqu'à aujourd'hui de votre dernière lettre. Maintenant je ne puis dire que je comprends le geste de Kreuzlingen. Le succès ou l'échec de mes prochains travaux fera voir si votre politique est la bonne. Ma distance constamment observée me gardera d'imiter la déloyauté d'Adler »[5]. Freud comprend cette lettre comme un désaveu de la relation amicale. En effet, la « distance constamment observée » lui était insupportable car elle lui rappelait les signes avant-coureurs de la brouille avec Fliess qui s'étaient manifestés par le retard du courrier.

[1] *Ibid.*, p. 650.
[2] *Ibid.*, p. 641.
[3] *Ibid.*, p. 642.
[4] Ernest Jones, *La vie et l'œuvre de Sigmund Freud 2/Les années de maturité, op. cit.*, p. 153.
[5] Sigmund Freud et Carl Gustav Jung, *Correspondance 1906 - 1914, op. cit.*, p. 642.

La guerre est déclarée par Jung avec cette lettre la plus courte et la plus sèche qui soit depuis le début de leur relation épistolaire.

Le 8 août 1912, Jung écrit à Freud avoir confié temporairement la rédaction du Jahrbuch à Bleuler car il va partir en Amérique.

Le 10 septembre, Emma envoie un tiré à part de la seconde partie des *Métamorphoses et symboles.* Au cours de ce mois de septembre 1912, Freud part faire une cure thermale en Italie. Jones lui a envoyé (aussi) un exemplaire de la seconde partie des *Métamorphoses.* Freud survole le texte et constate que Jung a fait une erreur : le sens d'une étude laisse entrevoir la possibilité que la libido puisse être non sexuelle. Freud est certain de dissiper ce malentendu[1]. Arrivé à Rome, Freud a un problème cardiaque. Il s'empresse de dire à son entourage de ne pas accabler Jung. Il va jusqu'à Naples, revient à Rome et se recueille devant le Moïse de Michel-Ange, ce prophète, le gardénia au revers de sa veste pour se sentir mieux. Jones remercie Freud de sa carte postale romaine. Il annonce à Freud avoir rencontré Emma Jung. Freud lit assidûment le texte de Jung. « Assurément tout est discutable et fort intéressant, sans le moindre germe d'inimitié », écrit-il à Jones[2]. De même à Binswanger : « [L'étude] Elle est parfaitement respectable et n'offrirait pas le moindre prétexte à un conflit personnel, pas davantage que ses erreurs précédentes ». Linda Donn pense que Freud cherche à ce que Jung et lui restent amis. Pas une seconde, Freud n'imagine une séparation.

Ce même mois, Jung donne une série de neuf conférences à la Fordham University. Jones rapporte que Jung a présenté la psychanalyse en excluant les questions sexuelles. En effet, Jung annonce que Freud a renoncé à sa première théorie qui expliquait l'origine de toutes les névroses à un traumatisme sexuel. Jung se propose de réviser la théorie de la libido.

Freud apprend les changements de son dauphin. Il réplique qu'il ne voit là rien d'intelligent. Le 17 octobre, il écrit à Ferenczi : « *Nous ouvrons donc les hostilités* »[3]. Un silence complet entre Freud et Jung s'ensuit[4], d'après Jones.

Freud craint que le caractère obsessionnel de Jung détourne de nombreux partisans. Il a raison de s'inquiéter : sur le plan international, Jung est le principal représentant officiel du mouvement psychanalytique.

Le 14 novembre 1912, Freud écrit : « Cher docteur (au lieu du « Cher ami » habituel), je ne vous salue plus, à votre retour d'Amérique, aussi tendrement que dernièrement à Nuremberg – cela vous m'en avez désaccoutumé avec succès – mais tout de même avec assez de sympathie, d'intérêt et de satisfaction au sujet de votre succès personnel. Grand merci pour vos nouveautés sur la situation des choses en Amérique. Mais nous savons que ce n'est pas là-bas que la dispute se décidera. Vous ne devriez pas mettre au compte de vos mérites

[1] Linda Donn, *Freud et Jung. De l'amitié à la rupture*, *op. cit.*, p. 187.

[2] *Ibid.*, p. 188.

[3] *Ibid.*, p. 189.

[4] Ernest Jones, *La vie et l'œuvre de Sigmund Freud 2/Les années de maturité*, *op. cit.*, p. 154.

d'avoir par vos modifications amoindri beaucoup de résistances, car vous savez que, plus vous vous éloignez des nouveautés Ψα, plus vous êtes sûr des applaudissements, et moins grande est la résistance ». Il revient sur le fameux geste. « Votre insistance sur le geste de Kreuzlingen est, il est vrai aussi incompréhensible qu'affligeante pour moi, mais il y a des choses qui ne se laissent pas régler par écrit »[1]. Ensuite, il commente indirectement le travail de la libido de Jung dans les *Métamorphoses.* « J'attends avec grande curiosité un exemplaire de vos cours, car je n'ai pas pu tirer de votre grand travail sur la libido, dans lequel certaines choses m'ont excellemment plu - l'ensemble non - les lumières que je recherche sur vos nouveautés »[2]. Freud conclut cette lettre en donnant des nouvelles d'Adler. Ce dernier a écrit à propos du congrès de Zurich qu'il « a trouvé les Zurichois en fuite panique devant la sexualité, mais qu'il n'a malheureusement pas pu empêcher ces messieurs de se servir de ses idées ».

Et le 19 novembre 1912, Jung envoie la lettre officielle à Freud pour une réunion à Munich : « Monsieur ! La rencontre à Munich est décidée par convention générale. La séance aura lieu… »[3].

Un dernier incident se déroule à Munich entre les deux hommes en novembre 1912. Jung a convoqué ses collègues psychanalystes pour créer une nouvelle revue. Il envoie la lettre de convocation à Jones au pays de Galles alors que ce dernier séjourne à Florence. De plus, Jung date la réunion du 25 novembre au lieu du 24 novembre. Jones le signale à Jung qui paraît l'air surpris. Jones suppose à Jung de la parapraxie. Il parle de ce lapsus à Freud qui réplique : « Un gentleman ne devrait pas faire des choses comme ça, même inconsciemment ». En fin de matinée, Freud et Jung vont se promener et s'expliquent sur le geste de Kreuzlingen. Jung avoue à Freud sa déception d'avoir reçu le courrier deux jours plus tard après l'arrivée à Kreuzlingen. Freud est certain d'avoir posté son courrier à Binswanger et à Jung le même jour. Jung se rappelle alors avoir été absent deux jours et se montre alors contrit, honteux et avoue son caractère difficile. Freud saisit l'occasion pour dire à Jung ce qu'il a sur le cœur[4]. Ce qui a froissé Jung est le sentiment d'avoir été dédaigné. Jung pense que Freud n'a pas voulu de lui. De plus, il a l'impression qu'on le soupçonne de conspirer avec ses ennemis (Binswanger entre autres). Le soupçon de Jung tombe juste (sans qu'il le sache : il n'est pas au courant de l'existence du comité secret !).

Le matin du 24 novembre 1912 à Munich, Freud ne ménage pas Jung. Il lui avoue qu'il n'est plus possible de rester ami avec lui, que Jung a lui-même suscité l'intimité à seule fin de la rompre ensuite brutalement. Paradoxalement, Freud pense ensuite « que tout ira bien maintenant ».

---

[1] Sigmund Freud et Carl Gustav Jung, *Correspondance 1906 - 1914*, *op. cit.*, p. 650.
[2] *Ibid.*, p. 651.
[3] *Ibid.*, p. 654.
[4] Ernest Jones, *La vie et l'œuvre de Sigmund Freud 2/Les années de maturité, op. cit.*, p. 155.

Au déjeuner, Freud se montre d'excellente humeur. Il a eu le dessus sur Jung : comme à Brême, ce dernier a bu un verre de vin. La discussion s'élève à propos d'un article d'Abraham sur l'égyptien Amenhotep qui ordonna d'effacer le nom de son père partout où il est inscrit. Freud suggère à Jung que s'il désire autant discourir sur la signification des nécropoles historiques, c'est parce qu'il nourrit quelques désirs inconscients de mort. Jung proteste de nouveau (comme à Brême) contre l'insistance de Freud à proposer de telles interprétations. Là où Freud voit le désir de tuer ou de surpasser le père, Jung fait prédominer l'instauration du monothéisme plutôt que les désirs du mort à l'égard du père. De nouveau, Freud perd connaissance. Jung se précipite et prend Freud dans ses bras. Et il se laisse aller à exprimer son attachement à Freud. Lorsque les deux hommes se quittent, à dix-sept heures, en fin de réunion, Jung réaffirme sa loyauté. « Vous me trouvez tout dévoué à la cause ! »[1]. C'est la troisième fois que Freud éprouve des malaises dans cette même salle du Park Hôtel. Freud écrit à Binswanger que « des sentiments refoulés, cette fois contre Jung, comme autrefois contre l'un de ses prédécesseurs, y jouent naturellement un rôle essentiel »[2]. A Jones, Freud dit autrement : il associe Munich à une visite auprès de Fliess malade. Il a déjà éprouvé ces mêmes symptômes il y quatre et six ans. Mais avec une moindre intensité par rapport à aujourd'hui. De retour à Küsnacht, Jung écrit à Freud : « Je suis très heureux de notre rencontre de Munich, car à cette occasion je vous ai en réalité compris pour la première fois. J'ai pris conscience combien je suis différent de vous. D'avoir reconnu cela suffira à changer pour l'essentiel toute mon attitude ». Et il ajoute, plein de sollicitude : « Je me suis fait encore beaucoup de souci au sujet de votre retour à Vienne… » (Lettre du 26 novembre 1912)[3]. Jung termine sa lettre en priant Freud de bien vouloir lui réserver une place dans son nouveau journal.

L'échange de lettres entre les deux hommes s'accélère : il n'est plus question du nombre de jours séparant la réception d'une lettre mais de répondre immédiatement. Jusqu'à ce que Jung fasse le fameux lapsus comme nous allons le voir bientôt.

Entre le 11 et le 14 décembre 1912, Jung annonce à Freud qu'il publiera quelque chose de nouveau si c'est convenable. Il précise à Freud que les Viennois « n'ont pas de raison de parler d'une oscillation vers l'autre bord ». Et c'est alors, à ce moment particulièrement propice du point de vue contextuel que Jung commet LE lapsus suivant: « Les compagnons eux-mêmes d'Adler ne pensent pas que j'appartienne à <u>votre</u> groupe » (Jones). L'autre traduction (celle de l'édition française de la *Correspondance*) est : « Même les complices d'Adler ne veulent pas me reconnaître comme un des <u>vôtres</u> »[4]. Au lieu d'écrire « leur », Jung écrit « votre » (en allemand, « <u>votre</u> » ne se distingue de « <u>leur</u> » que par la

---

[1] Linda Donn, *Freud et Jung. De l'amitié à la rupture*, *op. cit.*, p. 196.
[2] *Ibid.*, p. 197.
[3] Sigmund Freud et Carl Gustav Jung, *Correspondance 1906 - 1914*, *op. cit.*, p. 656.
[4] *Ibid.*, p. 669.

majuscule I au lieu du i minuscule ; précise Jones). L'inconscient est-il plus fort que les formules conventionnelles et rationnelles ? Ce lapsus calami est immédiatement repris par Freud le 16 décembre qui demande à Jung de s'en expliquer. « A présent êtes-vous assez « objectif » pour rendre hommage sans vous fâcher au lapsus suivant ? ». Freud cherche à mettre les points sur les i tout de suite, avec ironie et en parant aux fâcheries mémorables et connues de Jung.

La réponse de Jung ne se fait pas languir. Le 18 décembre, il débute sa lettre avec un humour pince sans rire : « Puis-je vous dire quelque chose de sérieux ? ». Pour ensuite protester : « Votre technique qui consiste à traiter vos élèves comme vos patients est une fausse manœuvre. Vous produisez par là des fils-esclaves ou des gaillards insolents (Adler-Stekel et toute la bande insolente qui s'étale à Vienne). Je suis assez objectif pour percer votre truc [en français dans le texte] à jour. Vous montrez du doigt autour de vous tous les actes symptomatiques, par là vous rabaissez tout l'entourage au niveau du fils et de la fille, qui avouent en rougissant l'existence de penchants fautifs. Entre-temps vous restez toujours bien tout en haut comme le père. Dans leur grande soumission, aucun d'entre eux n'arrive à tirer la barbe du prophète et à s'informer une fois de ce que vous dites à un patient qui a tendance à analyser l'analyste au lieu de s'analyser lui-même ? Vous lui demandez pourtant bien : « Qui donc a la névrose ? ». Voyez-vous, mon cher Professeur, aussi longtemps que vous opérez ce truc, mes actes symptomatiques ne m'importent pas du tout, car ils ne signifient absolument rien à côté de la poutre considérable qu'il y a dans l'œil de mon frère Freud...»[1]. Jung se plaint de ne pas être considéré comme il se doit et renvoie à Freud « sa » névrose.

Le 21 décembre, Jung écrit de nouveau à Freud sans attendre que lui arrive une réponse de ce dernier, en commettant un autre lapsus : « Tout à fait entre nous, je m'étonne que la rédaction de la nouvelle revue envoie vos circulaires (au lieu de « ses ») aux présidents des groupes locaux sans m'en informer ». Jung conclut : « Comme cette lettre tombe encore avant l'arrivée de votre réponse à ma dernière « lettre secrète », je ne mentionne pas ici ce chapitre particulièrement important »[2]. Jung attend la réponse de Freud à sa « lettre secrète ». Il ne sait pas que cette lettre est loin d'être restée telle quelle.

Le 22 décembre, Freud répond à Jung par rapport au lapsus de mi décembre. Il regrette de l'avoir irrité à ce point. Par rapport à la critique de Jung concernant la dépendance infantile des analystes, Freud répond qu'il peut lui fournir le matériel des « reproches opposés » : c'est-à-dire les plaintes de tous ceux qui estiment que Freud ne s'occupe pas assez de leur analyse. Ensuite Freud précise à Jung qu'il a toujours pris soin de ne pas parler de l'analyse de ses patients (comme Steckel ou Adler) en analyse avec lui. Pour ces raisons, « Je

[1] *Ibid.*, p. 671.
[2] *Ibid.*, p. 672.

ne sais donc pas pourquoi vous êtes aussi sûr dans votre supposition du contraire »[1]. Cette lettre clôt l'année 1912.

Commence pour Jung une période d'incertitude d'autant que la situation se complique avec Emma. Fin 1910, il rencontre Antonia Wolff (surnommée Toni) qu'il prend en analyse et avec qui il va entreprendre des relations approfondies. Toni Wolff lui voua un culte que seule la mort viendra interrompre. Elle rencontre Jung qui a trente-cinq ans alors qu'elle en a vingt-deux. Elle devient la deuxième femme de Jung après avoir été sa patiente. Fin 1911, elle devient l'assistante de Jung : elle participe aux recherches bibliothécaires pour la deuxième partie des *Métamorphoses* (la première partie est publiée en 1911) ; ce qui améliore nettement son état psychique. Cette femme est « extrêmement cultivée et intelligente, bien qu'elle n'ait pas fait de longues études »[2]. Introvertie, altière, froide, à l'animus très affirmé, médium, fumeuse invétérée, peu habile dans les choses de la vie pratique, Toni deviendra présidente du Club psychologique pendant vingt ans et analyste (formée par Jung). Barbara Hannah, Erich Neumann suivront leur analyse avec elle[3].

Toni Wolff vient vivre au sein du couple Jung. D'où une grande période de crise où Jung est partagée entre Emma, l'incarnation de la bonne mère, et Toni, la muse inspiratrice. Ainsi peut-on dire que Jung est partagé vis à vis de l'homme, du père et vis à vis de la mère, de la femme. Emma et Toni « par intermittence douloureusement et terriblement jalouses l'une de l'autre » vont soigner et soutenir Jung tout au long de sa tourmente[4]. Cet épisode de la vie de couple que nous rapportons est certainement à prendre en considération dans la période solitaire que Jung traverse qui le plonge au cœur de la dépression, voire de la psychose[5], et qu'il commence à résoudre avec l'écriture des *Métamorphoses* (qui débute juste après le début de la relation avec Toni, en 1910) où il est question de l'inceste, du *royaume des mères*, du sacrifice, et du début des figures de *l'anima* et de *l'animus*. Jung, dépressif, régresse vers le royaume des mères.

Toni compense-t-elle la perte de Freud ? En tout cas, elle est la femme qui a exercé le plus d'influence sur Jung.

Noël 1912, Jung rêve et se souvient[6].

---

1 *Ibid.*, p. 673.

2 Nadia Neri, *Femmes autour de Jung*, Paris, Cahiers jungiens de psychanalyse, 2002, p. 46.

3 *Ibid.*, pp. 52-53 et 54.

4 *Ibid.*, 2002, p. 49.

5 Anthony Stevens, *Jung L'œuvre - vie*, *op. cit.*, p. 158.

6 Carl Gustav Jung, *Ma vie. Souvenirs, rêves et pensée*, *op. cit.*, pp. 199 et 200.

Le rêve de la colombe/petite fille

> Je me trouvais dans une merveilleuse loggia italienne avec colonnes, sol et balustrades en marbre. J'y étais assis sur une chaise dorée de style Renaissance, et devant moi était une table d'une rare beauté. Elle était taillée dans une pierre verte, comme de l'émeraude. [...] Mes enfants se trouvaient aussi autour de la table. Tout à coup, un oiseau blanc plongea vers nous ; c'était une petite mouette ou une colombe. Avec grâce, elle se posa sur la table, et je fis signe aux enfants afin qu'ils se tinssent tranquille pour ne pas faire peur au bel oiseau blanc. Aussitôt, la colombe se transforma en une petite fille âgée de huit ans environ, aux cheveux blond doré. Elle partit en courant avec mes enfants, et ils se mirent à jouer ensemble [...] La petite fille s'en revint alors et me passa affectueusement un bras autour du cou. Puis, soudain, la petite fille disparut, mais la colombe était à nouveau là et dit avec une voix humaine en parlant lentement : « Ce n'est que dans les premières heures de la nuit que je puis me transformer en un être humain, tandis que la colombe mâle s'occupe des douze morts ». Ayant dit cela, elle prit son envol dans le ciel bleu et je m'éveillai[1].

La première pensée de Jung est le mot bizarre utilisé par la petite fille/colombe pour désigner la colombe mâle : *Tauber*. Et sa première réaction est de s'inquiéter : que pouvait faire une colombe mâle avec douze morts ?

La table d'émeraude lui fait penser à Hermès Trismégiste (un célèbre alchimiste) qui aurait légué une table sur laquelle est gravée en grec l'essence de la sagesse alchimique. Jung ne peut décoder plus. « Il ne put déterminer si le chiffre douze faisait allusion aux apôtres, aux signes du zodiaque, ou à un autre symbole »[2]. Il a beau chercher un sens : il n'en trouve aucun. Dans ces cas-là, pas d'autres solutions, « qu'attendre, continuer à vivre, et prêter attention à mes imaginations »[3].

Ce rêve indique une activation inhabituelle de l'inconscient qui se poursuivit quelques temps. Dans les *Protocoles*, Jung « assimile les idées et les connaissances acquises à cette époque au fait de « [tomber] amoureux d'une femme » et de « l'accepter ». Il explique que c'est le moment que l'anima se manifeste pour la première fois, mais qu'il n'en comprit pas tout de suite l'importance ».[4]

Comme le remarque Marie-Louise von Franz dans le chapitre V « *Le voyage dans l'au-delà* » du livre *C. G. Jung, son mythe en notre temps*, Jung a des expériences similaires à celui d'un chaman[5].

---

[1] *Ibid.*, pp. 199-200.

[2] Gerhard Wehr, *Carl. Gustav. JUNG sa vie, son oeuvre, son rayonnement, op. cit.*, p. 172.

[3] Carl Gustav Jung, *Ma vie. Souvenirs, rêves et pensée, op. cit.*, p. 200.

[4] Deirdre Bair, *Jung, op. cit.*, note de bas de page n°9, p. 1092.

[5] Marie-Louise von Franz, *C.G.Jung Son mythe en notre temps*, *op. cit.*, pp. 117 à 140.

À partir de sa rupture d'avec Freud, Jung, au milieu de la vie (trente huit ans), « voyage dans l'au-delà » pour reprendre les mots de Marie-Louise von Franz.

- Ainsi : Jung plonge de plus en plus profondément dans les couches de l'inconscient et les symboles qui habitent ces strates inférieures de la psyché.
- Il fait profession de médecine-man, de guérisseur de l'esprit.
- Il communique avec les morts (par le biais de séances de spiritisme, par l'entendement de morts qui donne naissance aux *Sept sermons aux morts*).
- Il a eu la vocation de sa profession (il a su, à un moment donné, par le biais des rêves).
- Il va traverser différentes crises spirituelles (religieuses avec son père, le protestantisme, la chrétienté), professionnelles avec Freud, la psychiatrie), théoriques (le remaniement de ses concepts à différentes périodes de sa vie comme nous le verrons par la suite).
- Au fur et à mesure de ses écrits, les expériences intérieures de Jung sont dénommées à la fois rêves, songes, visions ou imaginations.
- Sa vie va être souvent émaillée de maladies (proches de N. D. E.).
- Il rencontre ses guides intérieurs (Elie et Philémon) et ses ancêtres (expressions qui reviendra fréquemment dans ses écrits).

Liens avec l'Œuvre

Une question, dès le réveil, reste posée quant à la compréhension du rêve : que vient faire une colombe mâle avec douze morts ? Notons que Jung ne peut décoder plus. Il recommande dans ce cas de figure d'attendre la suite. C'est-à-dire d'attendre d'autres rêves qui peuvent préciser le dernier effectué ou, comme c'est le cas ici, d'attendre des imaginations, donc d'utiliser la technique de l'imagination active. A nos yeux, l'idée d'analyser des séries de rêves a pu naître de ce rêve incompris, qui préserve encore tout son mystère. Dans *La dialectique du moi et de l'inconscient* que Jung évoque la première fois l'intérêt d'analyser une série et de tenir un journal de rêves[1].

Pour ces diverses raisons, Marie-Louise von Franz voit dans ce dernier rêve de la colombe/petite fille une expression de l'état de chaman chez Jung. Cette petite fille correspond à la « *petite femme* » des chamans. Et les rêves/visions suivants ne démentent pas le propos de la fidèle disciple de Jung. En effet…

A l'époque, Jung a l'imagination suivante.

[1] Carl Gustav Jung, *L'homme à la découverte de son âme*, *op. cit.*, p. 257.

Vision/Imagination de cadavres

> Il y avait quelque chose de mort qui vivait encore. Par exemple, on plaçait des cadavres dans des fours crématoires, et l'on découvrait alors qu'ils montraient encore des signes de vie.[1]

Ce qui déclenche un autre rêve. Jung est dans une région qui lui rappelle les Alyscamps près d'Arles, dans une allée bordée de sarcophages mérovingiens.

Le rêve des morts vivants

> C'étaient des socles surmontés de dalles de pierre sur lesquelles reposaient les morts. Ils gisaient là, revêtus de leurs costumes anciens, les mains jointes sur la poitrine, tels les chevaliers [...] momifiés de singulière façon. Je m'arrêtai devant la première tombe et considérai le mort. C'était un personnage des années 1830. [...] Soudain, il se mit à bouger et revint à la vie. Ses mains se séparèrent, et je savais que cela n'avait lieu que parce que je le regardais. Avec un sentiment de malaise je continuai mon chemin et parvins à un autre mort qui appartenait au. [Jung poursuit son chemin et tombe sur un mort du XVIIIe siècle qui redevient vivant lorsqu'il le regarde.] Je parcourus comme cela toute la file, jusqu'à ce que j'eusse atteint pour ainsi dire le XIIe siècle ; le mort dont il s'agissait était un croisé qui reposait dans une cotte de mailles, et qui avait également les mains jointes. Son corps semblait sculpté dans du bois. Je le contemplais longuement, convaincu qu'il était réellement mort. Mais soudain, je vis que l'un des doigts de sa main gauche commençait doucement à s'animer[2].

Si Jung a partagé l'opinion de Freud selon laquelle l'inconscient recèle des vestiges d'expériences anciennes, là, il est amené à penser que ces vestiges ne sont pas des contenus morts mais qu'ils font partie intégrante de la psyché vivante[3]. Il nommera plus tard ces vestiges *archétypes*. « De toute évidence, la théorie freudienne des rêves n'était d'aucun secours face à ces créations de l'esprit. Le sujet de cette expérience parvint à la conclusion suivante : « Il ne s'agit pas là de formes inanimées, usées de la vie : elles font partie intégrante de la psyché vivante ». Seul le contexte élargi de la doctrine naissante des archétypes pouvaient éclairer ce genre de rêve dont les détails restaient toutefois obscurs, et pas uniquement si on leur appliquait une méthode rationnelle et réductrice. Ce rêve, parfois difficile à décoder, offrit à Jung l'occasion de se pencher longuement sur cette question, et l'amena petit à petit à sa doctrine des archétypes »[4].

---

[1] Carl Gustav Jung, *Ma vie. Souvenirs, rêves et pensée, op. cit.*, p. 200.
[2] *Ibid.*, pp. 200-201.
[3] *Ibid.*, p. 201.
[4] Gerhard Wehr, *Carl. Gustav. JUNG sa vie, son oeuvre, son rayonnement, op. cit.*, p. 173.

Liens avec l'Œuvre

Après le rêve de la grotte et des deux crânes, Jung est de nouveau confronté à la mort, aux ossements, aux vestiges. La méthode freudienne d'analyse de rêves ne lui est d'aucun secours. Seul le contexte élargi de la doctrine naissante des archétypes pouvait éclairer ce genre de rêve dont les détails restaient toutefois obscurs. Mais il n'en est pas encore là ! Pour cette raison, ces vision et rêves sont encore difficiles à interpréter. Il se questionne toujours. La métis est mise en branle. Et grâce à ce questionnement pressant, Jung va pouvoir élaborer sa « doctrine » des archétypes.

Jung ressent une pression interne. Même en passant sa vie entière en revue, en remontant le passé, rien n'y fait : la pression persiste. Il continue de s'abandonner consciemment aux impulsions de l'inconscient. A cette fin, il se remémore ses jeux d'enfance. Et il s'y remet, ne pouvant rien faire d'autre que renouer avec le rituel du jeu. Cet indispensable rite d'entrée qu'est le jeu met Jung en contact avec son esprit créateur. Le jeu était connu pour ses vertus « en Chine, en Égypte, à Sumer aussi où l'on croyait que les défunts tuaient le temps en s'adonnant à des jeux de société »[1]. Jung, comme un défunt, au plus fort de sa dépression, se met à jouer : activité qui perdurera tout le reste de sa vie, à chaque fois qu'il devra œuvrer avec créativité ou traverser une crise (par exemple, à la mort d'Emma, il se remet à tailler la pierre).

Et il tue le temps, comme les défunts, en s'adonnant à ses jeux. Il est comme un cadavre en train de cuire dans un four et il ne sait pas qu'il vit l'une des étapes de l'opus.

Il se met à collectionner des pierres, à construire maisons, château, village. Puis lui vient l'idée de bâtir une église. Il se bâtit une construction carrée, surmontée d'un tambour hexagonal que coiffe une coupole. Il manque un autel. Mais sur le moment une réticence se fait jour. Préoccupée par cette question, Jung se promène... et trouve une pierre rouge pyramidale qu'il place comme autel dans l'église. A ce moment lui revient à l'esprit le phallus souterrain de son rêve d'enfance. A partir de là, tout en jouant, il note ses phantasmes, imaginations, rêves car il a la certitude, sans qu'il puisse se le prouver rationnellement, d'être sur la voie qui mène vers son mythe. A chaque fois qu'il joue, les pensées de Jung se clarifient. Et il peut aborder de façon précise les productions de l'inconscient. Par la suite, dès qu'il bloquera sur un problème, il mettra en place ce rituel du jeu qui passera par la peinture, la sculpture, la construction. C'est ainsi qu'il écrira plusieurs de ses livres comme *Présent et avenir*, *Un mythe moderne*, *A propos de la conscience morale*[2].

---

[1] Barbara Hannah, *Jung, sa vie et son œuvre, op. cit.*, p. 126.

[2] Carl Gustav Jung, *Ma vie. Souvenirs, rêves et pensée, op. cit.*, p. 203.

« Les nuages commencèrent à s'amonceler » (Ernest Jones). Freud s'inquiète de voir Jung « si absorbé dans ses recherches que celles-ci nuisaient gravement à ses obligations de président »[1].

1913-1916 : La psychologie analytique, la crise du milieu de vie, visions de sang, rupture avec Freud, rencontres avec Elie et Salomé, Philémon

Le 1er janvier 1913 Freud dit à Jones : « L'amitié de Jung ne vaut pas l'encre d'une lettre ! »[2].

Le 3 janvier 1913, Freud écrit à l'honoré « Monsieur le Président » et au « Cher docteur ». Il partage l'avis de Jung concernant les circulaires des rédacteurs de la nouvelle revue tout en pointant le lapsus. Les suggestions de Jung sont les bienvenues car elles prouvent son « intérêt pour le nouvel organe ». Freud revient sur les dernières critiques de Jung : il refuse le fait de traiter ses élèves comme des patients. Freud redit avoir gardé le secret de l'analyse. Aussi ne peut-il donner foi à la « construction » [mentale] de Jung qui est similaire au « fameux geste de Kreuzlingen ».

Il ne peut répondre à la lettre de Jung qui est « insoluble par écrit. Il est convenu entre nous analystes qu'aucun de nous ne doit avoir honte de son morceau de névrose. Mais celui qui, en se conduisant anormalement, crie sans arrêt qu'il est normal, éveille le soupçon qu'il lui manque l'intuition de sa maladie. Je vous propose donc que nous rompions tout à fait nos relations privées »[3].

Après la rupture des relations « privées », tout est fait pour cacher la querelle entre Freud et Jung aux adversaires de la psychanalyse.

Durant l'été, Freud s'entretient avec Ernest Jones de « la meilleure façon d'agir dans la situation que Jung avait créée en abandonnant les principes fondamentaux de la psychanalyse ». Des deux côtés l'amitié est morte. Pourtant, Freud reste optimiste quant aux possibilités de maintenir une collaboration de pure forme avec Jung. « Jung est fou mais mon but n'est pas la séparation, j'aimerais d'abord le laisser se perdre ».

Le 29 juillet, Jung écrit à Freud à propos de l'article de ce dernier sur *Un rêve comme preuve*. Il estime que Freud s'est mépris sur le concept de conflit actuel « lequel n'est pas pour nous le petit désagrément quotidien, mais le problème de l'adaptation ». Jung pointe un autre malentendu. Freud pense en effet que Jung nie la théorie du rêve comme réalisation de désir. Jung précise au contraire qu'il reconnaît la justesse de la théorie freudienne. Néanmoins, il trouve que l'interprétation « ne touche que la surface, que pour l'essentiel elle s'arrête au symbole, et que par conséquent elle est encore analysable davantage ». Il illustre son propos. Si dans un rêve se manifeste un désir de coït, cela doit être

[1] Barbara Hannah, *Jung, sa vie et son œuvre, op. cit.*, p. 122.
[2] Peter Gay, *Freud Une vie Tome 1, op. cit.*, p. 378.
[3] Sigmund Freud et Carl Gustav Jung, *Correspondance 1906 - 1914*, *op. cit.*, p. 679.

davantage analysé « car cette manière archaïque de s'exprimer, avec sa fatigante monotonie de sens, nécessite encore une retraduction. Nous dépassons la théorie de la réalisation du désir en en reconnaissant la justesse limitée. Mais elle n'épuise pas pour nous le sens du rêve »[1].

Aucune réponse de Freud.

Le 5 août 1913, Jung donne une conférence à la Psycho-Medical Society de Londres sur les « *Aspects généraux de la psychanalyse* ». Pour la première fois, il évoque la « psychologie analytique » et reconnaît qu'il « se trouve en parfait accord avec Adler en ce qui concerne la conception des désirs refoulés dans le rêve comme des tendances volitionnelles »[2]. Il développe aussi l'idée que la psychanalyse ne soit plus axée exclusivement sur la sexualité[3]. Jung fonde le mouvement de la psychologie analytique. Et il démissionne de son enseignement à l'université de Zurich. Le British Medical Journal qualifie la conversion de Jung comme un « retour à une vue plus saine de la vie »[4].

En août 1913, Freud confie à Jones qu'il vaut mieux éviter les jugements arbitraires vis-à-vis de Jung et de ses nouveaux développements théoriques comme les fantasmes inconscients. Freud vit une averse par mauvais temps : il doit apaiser le courroux de ses collègues, faire le deuil de son dauphin, conserver son intégrité scientifique pour laquelle il a déjà tant sacrifié. Anna Freud se souvient de n'avoir jamais autant vu son père abattu que cet été.

L'unité entre Viennois et Suisses est fragile. Freud recommande à ses collègues de voter pour la réélection de Jung au poste de président de l'Association Internationale. Jones et Freud abordent le congrès de Munich, du 7 septembre 1913, avec l'espoir qu'il n'y ait pas de rupture[5]. Freud décide de ne pas descendre au Park Hôtel ! L'atmosphère du congrès est désagréable pour Jones, fatigante pour Freud. Jung est réélu par cinquante-deux voix contre vingt-deux. À Jones qui s'affiche comme opposant, Jung lui dit : « Je vous croyais Chrétien ». Ce que Jones semble entendre par : « c'est à dire non Juif ». S'il paraît rapporter les propos oraux de Jung tels quels, il place son commentaire entre parenthèses juste après les propos de Jung[6]. Jones est-il objectif ? Peut-être sont-ce ces propos écrits qui ont alimentés les rumeurs sur Jung après l'intervention du Docteur Bally en 1934 ? Jones ne ménage pas Jung.

« On se sépara sans grande envie de se revoir », écrit Freud à qui il est impossible de dire le nom de Jung : il ne cesse de se tromper et de prononcer le nom de Jones[7].

Jung rentre à Zurich.

---

[1] *Ibid.*, p. 690.
[2] *Ibid.*, p. 691.
[3] Peter Gay, *Freud Une vie Tome 1, op. cit.*, p. 379.
[4] Ernest Jones, *La vie et l'œuvre de Sigmund Freud 2/Les années de maturité, op. cit.*, p. 161.
[5] *Ibid.*, p. 106.
[6] *Ibid.*, p. 108.
[7] Linda Donn, *Freud et Jung. De l'amitié à la rupture, op. cit.*, p. 216.

Et Freud va se recueillir auprès de son vieux Moïse.

Jung quitte son poste de rédacteur en chef du *Jahrbuch* (1909-1913) avec une lettre envoyée à Freud le 27 octobre 1913 : « J'ai appris par le Dr Maeder que vous doutiez de ma bona fides. J'aurai attendu que vous me disiez directement une chose aussi grave. Comme c'est là le reproche le plus grave que l'on puisse élever à l'égard de quelqu'un, vous me rendez ainsi toute collaboration future avec vous impossible »[1]. Là s'interrompt la correspondance entre les deux hommes. En toute bonne foi.

Durant ce mois d'octobre 1913, Jung fait un « rêve » éveillé. Il le raconte à Mircea Eliade qui le publie ainsi que l'interview dans la revue *Combat* en octobre 1952. Jung est dans le train, il perd conscience du temps et du lieu au moment où le train entre dans le tunnel. Il s'éveille une heure plus tard en entendant le conducteur crier l'arrivée en gare. Il vient de rêver éveillé pendant tout ce temps.

Rêve éveillé de l'Europe recouverte par une mer de sang sauf la Suisse

> Il voyait la carte de l'Europe. Pays après pays, en commençant par la France et l'Allemagne, l'Europe était recouverte par la mer. Peu de temps après, le continent entier se trouvait sous l'eau, à l'exception de la Suisse : la Suisse était comme une très haute montagne que les vagues ne pouvaient submerger. Jung se voyait assis sur la montagne. Mais en regardant avec plus d'attention autour de lui, il se rendit compte que la mer était de sang : sur les vagues, il commença à distinguer des cadavres, des toits de maison, des poutres à demi brûlées…[2].

Trois mois plus tard, toujours dans le même train, le même rêve éveillé se répète, toujours à l'occasion de la rentrée dans le même tunnel ! Jung se sent immergé dans l'inconscient collectif. Il se demande s'il n'est pas en train de « faire une schizophrénie » comme on disait à l'époque.

Liens avec l'Œuvre

Avec ce rêve, Jung croit donc « faire une schizophrénie ». On peut comprendre qu'il se soit intéressé à la schizophrénie car plusieurs fois Jung craint de devenir « fou », restant prêt à se tirer une balle dans la tête. Il cherche à se comprendre lui-même. Il l'écrira : si soi-même on ne comprend pas ses rêves, comment peut-on comprendre ceux d'autrui !?

Ses écrits débutent par la *Psychologie et pathologie des phénomènes occultes* (1902) et la *Psychologie de la démence précoce* (1906). Ils se concluent par des *Considérations actuelles sur la schizophrénie* (1959), *Un mythe moderne* et *Essai d'exploration de l'inconscient* (1961).

---

[1] Sigmund Freud et Carl Gustav Jung, *Correspondance 1906 - 1914*, *op. cit.*, pp. 692 et 693.
[2] W. Mc Guire et R. F. C., Hull *C. G. Jung parle*, *op. cit.*, p. 184.

Avec la vision, il perçoit le mythe du héros et du soleil ainsi que le drame de la mort et de la renaissance exprimée par le symbole égyptien du scarabée. Ce dont il vient largement de parler dans *Les Métamorphoses* (les mots Soleil - Solaire et Serpent sont les plus indexés)[1].

Il s'inquiète de la conclusion de la vision : au lieu qu'un jour nouveau se lève, un flot de sang surgit. Ce qui renvoie Jung à la précédente vision de flots de sang sur l'Europe. Jung renonce à toute tentative de compréhension. Mais il reste vigilant à sa profondeur. Jung reste en éveil et cherche : il a besoin de comprendre, d'autant plus que plusieurs rêves et visions lui restent incompréhensibles depuis 1911 avec la question en langue latine !

Décidemment, Jung perd son latin dans ses rêves et visions. Ce qui l'angoisse (ne pas comprendre) lui est servi sur un plateau. Il écrira quatre ans plus tard : « Quiconque veut interpréter un rêve doit posséder une envergure personnelle comparable à celle du rêve, car, et c'est absolu, on ne reconnaît jamais, en quoi que ce soit, davantage que ce que l'on est soi-même »[2].

Jung est parvenu en haut de l'échelle pour s'apercevoir qu'il s'est trompé de mur. C'est ainsi que Joseph Campbell définit la crise du milieu de vie.

Jung y pénètre de plein pied. « L'étymologie du mot *crise* est édifiante à cet égard : en grec, Krinein signifie discrimination ou décision. Et en chinois l'idéogramme correspondant désigne la chance »[3]. Cette crise se caractérise par le doute existentiel et le questionnement intérieur. Jung a écrit à ce propos : « Le vin a fermenté, la lie commence à se déposer, on n'y voit plus clair ». C'est le temps du bilan de sa vie, de ses réalisations ou non, de ce qui a été manqué ou reporté à plus tard, le moment où pointe le crépuscule. Et « plus on est insatisfait de soi, plus on rejette ses responsabilités sur le partenaire »[4]. Pour autant, cette crise peut être le prélude à la reconnaissance consciente et réciproque de l'autre en tant qu'être humain (dans le cadre de la vie de couple), à cet éveil qu'exige l'individuation.

Dans ces derniers mois de l'année, Jung est au plus bas : il racle le fond du puits, le pied du mur. Tout ce qui justifiait sa vie, lui donnait de la valeur et du sens vient de s'effondrer. L'amitié avec Freud, la psychanalyse, la présidence de la Société Internationale de psychanalyse et maintenant le poste de rédacteur en chef du *Jahrbuch* se réduisent à néant. Il commence à mourir à lui-même...

Jung s'installe à Küsnacht, près de Zurich, au bord du lac, où il exerce jusqu'à sa mort. Désormais seul et à la recherche d'une orientation, Jung sent que, pour la trouver, il doit affronter en lui-même le monde obscur. Si

---

[1] Georges Romey précise que, sur mille sept cent symboles répertoriés qu'on puisse rêver, le soleil arrive en septième position. Il est cité en tant que simple évocation dans 50% des scénarii de rêve éveillé, in *Dictionnaire de la symbolique II. Le vocabulaire fondamental des rêves. Personnages, parties du corps, formes et volumes, astres,* Paris, Albin Michel, 1997, p. 508.

[2] Carl Gustav Jung, *L'homme à la découverte de son âme*, *op. cit.*, p. 80.

[3] Anthony Stevens, *Jung L'œuvre - vie*, *op. cit.*, p. 163.

[4] *Ibid.*, pp. 161-162.

mystérieuse que soit sa décision d'accepter la « confrontation avec l'inconscient, la solennité avec laquelle il en parle et la date nous oblige à y voir un tournant de son destin. Jung se souvient de l'Avent de l'année 1913, le 12 décembre. Il décide d'aller plus loin dans ses profondeurs. Il a trente-huit ans. A cette époque du milieu de la vie, « ce qui se produit… est la naissance de la mort… Devenir et décliner, c'est la même courbe »[1]. Jung écrit dans « *Problèmes de l'âme moderne* » qu'au solstice de la vie un changement radical se produit. « L'homme qui vieillit devrait savoir que sa vie ne monte, ni ne s'élargit plus, mais qu'un processus interne la rétrécit. Pour l'homme jeune [Jung entend par *jeune*, la période de l'homme qui s'étend de la puberté jusqu'à la quarantaine ; c'est à dire environ les trente-cinq, quarante ans] c'est presque un péché ou un danger de s'occuper trop de lui-même ; pour l'homme qui vieillit, c'est au contraire un devoir et une nécessité de considérer son soi-même avec sérieux. Le soleil rentre ses rayons comme pour s'éclairer lui-même après avoir gaspillé sa lumière sur un monde »[2].

Il est dans son bureau, assis. Il décide de se laisser tomber. Le sol, alors, cède sous ses pas et le précipite dans une profondeur obscure. Jung ne peut se défendre d'un sentiment de panique.

Vision des profondeurs et du jet de sang

> Mais soudain, et sans que j'eusse encore atteint une trop grande profondeur, je me retrouvai – à mon grand soulagement –sur mes pieds, dans une masse molle, visqueuse. J'étais dans une obscurité presque totale. […] Devant moi était l'entrée d'une caverne obscure ; un nain s'y tenait debout. Il me semblait être de cuir, comme s'il avait été momifié. Je dus me glisser tout contre lui pour passer par l'entrée étroite, et je pataugeai, une eau glacée jusqu'aux genoux, vers l'autre bout de la caverne. Là, sur une bande de rocher en saillie, un cristal rouge scintillait. Je me saisis de la pierre, la soulevai, et découvris que, dessous, il y avait un espace vide. […] Un cadavre passa, entraîné par le courant ; c'était un adolescent aux cheveux blonds, blessé à la tête. Il fut suivi d'un énorme scarabée noir, et alors apparut, surgissant du fond des eaux, un soleil rouge naissant. Aveuglé par la lumière, je voulus replacer la pierre sur l'orifice. Mais à ce moment, un liquide fit pression pour passer à travers la brèche. C'était du sang ! […]Le jet de sang dura, à ce qu'il me sembla, un temps d'une longueur intolérable. A la fin, il tarit, ce qui mit un terme à cette vision.[3]

« Ces images me laissèrent consterné ». Jung perçoit le thème fondamental de cette vision : le mythe du héros et du soleil ainsi que le drame de la mort et

---

[1] Marie-Louise von Franz, *C.G.Jung Son mythe en notre temps*, *op. cit.*, p. 124.
[2] Carl Gustav Jung, *Problème de l'âme moderne*, *op. cit.*, pp. 236 et 237.
[3] Carl Gustav Jung, *Ma vie. Souvenirs, rêves et pensée*, *op. cit.*, pp. 208-209.

de la renaissance exprimée par le symbole égyptien du scarabée. Il s'inquiète de la conclusion de la vision : au lieu qu'un jour nouveau se lève, un flot de sang surgit. Ce qui renvoie Jung à la précédente vision de flots de sang sur l'Europe. Jung renonce à toute tentative de compréhension. Mais il reste vigilant à sa profondeur. Six jours plus tard, le 18 décembre 1913 (date que Deirdre Bair remet en cause car elle n'en a trouvé nulle trace[1]), il fait le rêve suivant.

Rêve du meurtre de Siegfried

> Je me trouvais avec un adolescent inconnu sauvage à la peau foncée, un sauvage, dans une montagne solitaire et rocheuse. C'était avant le lever du jour ; le ciel à l'orient, était déjà clair, et les étoiles commençaient à s'éteindre. Par-delà les montagnes retentit le cor de Siegfried et je sus dès lors qu'il nous fallait le tuer. [...] Soudain Siegfried apparut au loin tout au haut de la crête de la montagne, dans le premier rayon du soleil levant. Dans un char fait d'ossements, il descendit à une vitesse folle le flanc rocheux de la montagne. Lorsqu'il apparut à un tournant, nous tirâmes sur lui et il s'effondra mortellement atteint. Plein de dégoût [...] je m'apprêtais à fuir, poussé par la peur qu'on pût découvrir le meurtre. A ce moment survient une pluie drue et abondante dont je savais qu'elle ferait disparaître toutes les traces de l'attentat. J'avais échappé au danger d'être découvert, la vie pouvait continuer, mais il restait en moi un sentiment intolérable de culpabilité.[2]

Éveillé, Jung cherche à comprendre ce rêve, en vain. Il cherche à se rendormir lorsque la voix lui dit : « Il te faut comprendre le rêve, et tout de suite ! ». Et celle-ci de rajouter : « Si tu ne comprends pas le rêve, tu dois te tirer une balle dans la tête ! »[3]. Or dans sa table de nuit se trouve un revolver chargé et Jung est pris de peur. Il recommence alors à réfléchir ! Une idée lui traverse l'esprit. Ce rêve traite du problème qui agite le monde. Siegfried représente la volonté des Allemands. Ces derniers voulaient imposer héroïquement leur volonté. Le rêve montre que l'attitude incarnée par Siegfried ne correspond plus à Jung. Aussi Jung doit sacrifier ce héros en lui et l'idéal qu'il incarne. La volonté du moi doit se soumettre à des valeurs plus hautes. Charles Baudouin rapporte que plusieurs des collègues juifs de Jung l'avait surnommé le « grand Siegfried blond ! » De plus, Siegfried aurait été le nom du fils dont rêvait Sabina Spielrein[4]. Jung saisit aussi que le sauvage incarne *l'ombre* primitive (les pulsions primitives de meurtre...). On comprend alors pour quelles raisons Jung garde dans l'ombre une partie d'*ombre*. La pluie indique que la tension entre conscient et inconscient s'estompe. Jung s'apaise. La compréhension du rêve a libéré en lui de nouvelles forces. Tel est ce que rapporte Aniela Jaffé. Tout autre est la

---

[1] Deirdre Bair, *Jung, op. cit.*, note de bas de page n° 12, p. 1092.

[2] Carl Gustav Jung, *Ma vie. Souvenirs, rêves et pensée, op. cit.*, p. 209.

[3] *Ibid.*, p. 210.

[4] Gerhard Wehr, *Carl. Gustav. JUNG sa vie, son oeuvre, son rayonnement, op. cit.*, p. 180.

version qu'a consultée Deirdre Bair dans les *Protocoles*. Pour Jung, Siegfried n'est pas « un personnage spécialement sympathique ». Le personnage de l'opéra de Wagner est exagérément extraverti, tout à fait ridicule à certains moments. Jung avoue ne l'avoir jamais aimé. Il ajoute ne pas comprendre pour quelle raison il a ressenti une aussi forte émotion en faisant ce rêve. De plus, le réveil provoqué par a pluie fait ressentir un immense soulagement. Nulle trace de panique, Nulle part non plus de l'envie de sortir un revolver de la table de nuit. L'interprétation du rêve est paisible et presque euphorique. Elle diffère de celle de *Ma vie* en certains points. Jung pense avoir tué son intelligence (symbolisé par le Héros), « aidé dans cet acte par une personnification surgie de l'inconscient collectif. En d'autres termes, j'ai renversé ma fonction supérieure. La pluie qui s'est mise à tomber symbolise le relâchement de la tension : les forces de l'inconscient se sont libérées. A ce moment-là naît un sentiment de soulagement. Le crime est expié car, dès l'instant où l'on s'est débarrassé de la fonction principale, les autres pans de la personnalité ont une chance de pouvoir s'exprimer »[1].

Marie-Louise von Franz constate combien ce rêve est typique du milieu de la vie au sens où toutes les adaptations et réalisations sociales ont été menées. Le héros, c'est à dire le soleil de midi, doit mourir pour ne pas invalider le futur. Le char d'ossements représente dans le rêve tout le sacrifice des possibilités (sociales, professionnelles…et familiales). « A l'époque du voyage dans l'au-delà (telle que Marie-Louise von Franz qualifie cette époque) et de la mort du héros, il (Jung) renonça à une carrière universitaire pour laisser le chemin libre aux possibilités intérieures nouvelles »[2].

Stevens a un point de vue intéressant sur la signification de ce rêve[3]. « Son *ombre* (l'homme basané) était venu l'arracher au *Ça* freudien pour le mener aux archétypes de l'inconscient collectif ». Il ajoute que Siegfried incarne l'image héroïque que Jung projetait sur Freud. « Auquel cas, le meurtre et son cortège de culpabilités doivent être interprétés comme un parricide prémédité ». La démonstration est belle mais ne tient pas : le rêve du meurtre de Siegfried a été fait après la séparation d'avec Freud. C'est en fait la *metanoia*, la *conversio*, point de départ de toutes les aventures de l'âme, l'abandon des normes de la vie courante pour se tourner vers l'intérieur afin d'y enfanter un nouvel ordre. Cette périlleuse descente faustienne dans le monde des mères se termine, vers 1918, par l'atteinte d'un nouvel équilibre fait de communication entre la conscience et l'inconscient. Jung entre alors dans sa période de création définitive. Cette épreuve fut, dit-il, « la matière première de l'œuvre d'une vie ».

---

[1] Deirdre Bair, *Jung*, *op. cit.*, note de bas de page n°12, p. 1093.

[2] Marie-Louise von Franz, *C.G.Jung Son mythe en notre temps*, *op. cit.*, p. 128.

[3] Anthony Stevens, *Jung L'œuvre - vie*, *op. cit.*, p. 155.

Liens avec l'Œuvre

Ce rêve est le troisième, après les visions d'hommes noirs et le rêve de la forme noire, à traiter de l'ombre qui présente de plus en plus un visage humain. Néanmoins, l'ombre ne ressemble pas encore tout à fait à Jung : elle est mythique car Siegfried incarne le type idéal du jeune héros germanique ainsi que le romantisme allemand. Ce héros investi de qualités solaires a fasciné les Allemands[1]. Jung lui aussi a dû être fasciné par cette figure mythique. Son rêve lui indique qu'il doit donc sacrifier cette figure, c'est-à-dire la violence, la jeunesse, le romantisme, le sur-homme qui est en lui (sur le plan du sujet). Jung l'écrit : cela lui a coûté. Il a ressenti une compassion débordante. « Cela exprimait mon identité secrète avec le héros, ainsi qu'avec la souffrance dont l'homme fait l'expérience lorsqu'il est contraint de sacrifier son idéal et son attitude consciente »[2]. Ce propos diffère des propos cités précédemment de Deirdre Bair qui sont aussi de Jung ! Jung a tué sa fonction principale : l'intelligence (la fonction Pensée). Néanmoins, y-a-t-il contradiction ? Ces deux points de vue de Jung sur lui-même ne représentent-ils pas une appréciation d'un même rêve à des temps différents ? Voire une ambivalence de Jung à l'égard de cette figure archétypale qu'est Siegfried ? Mais n'est-ce pas justement ce à quoi convoque l'archétype ?

Laissons la conclusion au rêveur lui-même. Cette épreuve fut, dit Jung, « la matière première de l'œuvre d'une vie ». On comprend que Jung ait écrit un chapitre sur *Le sacrifice* dans *Les métamorphoses.*

Au midi de sa vie, apparaît l'énantiodromie, le renversement des valeurs, et la phase culturelle, l'après-midi de la vie à propos duquel il écrit dans *Psychologie de l'inconscient* (1912-1942) que ce reversement des valeurs au midi de la vie peut conduire un individu à faire siennes des valeurs qu'il repoussait jusqu'alors : ainsi des changements de profession, les conversions religieuses, des divorces qui « sont le symptôme de cet élan vers le contraire »[3]. Rétrospectivement, cette réflexion de Jung explicite ce qu'il vient de vivre : un renversement des valeurs avec le meurtre de l'idéal incarné par Siegfried, un divorce d'avec Freud, le renoncement à une carrière universitaire et l'acceptation, progressive, de son *ombre.*

C'est après la rupture d'avec Freud que Jung reprend l'analyse des rêves et des fantasmes au point de départ. Il est dans une phase d'incertitude intérieure, de flottement, en suspens car il n'a pas encore trouvé sa place, sa position au monde. Lui qui recherchait un père n'en a plus ! Que va-t-il faire ? Reprendre ses travaux d'avant sa rencontre d'avec Freud. D'autant que sa salle d'attente se vide. Les patients sont moins nombreux car ils préfèrent suivre une analyse freudienne.

---

[1] Michel Cazenave, *Encyclopédie des symboles*, Paris, Librairie Générale Française, 1997, p. 632.

[2] Carl Gustav Jung, *Ma vie. Souvenirs, rêves et pensée, op. cit.*, p. 209.

[3] Carl Gustav Jung, *Psychologie de l'inconscient, op. cit.*, p. 148.

Les années 1907-1913 sont donc des années de transition et non la source centrale des idées de Jung comme beaucoup d'auteurs ont pu, à tort, l'affirmer. Après la rupture d'avec Freud, Jung reprend ses conceptions initiales qui vont le faire connaître dans le monde entier : l'inconscient collectif et l'individuation (1916), les dominantes (1916-1917) ou archétypes (1919), les types psychologiques (1913-1921). De ce point de vue et rien qu'à l'énoncé des écrits publiés de 1916 à 1919, Jung est-il l'héritier de Freud ? Et, tout compte fait, l'a-t-il été un moment ? D'où la question suivante : quel profit a pu tirer Jung de sa collaboration avec Freud ? D'abord, nous l'avons déjà évoqué, l'interprétation des rêves. Ensuite, l'utilité pratique de la psychanalyse intéressa beaucoup Jung pour de multiples raisons. Elle permettait de contourner le modèle de la dégénérescence qui imprégnait les milieux psychiatriques de l'époque. La psychanalyse offrait d'autres perspectives thérapeutiques que la balnéothérapie, l'électrothérapie, les opiacés et les barbituriques. Elle centrait son regard sur le sujet plutôt que sur l'établissement d'un diagnostic. Aussi, la méthode psychanalytique a été pour Jung un rayon d'espoir : il espérait y trouver une nouvelle méthode de guérison (en particulier des démences précoces dont l'origine était attribuée à un désordre génératif progressif). Freud présentait la psychanalyse comme une nouvelle forme de traitement médical qui procurait une amélioration de l'existence par l'abréaction des symptômes et par une meilleure connaissance de soi due à la reconquête de la mémoire : infantile, sexuelle, personnelle.

L'autre intérêt de Jung pour Freud se situe dans ce que Richard Noll appelle « la revivification culturelle ». En effet, la psychanalyse privilégiait des thèmes nietzschéens : le dévoilement, la nature des liens, l'irrationalité, la sexualité.

Jung reprend donc ses travaux. Il a « à cœur d'acquérir une nouvelle attitude à l'égard de mes malades ». En quoi consiste cette nouvelle attitude ?

Par exemple, il abandonne la règle freudienne qui veut que l'analyste ne rencontre jamais ses patients en dehors des séances d'analyse. En effet, Jung constate qu'en dehors des séances d'analyse, il apprend aussi des patients : la vie se charge de dispenser les enseignements les plus féconds[1]. Il décide d'attendre sans préjuger ce que les patients racontent d'eux-mêmes. Il se met à l'écoute de ce que le hasard apporte. Il constate alors que les patients en arrivent à raconter spontanément leurs rêves et leurs imaginations. Alors, il pose simplement quelques questions. Qu'est-ce que cela évoque pour vous ? Comment voyez-vous cela ? Comment le comprenez-vous ? D'où cela vient-il ? « Des réponses et des associations que fournissaient mes malades, les interprétations découlaient comme d'elles-mêmes. Je laissais de côté tout ce qui était perspectives théoriques et j'aidais simplement les patients à comprendre leurs images par eux-mêmes »[2]. Jung prend donc les rêves comme base

[1] Barbara Hannah, *Jung, sa vie et son œuvre, op. cit.*, p. 131.
[2] Carl Gustav Jung, *Ma vie. Souvenirs, rêves et pensée, op. cit.*, p. 198.

d'interprétation. Il fait table rase de tout ce qu'il connaissait jusqu'alors. Plus de théorie, juste l'écoute du « hasard », des rêves et des productions de l'imagination. En même temps, il faut le dire, Jung est incapable de lire quoi que ce soit. Franz Jung rapporte que son père, des années durant après la séparation d'avec Freud, ne peut travailler. Jung place un fusil sur sa table de chevet sept années durant (à partir de décembre 1913). Il explique que le jour où il ne tiendra plus il se tirera une balle dans la tête. Franz se rappelle aussi combien son père peint régulièrement des images de cercle et des images de rêve, combien il passe des heures à construire de petits villages en pierre pour ensuite s'endormir avec son fusil au chevet[1]. Voilà à quoi ressemble alors l'homme que Freud craint.

Jung commence donc son « auto-analyse » en s'en distinguant de Freud qui avait recours aux associations libres. Il s'impose de dessiner ses rêves tous les matins. Il se raconte des histoires et s'oblige à les prolonger en écrivant ce que lui dicte son imagination débridée[2]. Plus tard, Jung insistera toujours sur « le fait que l'inconscient demeure « inconscient » et qu'il faut aborder chaque rêve pour en apprendre quelque chose et non pour y trouver l'illustration de ce qu'on sait déjà » [3]. Dans cette perspective, Jung, analyste, fait taire en lui le théoricien. Il se dégage en même temps des clefs des songes et de Freud, pour laisser advenir l'inconscient d'autrui. Car, pour lui, le risque est de tomber dans « certaines monotonies », d'avoir une interprétation « devenue doctrinale et donc stérile »[4]. Les rêves « constituent le fait (psychique) dont nous devons partir ». Ce qui avait été l'objet de la rupture d'avec Freud devient l'objet même de la méthode jungienne : d'abord s'intéresser au rêve. Le rêve est la clé qui permet de pénétrer dans la mythologie, la clé qui ouvre toutes les portes de la psyché humaine inconsciente. A ce moment précis, un chuchotement se fait entendre : « Pourquoi ouvrir toutes les portes ? »[5]. Jung se dit que l'homme vit dans le mythe chrétien. La voix : « Est-ce que toi tu vis dans ce mythe ? ». Jung répond non. « Mais quel est ton mythe à toi, le mythe dans lequel tu vis ? ». Jung alors se sent mal à l'aise. Il cherchait un critère, un cadre pour travailler avec les rêves (sinon il partait dans différentes directions, couvrait de multiples aspects qui pouvaient le perdre ainsi que ses malades). Un élément de réponse se dessine : trouver son mythe. Cet événement, peu rapporté et commenté dans les écrits jungiens, configure ce qui deviendra la réelle méthode analytique jungienne. A savoir : rêve et mythe. Qu'est-ce à dire ? Sans rêve, l'analyse jungienne ne peut débuter. Après quelques séances d'entretien, si le patient n'apporte pas de rêve, il n'est pas prêt à entrer en analyse, c'est à dire à se confronter à l'inconscient. Ensuite, au cours de l'analyse… des rêves, le « mythe personnel » se dessine peu

[1] Linda Donn, *Freud et Jung. De l'amitié à la rupture*, *op. cit.*, p. 223.

[2] Henri Frédéric Ellenberger, *Histoire de la découverte de l'inconscient*, Paris, Fayard, 1995, p. 689.

[3] Elie Humbert, *Jung*, Paris : Editions universitaires, 1983, Jung, p. 21.

[4] Carl Gustav Jung, *Ma vie. Souvenirs, rêves et pensée*, *op. cit.*, p. 355.

[5] *Ibid.*, p. 199.

à peu, donnant de plus en plus de sens à la vie. Un processus se met en route : l'individuation dont les rêves dessinent le chemin vers le mythe… personnel.

Jung est toujours sous pression et il continue de jouer et de noter. La pression qui le possède semble se déplacer vers l'extérieur. Quelque chose de sombre plane dans l'air. Il est assailli par une vision qui dure une heure.

Vision de flots de sang sur l'Europe

> Je vis un flot immense recouvrir tous les pays de plaine septentrionaux, situés entre la mer du Nord et les Alpes. Les flots s'étendaient alors de l'Angleterre à la Russie, et des côtes de la mer du Nord presque jusqu'aux Alpes. Lorsqu'ils atteignirent la Suisse, je vis les montagnes s'élever toujours davantage, comme pour protéger notre pays. Une catastrophe épouvantable venait de s'abattre. Je voyais d'immenses vagues jaunes, les débris des œuvres de la civilisation flottant, et la mort d'innombrables milliers d'humains. La mer se transforma alors en flots de sang. Une voix lui dit : « Regarde bien ; c'est tout à fait réel et cela sera ainsi ; tu n'en peux douter »[1].

Cette vision dura une heure environ. Elle est très proche du rêve éveillé d'octobre 1913 concernant l'Europe recouverte par une mer de sang sauf la Suisse. Il doit s'agir de la même vision. Jung a la nausée et se reproche son instant de faiblesse. Deux semaines plus tard, la vision se répète, plus épouvantable. La voix intérieure lui dit : « Regarde bien ; c'est tout à fait réel et cela sera ainsi ; tu n'en peux douter »[2]. Jung pense que la psychose le guette.

La vision de la terre gelée

> Au beau milieu de l'été un froid arctique faisait irruption et la terre se trouvait pétrifiée sous le gel. Une fois, par exemple, je vis que toute la Lorraine, avec ses canaux, était gelée. Toute la région était comme désertée des hommes et tous les lacs et toutes les rivières étaient recouvertes de glace. Toute végétation vivante était figée par le gel.[3].

Sa vision préfigure la montée du nazisme. Mais à aucun instant la pensée d'une guerre ne lui vient à l'esprit. Pourtant, dix mois plus tard, la vision devient réalité. Le troisième rêve/vision apporte un complément d'informations. Il est fait en juillet 1914. Marie-Louise von Franz rapporte cette première version de ce « rêve » qui serait donc le second d'une série de trois rêves. Le premier est celui cité plus haut : le rêve de l'Europe recouverte par une mer de sang sauf la Suisse.

---

[1] *Ibid.*, p. 204.
[2] *Ibid.*, p. 204.
[3] *Ibid.*, p. 205.

Rêve de l'arbre aux grains de raisins

> Un arbre garni de feuilles mais sans fruits se dressait (je pensai qu'il s'agissait de mon arbre de vie). L'effet du froid avait changé ses feuilles en grains de raisin sucrés remplis de suc salutaire. Je cueillis les grappes et je les distribuai à une multitude avide[1].

La version que Jung narre à Mircea Eliade est plus complète. La voici.

Rêve de l'Europe gelée et de la vigne

> Jung se trouve avec un ami pendant l'été dans les mers du Sud, dans le voisinage de Sumatra. Mais ils apprennent par les journaux que l'Europe a été envahie par une vague de froid terrible, comme on n'en a jamais connu. Jung décide d'aller à Batavia et de prendre le bateau pour revenir en Europe. Son ami lui dit qu'il voyagera sur un voilier. [...] Jung arrive en Suisse. Il ne voit que la neige, tout autour de lui. Une vigne énorme s'élève quelque part ; il y a beaucoup de grappes mais les raisins sont déjà gelés. Il s'approche et, commençant à cueillir les grappes, il les distribue aux inconnus qui l'entourent, mais qu'il ne peut pas voir...[2].

Gerhard Wehr signale que « par un dénouement surprenant, l'élément salvateur intervenait en présence du plus grand danger. Mais le rêveur dût s'étonner de sa propension à agir, sinon en sauveur numineux (les grappes gorgées de jus bienfaisant représentent un symbole numineux), du moins en bon samaritain. Car à ce moment de sa vie, les circonstances intérieures et extérieures le désignaient comme un homme ayant lui-même grand besoin d'aide »[3].

Jung s'inquiète de son état psychique. Heureusement, il apprend par les journaux que la guerre vient d'éclater. « Enfin, je comprenais ! Et lorsque le bateau me déposa en Hollande, le jour suivant, personne n'était plus heureux que moi : maintenant j'étais sûr qu'aucune schizophrénie ne me menaçait. J'avais compris que mes rêves et mes visions m'arrivaient du tréfonds de l'inconscient collectif. Il ne me restait qu'à travailler à approfondir et à valider cette découverte. C'est ce que je m'applique à faire depuis presque quarante ans... »[4].

---

[1] *Ibid.*, p. 126.

[2] Gerhard Wehr, *C. G. Jung, op. cit.*, p. 184.

[3] Gerhard Wehr, *Carl. Gustav. JUNG sa vie, son oeuvre, son rayonnement, op. cit.*, p. 170.

[4] W. Mc Guire et R. F. C., Hull *C. G. Jung parle, op. cit.*, pp. 184-185.

Liens avec l'Œuvre

Toutes ces visions vont devenir réelles telle que l'énonce la voix intérieure : « Regarde bien ; c'est tout à fait réel et cela sera ainsi ; tu n'en peux douter »[1].

Ces visions préfigurent la montée du nazisme. Mais à aucun instant la pensée d'une guerre ne vient à l'esprit de Jung ! Pourtant, il aurait suffi que Jung écoute la voix intérieure après qu'il ait encore vu des flots de sang se répéter.

Simultanément, il recourt à des exercices de yoga pour tenir le coup, pour maîtriser ses émotions[2]. Bien que sa biographie n'explique pas comment il en est venu à pratiquer le yoga, Jung écrira dessus (*Psychologie et orientalisme* et *Les énergies de l'âme* qui présentent pour le premier ouvrage différents textes et une série de conférences de 1932 pour le second) et fera intervenir à Ascona Heinrich Zimmer dont le livre *Les formes de l'art et le yoga* (1930) lui sera « précieux »[3].

Jung note ses imaginations ainsi que les conditions et le contexte dans lesquels elles apparaissent. Cette expérience le conduira à créer sa méthode d'interprétation des rêves qu'il communique dans les séminaires sur *Les rêves d'enfants* (les quatre ou cinq stades de l'analyse d'un rêve).

Et il poursuit ainsi ses exercices de « survie » : ce qui alimentera son essai sur *La fonction transcendante* de 1916.

Le 24 avril 1914, Jung abandonne alors la présidence de l'association internationale de psychanalyse. « Très honoré Monsieur le Président ! Je me suis laissé convaincre par les derniers événements que mes conceptions sont en opposition si abrupte avec les conceptions de la majorité des membres de notre Association, que je ne peux plus me considérer comme une personnalité apte à la présidence. Aussi remets-je ma démission à la conférence des présidents, avec ma gratitude pour la confiance dont j'ai joui jusqu'ici ». Jung termine sa lettre par le traçage de trois croix[4]. Comme pour mieux se protéger du diable. Ainsi se termine la correspondance entre Freud et Jung (sauf si nous ne mettons pas de côté la lettre de 1920). Abraham est élu président intérimaire.

La « bombe » - la « *Contribution à l'histoire du mouvement psychanalytique* » éclate mi-juillet 1914 et se charge du reste[5]. Elle sépare sans espoir de retour les freudiens des jungiens. Freud écrit sa joie à Abraham : « Je ne peux réprimer un hourra...Nous voilà débarrassés d'eux... débarrassés de Jung, cette sainte brute et de ses pieux acolytes » (26 juillet 1914)[6].

L'écriture des *Métamorphoses* dont Jung prévint Freud, le congrès à Munich (1913) où Jung se heurte à la plupart de ses collègues, conduisent le Suisse à

[1] Carl Gustav Jung, *Ma vie. Souvenirs, rêves et pensée, op. cit.*3, p. 204.
[2] Carl Gustav Jung, *Ma vie. Souvenirs, rêves et pensée, op. cit.*, p. 206.
[3] *Ibid.*, p. 436.
[4] Sigmund Freud et Carl Gustav Jung, *Correspondance 1906 - 1914, op. cit.*, pp. 694.
[5] Peter Gay, *Freud Une vie Tome 1, op. cit.*, p. 385.
[6] *Ibid.*, p. 385.

démissionner comme ses rêves le lui annonçaient. De ce point de vue, Jung vit son rêve. Il se retrouve donc seul à être son propre père.

Le 1er août, la guerre éclate. Jung sent que sa propre expérience vivante est liée à celle de la collectivité. Il doit faire le point sur lui-même. Il poursuit ses jeux et note son flot incessant de fantasmes pour découvrir la voie à suivre. Il se trouve plongé sans aide aucune dans un monde étranger. Régulièrement, il entend des fracas de tonnerre, il voit des blocs gigantesques se précipiter sur lui. Il se sent assailli par l'inconscient. Le monde est en pleine guerre ; Jung est en pleine guerre intérieure.

Après s'être libéré du cauchemar d'une folie possible, Jung s'adonne à l'imagination active. Il se rend compte que son monde intérieur est aussi réel que le monde extérieur. « En fait, il est même plus réel, car il est infini et éternel ; il ne change pas et ne se délabre pas comme le fait constamment le monde extérieur »[1]. Jung a été submergé par des rêves qu'il ne comprendra que des années plus tard. Il réalise alors que la méthode d'analyse des rêves est insuffisante. C'est dans ce contexte que Jung « découvrit, et non pas inventa, cette forme de méditation que l'homme a utilisée depuis l'aube des temps historiques, sinon plus tôt encore, comme un moyen pour apprendre à connaître son Dieu ou ses dieux »[2]. Ne comprenant pas ses rêves, Jung est « contraint d'aller scruter plus loin les profondeurs », d'autant qu'il est seul à se confronter à l'inconscient et complètement désorienté.

Il recourt à des exercices de yoga pour tenir le coup afin « d'éliminer complètement la multiplicité des contenus et des images psychiques »[3]. Jung constate que dès qu'il réussit à trouver les images qui se cachent derrière les émotions, la paix intérieure s'installe. Il note ses imaginations ainsi que les conditions et le contexte dans lesquels elles apparaissent. Souvent ses notes sont en vrac (le style qu'a élu l'inconscient) avec une « langue emphatique » qui correspond au style des archétypes. Toutes ses notes et dessins sont compilés dans deux livres : le *Livre noir* (composé de six volumes minces reliés de cuir noir) recueille les rêves et les fantasmes, le *Livre rouge* inclue les dessins, peintures de personnifications de contenus inconscients et de mandalas, les calligraphies[4]. Souvent, Jung est saisi par des sentiments négatifs. Pourtant, il s'y abandonne complètement même si, consciemment, il les réprouve.

Jung prend conscience du danger d'être englouti par l'inconscient. Il s'impose plusieurs règles : maintenir des liens solides avec la réalité, examiner soigneusement chaque image issue de l'inconscient et la traduire autant que possible dans le langage du conscient, parler avec les personnages rencontrés, ne jamais laisser s'estomper un personnage avant d'avoir appris de lui *pourquoi* il

1 Barbara Hannah, *Rencontres avec l'âme, L'imagination active selon C. G. Jung. op. cit.*, p. 11.

2 *Ibid.*, p. 09.

3 Carl Gustav Jung, *Ma vie. Souvenirs, rêves et pensée, op. cit.*, 206.

4 *Ibid.*, p. 218.

est apparu, traduire autant que possible en actes et incorporer dans la vie quotidienne les révélations de l'inconscient.

Jung pense que Nietzsche a vécu une expérience similaire. Son *Zarathoustra* représente une formidable éruption de matériel archétypique. Mais vivant seul, sans famille et sans profession, Nietzsche a été submergé par l'inconscient collectif.

Jung poursuit l'exploration de ses mondes intérieurs. Il ne trouve jusqu'alors nul équivalent à sa méthode d'imagination, à cette confrontation avec l'inconscient. Ce n'est seulement qu'après avoir étudié l'alchimie, vingt ans après, qu'il prendra conscience que ses voyages ont des points communs avec la seconde partie de *Faust* de Goethe, avec le livre 4 de l'*Odyssée* (Homère), avec certains textes gnostiques comme l'*Elenchos* d'Hyppolyte. Comme le démontre Barbara Hannah qui a écrit le livre le plus spécialisé et le plus concret quant à la méthode de l'imagination active, les dieux et les déesses de L'*Odyssée* représentent les figures de l'*anima* et de l'*animus*. Ulysse, Télémaque, Mélénas incarnent le conscient[1]. Jung se souvient donc de ses lectures d'Homère de l'époque de son amitié avec Oeri. Après avoir voyagé sur les flots au-dessus de la mer, le voilà à explorer les flots sous la mer de l'inconscient.

Un autre soir. Il plonge, tombe dans le vide, et…

Rêve/vision d'Elie, Salomé et du serpent noir

> Tout d'abord apparut l'image d'un cratère et j'avais le sentiment d'être au pays des morts. Au pied d'un haut mur de rochers, j'aperçus deux personnages, un homme âgé avec une barbe blanche et une belle jeune fille. […] J'écoutai avec attention ce qu'ils me disaient. L'homme âgé me dit qu'il était Elie, et cela me donna un choc. La jeune fille me désarçonna presque davantage encore, car elle dit s'appeler Salomé. Elle était aveugle. […] Pourtant, Elie m'assura que Salomé et lui étaient déjà liés de toute éternité et cela mit le comble à mon désarroi. Avec eux vivait un serpent noir qui, nettement, manifestait de l'inclination pour moi. Je m'en tenais à Elie parce qu'il semblait être le plus raisonnable des trois et qu'il disposait d'un bon entendement. A l'égard de Salomé, j'étais méfiant. Elie et moi eûmes une longue conversation, mais je n'ai pas pu en saisir ni en retenir le sens[2].

Même si son père a été pasteur, cela n'explique rien. Jung se demande ce que signifient ces deux personnages bibliques.

Jung sait aussi que le serpent est souvent l'adversaire du héros. Il est donc de nouveau confronté au mythe du héros qu'annonce le serpent. Cette rencontre avec le couple lui permet de comprendre ce qui sera l'un des piliers de sa théorie (et de son vécu) : il est en présence de l'*anima*, aveugle par ce qu'elle ne

---

[1] Barbara Hannah, *Rencontres avec l'âme, L'imagination active selon C. G. Jung. op. cit.*, pp. 30 à 36.

[2] Carl Gustav Jung, *Ma vie. Souvenirs, rêves et pensée, op. cit.*, p. 211.

voit pas le sens des choses. Elie est le prophète, le sage. Les deux personnages incarnent *l'Éros* et le *Logos*. Ceci est l'interprétation de Jung. Mais nous pouvons aussi supposer que Salomé représente un aspect de l'*anima* (la figure féminine inconsciente chez l'homme) que Jung n'a pas trouvé chez Emma[1]. Le couple du rêve symbolise la relation Tony - Jung. Et l'inclination du serpent prend alors une autre coloration…

Liens avec l'Œuvre

Jung sait qu'il est de nouveau confronté au mythe du héros qu'annonce ce serpent. L'ombre de Siegfried plane encore.

Cette rencontre avec ce couple biblique donne naissance à l'un des piliers de sa théorie : *l'anima*, aveugle, parce qu'elle ne voit pas le sens des choses. Elie est le prophète, le sage, le prototype de *l'archétype du Sage* que Jung développera par la suite comme nous l'avons vu (ci-dessus). Les deux personnages incarnent *l'Éros* et le *Logos*. En même temps, sur le plan du sujet, il se peut que ce rêve indique aussi combien Jung est aveugle et sage : un paradoxe !

Beaucoup plus tard, Jung découvre d'autres exemples de tels couples dans de nombreux mythes : Klingsor et Kundry, Lao-Tseu et la danseuse, Simon le Mage et une jeune fille ramassée dans un bordel[2]. Ce qui le rassure : il n'est pas seul à avoir vécu ce type d'expérience. Une nouvelle fois, nous pouvons constater que Jung recherche si d'autres ont vécu ou écrit sur des expériences similaires.

Une autre rencontre, surgie de l'inconscient, va le marquer et le guider le reste de sa vie : celle avec Philémon. Elle prend forme à partir d'Elie. Philémon lui apparaît la première fois en rêve.

Le rêve de l'homme aux cornes de taureau et aux ailes de martin-pêcheur

> Il y avait un ciel bleu, mais on aurait dit la mer. Il était couvert, non par des nuages, mais par des mottes de terre. On avait l'impression que les mottes se désagrégeaient, et que la mer bleue devenait visible entre elles. Mais cette mer était le ciel bleu. Soudain, apparut un être ailé qui venait en planant sur la droite. C'était un vieil homme doté de cornes de taureau. Il portait un trousseau de quatre clés dont il tenait l'une comme s'il allait été sur le point d'ouvrir une serrure. Il avait des ailes semblables à celles du martin-pêcheur, avec leurs couleurs caractéristiques[3].

Philémon est le personnage le plus important rencontré par Jung. Ce dernier ne comprend pas l'image du rêve. Il la peint pour mieux se la représenter. Il est

[1] Anthony Stevens, *Jung L'œuvre - vie, op. cit.*, p. 167.
[2] Barbara Hannah, *Jung, sa vie et son œuvre, op. cit.*, p. 139.
[3] Carl Gustav Jung, *Ma vie. Souvenirs, rêves et pensée, op. cit.*, p. 212.

« impressionné par la taille et les couleurs de ses gigantesques ailes de martin-pêcheur »[1]. Il est donc en train de peindre cette image de rêve lorsqu'atterrit dans son jardin ce martin-pêcheur mort ! Cette coïncidence lui paraît d'autant plus stupéfiante qu'en Suisse, c'est fort rare. Cette expérience illustre un phénomène que Jung nommera *synchronicité*. Philémon apporte à Jung la preuve qu'il existe dans l'âme des choses qui ne sont pas créées par le moi. Celles-ci se font d'elles-mêmes et ont leur vie propre, indépendamment de la volonté. Philémon représente une force que Jung n'est pas. En imagination, Jung converse avec lui. Philémon lui communique des connaissances que Jung ne peut penser consciemment. Il parle en Jung et Jung sait que ce n'est pas sa « propre voix ». Il lui explique que les pensées ont une vie propre. De la sorte, il lui apprend « l'objectivité psychique, la réalité de l'âme »[2]. Jung apprend à faire la différenciation « entre moi et l'objet de ma pensée ». Il possède en lui une instance qui énonce des dires qu'il ne sait pas, ne connaît pas, voire qui va à l'encontre de lui-même. Ainsi, Philémon figure une intelligence intuitive supérieure au moi. Ovide (dans les *Métamorphoses*, texte qui a marqué Jung quand il était au collège) dit que Philémon est « ce vieillard qui maintenait dans la piété le culte des dieux oubliés »[3]. Et, au vu du contexte personnel de Jung, Philémon vient remplacer Freud : l'autorité paternelle est remplacée par l'autorité intérieure ; sur laquelle Jung écrira en 1958 avec un texte publié dans *Aspects du drame contemporain* : *La conscience humaine* dans lequel il évoque cette voix intérieure, cette *Vox Dei*. De temps en temps, Jung a l'impression que Philémon est comme réel. Il se promène avec lui dans le jardin, tel le disciple avec son guru. Philémon est un « psychagogue » : il aide Jung à éclaircir ses obscurités.

Jung parlera de cette expérience à un indien (hindou), sur la nature de son guru. Cet indien lui répond qu'il a pour guru Chankaracharya. Jung : « voulez-vous dire le commentateur des Védas mort il y a des siècles ? ». Et l'hindou de lui expliquer, ce qui rassure Jung : « Il y a aussi des gurus spirituels. La plupart des êtres ont des hommes vivants comme guru. Mais il y en a toujours qui ont un esprit pour maître »[4]. Philémon devient le guru de Jung et lui enseigne la réalité de la psyché. Grâce à lui, Jung peut supporter ses ténèbres intérieures[5]. Mais Jung a peur. Risque-t-il de voir se dessiner sur son horizon mental d'autres personnifications ? C'est ce qui passe en la personnification de Ka, l'âme terrestre du roi, que Jung peint sous forme d'Hermès. Si Philémon incarne l'aspect spirituel, le Ka est un génie de la nature comme l'anthroparion, le petit homme, l'homoncule des alchimistes, l'esprit du Mercure. « Avec le temps, j'ai pu intégrer ces deux figures » grâce aux études sur l'alchimie que Jung fait plus

[1] Anthony Stevens, *Jung L'œuvre - vie*, *op. cit.*, p. 165.
[2] Carl Gustav Jung, *Ma vie. Souvenirs, rêves et pensée, op. cit.*, p. 213.
[3] Michel Cazenave, *Jung L'expérience intérieure,* Editions du Rocher, 1997, p.147.
[4] Carl Gustav Jung, *Ma vie. Souvenirs, rêves et pensée, op. cit.*, p. 214.
[5] Gerhard Wehr, *Carl. Gustav. JUNG sa vie, son oeuvre, son rayonnement, op. cit.*, p. 185.

tard. « Dans l'imaginaire de Jung, Ka était sorti de la terre comme d'un puits profond, en écho soudain à l'image du phallus rituel perçu dans son rêve d'enfance. Il peignit ce personnage chtonien sous les traits de l'un des hermae (du grec herm, « soutien ») qui se dressait, tel un pilier (phallique) devant les maisons de la Grèce antique, pour protéger les habitants du mal extérieur »[1].

Liens avec l'Œuvre

Philémon apporte à Jung la preuve qu'il existe dans l'âme des choses qui ne sont pas faites par le moi. Celles-ci se font d'elles-mêmes et ont leur vie propre, indépendamment de la volonté. Philémon représente une force que Jung n'est pas.

A la même période, Jung entend la voix de l'anima. La voix se répétant, Jung dialogue avec elle par écrit. Et elle lui répond. Il apprend ainsi, par l'expérience, à distinguer entre ses pensées et les contenus de la voix féminine.

Ces expériences complètent le champ des possibilités de « confrontation » avec l'inconscient et ses personnifications. D'où certainement le besoin d'écrire chez Jung qui permet d'objectiver les contenus inconscients. L'écrit permet de différencier les contenus conscients et inconscients. L'écrit met en forme et conceptualise la pensée de Jung : ce qu'il fait bientôt avec *La fonction transcendante,* comme nous l'avons écrit plus haut.

Mais, pour l'instant, Jung note ses fantasmes sur des calepins ; ce qu'il avait déjà fait en 1900 et c'est ce qui constituait la matière première du Livre noir. A une différence près : comment mieux utiliser les rêves, les fantasmes et les imaginations ? Il décide de changer de méthode. Au lieu de noter comme des notes de lecture les événements de chaque jour, il décide de se limiter aux métaphores linguistiques à partir de ses rêves pour ensuite laisser libre cours à l'imagination active[2]. Deirdre Bair donne l'exemple suivant. Si Jung « rêvait qu'il était allongé sous un soleil de plomb en plein désert, il commençait par : « soleil = conscience » [le motif onirique soleil est choisi et associé à…], et laissait « de longues visions » se dérouler sans aucune intervention de la conscience pour les orienter »[3]. Jung crée ainsi la méthode de l'imagination active. Et il se demande ensuite ce qui lui arrive ? ! Tout cela n'a rien à voir avec la science, avec son souci d'objectiver ce qui se passe dans la psyché. Qui pourrait le croire à l'écoute de telles expériences (qu'il ne confie qu'en fin de vie) ? En tout cas, il note ses fantasmes. C'est ainsi, la première fois, que se fit entendre une voix féminine. Celle-ci lui dit : « C'est de l'art ». Jung est en présence de la « voix d'une psychopathe très douée qui éprouve un fort transfert à son égard. Elle était devenue un personnage vivant à l'intérieur de moi-même »[4].

---

[1] *Ibid.*, p. 185.
[2] Deirdre Bair, *Jung, op. cit.*, p. 440.
[3] *Ibid.*, pp. 440-441.
[4] Carl Gustav Jung, *Ma vie. Souvenirs, rêves et pensée, op. cit.*, p. 215.

Il se rend compte néanmoins qu'il a déjà lu ces mots dans une lettre et que la voix entendue lui est familière : c'est celle de Maria Moltzer. « Ce dialogue avait réellement eu lieu entre années des années auparavant, au plus fort de leur investissement émotionnel »[1]. Jung a la certitude que cette femme est bien présente en lui, à l'intérieur de lui, au moment où il a cette vision. Bientôt, cette figuration féminine sera remplacée par Elie qui lui-même sera suppléé par Philémon. Mais, pour l'instant, Jung dialogue avec cette (nouvelle) figure incarnant la féminité : pourquoi l'âme a-t-elle été désignée du nom d'*anima* ? Pourquoi la représente-t-on comme étant féminine ? De cette expérience, il comprend que cette figuration féminine en lui est une personnification typique ou archétypique dans l'inconscient de l'homme. Ainsi naît le concept d'*anima.* Jung nomme cette figuration féminine qui vient se mêler à ses pensées *Anima* (elle semble ne pas lui avoir communiqué son nom à la différence de Philémon et de Ka). Il nomme *animus* la figure correspondante dans l'inconscient de la femme.

Stevens ajoute que Salomé et le Vieux Sage représentent les principes conjoints de l'*Éros* et du *Logos*[2]. Et Philémon préfigure la personnalité charismatique que Jung va devenir à la fin de sa vie, le gourou, le père spirituel, le Vieux Sage[3].

La voix se répétant, Jung dialogue avec elle par écrit. Et elle lui répond. Il apprend ainsi, par l'expérience, à distinguer entre ses pensées et les contenus de la voix féminine. D'où certainement le besoin d'écrire chez Jung qui permet d'objectiver les contenus inconscients. L'écrit permet de différencier les contenus conscients et inconscients. Jung isole les contenus inconscients en les personnifiant pour établir un contact conscient avec eux. Ainsi il devient possible de s'extraire de l'influence des contenus inconscients. Le conscient doit comprendre les manifestations de l'inconscient, les apprécier et prendre position par rapport à eux[4]. Car l'*anima* ou l'*animus* peuvent avoir une influence positive ou négative. En effet, si Jung avait écouté les propos de la voix, il aurait pu devenir un artiste méconnu, perdre pied par rapport au réel : c'est toujours le risque lorsqu'un contenu inconscient saisit le conscient. Mais l'*anima* a aussi un aspect positif. « C'est elle qui transmet au conscient les images de l'inconscient ». Par exemple, quand l'affectivité de Jung était perturbée, il interrogeait l'*anima* qui lui envoyait une image pour expliciter sa situation. Dès lors, le trouble et la tension disparaissaient. N'étant plus troublé par ses émotions, Jung n'a plus recours aux conversations avec l'*anima* (au moment où il se confie à Aniela Jaffé). « Je sais comment je dois me comporter en face des images intérieures. Je puis lire le sens des images directement dans mes rêves et

---

[1] Deirdre Bair, *Jung, op. cit.*, 2007, p. 441.

[2] Anthony Stevens, *Jung L'œuvre - vie, op. cit.*, p. 165.

[3] *Ibid.*, p. 171.

[4] Carl Gustav Jung, *Ma vie. Souvenirs, rêves et pensée, op. cit.*, p. 218.

n'ai plus besoin d'intermédiaire ». Ces propos laissent supposer que Jung pratiquait le rêve lucide. Pourtant, confronté à l'inconscient après qu'il l'ait laissé advenir et après s'être fait engrosser, Jung saisit que tant d'imagination nécessite un terrain solide : sa famille et son travail professionnel. Jamais il ne perd ou ne quitte le monde réel. Quitte à aller scier du bois ou à bâtir sa maison. Quitte à objectiver par écrit ou par le dessin les démons (au sens de *daïmon*) et merveilles de l'inconscient. Il intègre dans « le réel » ce qui l'oblige, de l'intérieur, à se transformer, à se métamorphoser. De même, il structure ses expériences imaginatives sous forme de « concepts » théoriques. Tous ses concepts (*anima*, *animus*, le *Soi*, la *fonction transcendante*, le processus d'individuation…) correspondent à des réalités psychiques que Jung a vécu au sens où il en a fait l'expérience.

Jung rompt avec Toni Wolff avec qui il est allé à Ravenne. En même temps, il a encore des relations intermittentes avec Sabrina. Toni tombe dans une profonde dépression. Mais Jung se rend compte qu'il a besoin d'elle.

Rêve de la disparition de Toni

> Il rêva qu'il se promenait avec elle dans les Alpes, dans une vallée rocheuse. En approchant de la montagne ils entendirent chanter des elfes. A sa grande horreur, elle s'avança vers la montagne magique et disparut en son sein. Jung s'éveilla paniqué[1].

Il reprend sa relation avec elle. Il découvre la signification mystique, spirituelle de la sexualité avec Toni qui lui ressemble étrangement : elle aussi a des visions religieuses, sait lire les cartes du ciel (Jung s'est beaucoup intéressé à l'astrologie), est fascinée par les publications théosophiques, la sagesse occulte tant occidentale qu'orientale[2]. Elle aussi aura un écart amoureux (platonique, semble-t-il) avec Heirich Steiger, secrétaire au Club Psychologique. Alors que Jung aura d'autres liaisons : durant son voyage en Afrique en 1925 avec Ruth Bailey qui emménagea chez lui alors que Jung était octogénaire, après la mort d'Emma Jung.

Toni Wolff devient indispensable au travail de création de Jung. Indispensable parce qu'elle a guéri de sa schizophrénie, état psychique auquel Jung est confronté. Meier, un proche de Jung, considère que « d'un point de vue phénoménologique, on pouvait parfaitement considérer l'effondrement de Jung comme un épisode schizophrénique »[3]. Toni, cette femme serpent, et Emma, cette femme qui « est sans défaut… comme un pigeon » vont vivre une relation triangulaire avec Jung[4]. Avec Toni, cette femme aux yeux foncés d'une grande profondeur, au sourire merveilleux, à la cigarette régulièrement allumée et à l'agilité du serpent, Jung élabore les principaux concepts de la psychologie

---

[1] Richard Noll, *Jung « Le christ aryen » Les secrets d'une vie*, Plon, 1997, p. 105

[2] *Ibid.*, p. 106.

[3] Linda Donn, *Freud et Jung. De l'amitié à la rupture*, *op. cit.*, p. 231.

[4] *Ibid.*, p. 230.

des profondeurs : l'*ombre*, l'*anima* et l'*animus*, la *persona*, l'*individuation*, l'*inconscient collectif*, les *dominantes* (archétypes), les types psychologiques.

Notons comme le signale Emilio Rodrigué dans son livre *Le siècle de la psychanalyse* (tome 1) qu'Otto Rank s'était intéressé au thème de l'*ombre* dès 1914 en publiant « *Le double* » où il décrit le prototype de ce qui habite l'homme : à savoir l'escarmouche entre Narcisse d'un côté et *Le portrait de Dorian Gray* de l'autre[1].

En 1915, Freud écrit douze essais réunis sous le titre de *Préliminaires à une métapsychologie*. Il dresse la carte de l'inconscient dans toutes ses métamorphoses. L'un de ces essais, *Une fantaisie phylogénétique*, traite de certains états d'esprit comme l'angoisse ou la paranoïa qui sont des vestiges de réponses jadis adaptatives avant et pendant l'ère glaciaire. « C'était, grosso modo, une idée de Jung : ces émotions ne provenaient pas seulement des conflits familiaux primitifs, mais aussi de l'expérience héritée »[2]. Freud par la suite renie ces essais. Il a, momentanément, marché dans l'ombre de Jung.

Le 6 novembre 1915, Jung écrit à l'un de ses amis (un psychothérapeute, le docteur Hans Schmid) que les symboles demandent eux aussi à garder leur mystère. « Ce n'est pas seulement parce que la réalité qui les sous-tend ne peut être clairement comprise, c'est parce que le symbole est là pour prévenir les interprétations freudiennes qui sont en effet si mensongères qu'elles ne manquent jamais leur effet »[3]. Avec beaucoup d'humour, Jung dira à Richard Evans en 1957 combien l'explication du pénis en tant que symbole phallique est scientifique (cf. supra)[4]. A cette réflexion, Jung se souvient alors d'un rêve qui lui a fait forte impression et qui illustre son propos.

Rêve de la source abondante

> J'étais dans mon jardin et j'avais fait jaillir une source abondante qui s'élançait en bouillonnant. Je fus alors obligé de creuser un fossé et un trou profond dans lesquels je recueillis toutes les eaux pour les ramener vers les profondeurs de la terre[5].

Jung commente son propre rêve en indiquant le caractère dangereux de l'analyse. Au dernier stade, le rôle de l'analyste est « d'aider les gens à accéder aux symboles cachés et inviolables qui renferment le germe comme la coquille dure renferme la graine tendre. Ce danger réside dans le fait de comprendre que le diable dévore son âme. »[6] Lorsque la compréhension d'un symbole est possible, alors « le symbole est mûr pour la destruction car il ne protège plus le noyau qui menace en effet de déborder de la coquille ». La compréhension

---

[1] Emilio Rodrigué, *Freud Le siècle de la psychanalyse 1, op. cit.*, p. 435.

[2] Linda Donn, *Freud et Jung. De l'amitié à la rupture, op. cit.*, p. 234.

[3] Carl Gustav Jung, *Correspondance 1906 - 1940, op. cit.*, p. 66.

[4] Richard Evans, *Entretiens avec Carl Gustav Jung, op. cit.*, p. 121.

[5] Carl Gustav Jung, *Correspondance 1906 - 1940, op. cit.*, p. 66.

[6] *Ibid.*, p. 66.

définitive du symbole détruit l'inviolabilité de celui-ci comme le diable - c'est une parabole - engloutirait la semence de vie, le noyau tendre.

« Toute compréhension, quelle qu'elle soit, qui se contente de rattacher à des points de vue généraux, porte en elle cet élément diabolique et s'avère mortelle. Elle arrache la vie de l'autre à la voie qui lui est propre, l'entraîne de force dans un monde étranger où elle ne peut vivre »[1]. Le diable est le dévoreur car comprendre (du point de vue étymologique) c'est engloutir. La compréhension avale, elle est un meurtre de l'âme. D'où la nécessité pour le rêveur de comprendre par lui-même ses symboles. Jung conclut par la proposition thérapeutique suivante : « Chacun doit être au courant de ses propres mystères mais se voiler pudiquement la face devant le mystère de l'autre, dans la mesure où celui-ci n'a pas besoin de compréhension à cause de son incapacité ».

Liens avec l'Œuvre

Dans ce rêve, Jung recueille toutes les eaux bouillonnantes pour les ramener dans les profondeurs de la terre. L'étonnant est que Jung associe ces eaux vives qui jaillissent au diable, c'est-à-dire au « dévoreur » (du point de vue étymologique), à ce qui engloutit, comme l'ogre du rêve du mangeur d'hommes. Jung veut dire par là qu'il est bon qu'un symbole garde aussi une part de mystère afin d'éviter de tomber dans le travers des interprétations freudiennes. C'est en écrivant (le 6 novembre 1915) cela à un vieil ami que Jung comprend soudainement son rêve de la source abondante.

Jung donne l'exemple ici d'un rêve qui peut être compris après-coup. Il illustre en même temps sa conception du symbole. Ce qui le conduit à affirmer la nécessité pour le rêveur de comprendre par lui-même ses symboles. Cette recommandation est essentielle dans la pratique : au patient d'élaborer sa propre clé des songes, à l'analyste de ne pas l'enfermer dans une grille de lecture « symbolique » de signes.

1916-1917 : *Les sept sermons aux morts*, le premier mandala, la création du Club de psychologie à Zurich

Jung éprouve « le besoin impérieux de donner une forme créatrice à son vécu intérieur » pour mettre en forme (formuler) ce qui lui est dit par Philémon.

Il écrit « *Les sept sermons aux Morts* », obligé par les événements qui se déclenchent chez lui, dans sa maison. Jung signe sous le pseudonyme de Basilide, gnostique du IIe siècle. Ses enfants perçoivent des entités fantomatiques. Son fils rêve d'un pêcheur qui vient de prendre un poisson. Sur la tête du pêcheur, une cheminée d'où sortent des flammes. Le diable arrive et

[1] *Ibid.*, p. 66.

jure qu'on lui vole ses poissons. Un ange intervient et dit : « Tu ne dois lui faire aucun mal, il ne prend que les mauvais poissons ! »[1].

Le lendemain, la sonnette de la porte d'entrée sonne à toute volée sans qu'il y ait qui que ce soit. Jung, face à ces phénomènes parapsychologiques, se demande ce que tout ceci signifie. Alors une réponse en chœur surgit : « Nous nous en revenons de Jérusalem, où nous n'avons pas trouvé ce que nous cherchions ». Cette phrase est la première ligne des *Sept sermons*… que Jung écrit en trois soirées ; ce qui apaise immédiatement l'atmosphère de la maison. Quelle explication donne Jung de cette expérience ? Il avait noté que son âme avait été ravie et s'était envolée. Or, l'inconscient (pour Jung) correspond au pays mythique des morts, le pays des ancêtres. L'âme, dans ce pays, suscite une activation secrète et confère une forme aux traces ancestrales, aux contenus collectifs inconscients. De même qu'un médium, elle donne aux « morts » la possibilité de se manifester. C'est ce qui s'est passé pour Jung. Les morts lui sont apparus comme porteurs de voix de ce qui est encore sans réponse… de ce qui est en mal de délivrance. *Les Sept sermons* pour Jung « sont une sorte de schéma ordonnateur et une interprétation des contenus généraux de l'inconscient »[2]. Par le biais de ce texte, de ces sermons, Jung enseigne aux morts l'illusion du Plérôme : il leur enjoint « d'accepter l'inéluctable nécessité de la séparation, de la distinction, et de la différenciation, dont il montre, quoi qu'ils en aient, qu'elles sont le propre de l'homme »[3].

Mais, tout compte fait, qui sont ces morts ? Ce que Jung ne précise pas. Par contre, Gerhard Wehr suppose qu'il s'agissait « d'incarnations de son être intérieur. Les *Septem Sermones ad Mortuos* devenaient ainsi une transcription écrite de processus psychiques que la conscience devait élucider »[4]. En même temps, Jung se positionne par rapport à ce type d'expérience intérieure. Il sait maintenant faire front aux réalités intérieures : il dialogue avec. Une méthode se dessine comme l'écrit justement Christian Gaillard[5].

Il est à noter que ce texte, écrit à la première personne, sera publié en 1961, année de la mort de Jung dans l'édition de *Ma vie*, grâce à Aniela Jaffé. Elie Humbert attribue à ce texte la paternité de l'idée d'individuation que Jung définira ensuite dans *Conscience, inconscient et individuation* (publié dans *La guérison psychologique)*[6]. En effet, Jung y écrit : « J'emploie l'expression d'individuation pour le processus qui crée un individu psychologique, c'est-à-dire une unité autonome et indivisible, une totalité »[7]. A partir de ce moment, la vie de Jung appartient à la communauté. Il se sent avoir une responsabilité à communiquer

[1] Carl Gustav Jung, *Ma vie. Souvenirs, rêves et pensée, op. cit.*, p. 221.
[2] *Ibid.*, p. 223.
[3] Christian Gaillard, *Jung, op. cit.*, p. 88.
[4] Gerhard Wehr, *Carl. Gustav. JUNG sa vie, son oeuvre, son rayonnement, op. cit.*, p. 192.
[5] Christian Gaillard, *Jung, op. cit.*, p. 90.
[6] *Ibid.*, p. 124.
[7] Carl Gustav Jung, *La guérison psychologique*, *op. cit.*, p. 255.

ce qui l'a saisi et ce qu'il en a compris car sinon son existence aurait été privée de totalité, aurait été fragmentée. Et les connaissances acquises (hors de la pure sphère de l'intellect) se seraient retournées contre lui. Il ne peut rester dans la solitude avec ses découvertes.

Dans les années vingt, il se rendra compte que ce petit livre préfigure l'alchimie. Dans les *Protocoles*, Jung met *Les sept sermons* sur le même plan que le *Livre rouge*. Il les compare tous deux à une maison en se demandant quelle signification elle pourrait avoir dans les rêves. Il constate - comme dans les rêves de ses patients - qu'elle est souvent inachevée, qu'il faut y ajouter une pièce supplémentaire. D'où l'analogie avec *Les sept sermons* et le *Livre rouge* : ils resteront inachevés et donc impubliables ! Néanmoins, Jung pouvait distribuer un tirage spécial des *Sept sermons* à des associés en qui il avait une confiance absolue[1] !

S'il a abandonné son poste à l'université, s'il a coupé court aux connaissances scientifiques provenant du pur intellect, Jung se remet à écrire avec *Les sept sermons aux morts*. Juste après, il peint son premier mandala en 1916. C'est la première fois que Jung « matérialise » un mandala alors qu'il en a des apparitions spontanées depuis l'âge de 17 ans[2]. Il commence à comprendre ce que signifie le mot mandala : « Formation-Transformation, activité éternelle du sens éternel ». Il ajoute : « Le mandala est le centre. C'est l'expression de tous les chemins ; il est le chemin menant au milieu à l'individuation »[3].

Il écrit son article sur *La fonction transcendante,* par référence aux mathématiques. Le mot désigne « la capacité d'élaboration qui résulte d'un double mouvement : l'un donne la parole aux facteurs inconscients, l'autre y réagit par la fermeté des valeurs du moi et de ses buts »[4]. Si les quatre fonctions (*Pensée*, *Sentiment*, *Sensation*, *Intuition*) sont des fonctions d'adaptation au monde, la *fonction transcendante* est une adaptation intérieure entre des opposés qui ne peuvent être réconciliés que par un *dépassement.* Il ne s'agit pas là d'une fonction mystique, transcendante mais bien au contraire d'une *« fonction de conciliation »*, précise Charles Baudouin[5]. Et pour Gerhard Wehr, elle est une fonction créatrice de symboles et elle participe à l'union des opposés dans le processus de réalisation de soi[6].

Jung fait une conférence à Paris sur le thème : *La structure de l'inconscient* qui deviendra un livre l'année suivante : *La psychologie de l'inconscient* (initialement, le titre était *L'inconscient dans la vie psychique normale et anormale*). Dans ces deux écrits, Jung s'éloigne de l'interprétation freudienne, exclusivement sexuelle, de la libido. Il met en lumière des parallèles entre des mythes anciens et les

1 Deirdre Bair, *Jung, op. cit.*, p. 449.
2 Carl Gustav Jung, *Correspondance 1906 - 1940, op. cit.*, p. 257.
3 Carl Gustav Jung, *Ma vie. Souvenirs, rêves et pensée, op. cit.*, pp. 227-228.
4 Christian Gaillard, *Jung, op. cit.*, p. 135.
5 Charles Baudouin, *L'œuvre de Jung, op. cit.*, p. 125.
6 Gerhard Wehr, *Carl. Gustav. JUNG sa vie, son oeuvre, son rayonnement, op. cit.*, p. 206.

fantasmes psychotiques, et propose une explication des motivations humaines à partir de la notion plus large d'énergie créatrice.

Jung a toute une série de rêves.

Rêve de faire la paix avec le Kaiser

> Jung s'efforçait de persuader le Kaiser de faire la paix. Mais le Kaiser s'obstinait à refuser. Si bien que l'inconscient finit par renoncer[1].

Jung confie à Barbara Hannah que, parfois, il se demande si l'inconscient a cherché à solliciter le Kaiser. Dans cet exemple de rêve, au-delà de l'explication individuelle (Jung cherche à faire la paix avec lui-même, en vain), Jung cherchait alors à vérifier ce genre de coïncidences avec ses patients. Sous-entendu (Barbara Hannah ne s'étend pas plus sur le sujet) : d'autres ont-ils fait ce même rêve ?

Liens avec l'Œuvre

Dans cet exemple de rêve, Jung veut alors vérifier ce genre de coïncidences avec ses patients. C'est-à-dire : d'autres font-ils ce même type de rêve ? L'inconscient donne-t-il des indications sur des événements terrestres, historiques, actuels ?

Jung a cherché dans les rêves d'autrui confirmation ou non de ce qu'il pressentait. Ce qui ne l'empêche pas, avec le recul, de reconnaître qu'il est l'objet de visions prédictives. Et d'étudier ces phénomènes sous l'angle des coïncidences, des synchronismes et des synchronicités dans *Synchronicité et Paracelsia* et dans ses *Commentaire sur le Mystère de la Fleur d'Or.*

En 1916, Jung éprouve le besoin de créer un *Club de psychologie* de Zurich qui incarnera la réalité des connaissances psychologiques du groupe. En même temps, il souhaite que les membres ne se coupent pas du monde à cause de leur analyse. « On ne fait pas son individuation au sommet de l'Everest » avait-il coutume de dire. Jung prône la pratique qui consiste à voir les patients en dehors de la séance d'analyse. De cette façon, l'école de Zurich se différencie de celle de Vienne.

Le Club peut se créer grâce à l'appui financier d'une Américaine : Madame Harold McCormick. (fille de J. D. Rockefeller aîné). D'après Barbara Hannah, Toni Wolff devient la meilleure présidente du Club de Psychologie de Zurich, club qui sera tenu essentiellement par des femmes.

En cette fin d'année 1916, Jung a affronté l'inconscient. Il ne s'est pas laissé submerger par l'inconscient, comme chez les schizophrènes. Il ne s'est pas identifié aux contenus collectifs comme peuvent le faire certains mystiques. Il vient de lutter, tel un héros, contre un monstre et en ressort possesseur de trésors (une nouvelle conception de la psyché). « Telle est la signification

---

[1] Barbara Hannah, *Jung, sa vie et son œuvre, op. cit.*, p. 158.

symbolique des mythes qui racontent la lutte d'un héros contre un monstre : s'il parvient à le vaincre il entrera en possession d'un trésor, d'une arme invincible ou d'un talisman ». « C'est dans la victoire sur la psyché collective que résident les vrais valeurs ». Cette phrase semble indiquer qu'avant même la fin de 1916 Jung sentait qu'il avait déjà remporté l'essentiel de la victoire dans son expérience sur lui-même[1].

1918-1927 : la maladie créatrice, l'Afrique, les *Types psychologiques*, Bollingen, Richard Wilhelm, séminaires anglais, Wotan, Nouveau Mexique et Kenya, rêves et études alchimiques, le *Soi*

En 1918-1919, commandant de la Région anglaise des internés de guerre, chaque matin, Jung esquisse un dessin en forme de rond : un mandala.

Les dessins évoluant, Jung constate que sa situation intérieure évolue elle aussi. Il trouve dans *Faust* ce que signifie un mandala : il exprime le *Soi*, la totalité (*Totalität* ; mot que Jung utilise très rarement) de la personnalité. Par « totalité », il faut entendre « complétude en cours » (*Ganzheit*) ou « ensemble qui tend à s'accomplir » (*Volständigkeit*) comme le précise Christian Gaillard[2]. Cette totalité est donc « une composition en devenir ». Ses dessins sont des cryptogrammes de l'état de son *Soi*. Le *Soi* est pour l'instant une représentation graphique. Il est un mandala qui exprime le centre. Le mandala mène vers le milieu, vers l'individuation. Tout comme les mayas (et les hindous, les tibétains), Jung crée des mandalas sans trop penser y déceler un sens, dans un premier temps. Il constate bientôt que, selon ses états d'humeur, le dessin des mandalas se transforme. « S'il était contrarié ou irrité, le mandala manifestait des signes de trouble. Dans un cas extrême, le pourtour du cercle éclata et toute la symétrie en fut détruite »[3].

Jung constate ainsi que le dessin des mandalas correspond à sa situation intérieure, dans un second temps. Au pire de sa confrontation intérieure avec l'inconscient, l'émergence du mandala comme expression du *Soi* restaure la paix intérieure.

Jung s'est donc remis en ordre. Il se rétablit de cette « expérience de l'inconscient » au moment de l'Armistice de 1918. Jung a une vision.

Vision du feu tombé du ciel

> Je suis de retour en Suisse après un voyage en Allemagne. Je suis couvert de brûlures, mes habits sont transpercés par les flammes car j'ai vu le feu qui, telle une pluie, est tombé du ciel, et a ravagé les villes d'Allemagne.[4].

En 1913, il a déjà eu une vision semblable de déluge. Au cours de cette année 1918, Jung fait la prédiction suivante : « Au fur et à mesure que la

---

[1] Henri Frédéric Ellenberger, *Histoire de la découverte de l'inconscient, op. cit.*, p. 719.

[2] Christian Gaillard, *Jung, op. cit.*, p. 83.

[3] Barbara Hannah, *Jung, sa vie et son œuvre, op. cit.*, p. 151.

[4] Carl Gustav Jung, *Correspondance 1906 - 1940, op. cit.*, p. 359.

conception chrétienne du monde perdra son autorité absolue, la bête blonde se retournera de plus en plus distinctement dans sa prison souterraine et menacera de déclencher une succession d'événements dévastateurs ». Et l'année fatidique sera 1940 !

Jung rapporte à Richard Evans : « Par exemple, j'aurais pu prévoir la montée du nazisme en Allemagne par l'observation de mes patients allemands. Ils avaient des rêves où tout était anticipé avec beaucoup de détails et j'étais absolument certain qu'avant la venue d'Hitler (je veux dire en 1919), j'étais certain que se préparait quelque chose d'énorme et de catastrophique »[1]. Intérieurement, Jung sait que le but du développement psychique est le *Soi*. Et que le développent intérieur n'est pas linéaire. Le chemin vers le *Soi* est une circumambulation [2].

De 1918 à 1920, Jung continue d'enregistrer minutieusement et patiemment ces images et symboles qu'il cherche à comprendre. Ce travail, il le nommera l'*Œuvre* à laquelle il va consacrer toute son attention. « En somme, vers la fin de la guerre, Jung est en possession de toutes ses idées directrices », écrit Charles Baudouin[3].

De 1913 à 1919, telle que la conçoit Ellenberger, Jung vit une *maladie créatrice*, celle qui succède (comme chez Freud) à une période intense de préoccupations pour les mystères de l'âme humaine. Jung rompt avec les sphères universitaires, professionnelles, scientifiques. Il présente comme Freud des symptômes de souffrance affective. Il se soumet lui aussi à des exercices psychiques déterminés. Ces exercices agissent comme une autothérapie. Ils maintiennent un contact avec l'environnement : Freud avec Fliess, Jung avec « ses femmes » et avec le Club de psychologie créé en 1916. Cette maladie créatrice prend fin assez rapidement et laisse place à l'euphorie, marquée par une intense joie de vivre et un grand besoin d'activité. L'introversion laisse place à l'extraversion, à l'impression de soulagement et de liberté, à une métamorphose (définitive ?) de la personnalité. Jung est alors prêt à créer sa propre école. Il ressort de cette crise avec une prédisposition accrue à subir des intuitions, des expériences parapsychologiques et des rêves significatifs. Il a, de plus, la conviction d'avoir vécu une expérience universelle qui lui permet d'affirmer le « Je sais ». Il a la conviction absolue de l'existence certaine de l'*anima* et de l'*animus*, des archétypes, du *Soi*, de l'inconscient collectif.

Début 1920, Jung part voyager en Afrique du Nord sur la proposition d'un ami. Tunis, Alger, Sousse, le Sahara. Le voyage en Afrique représente la première tentative de Jung pour acquérir un point de repère situé hors de sa propre civilisation. Jung ne réussit pas à franchir la barrière de la langue arabe : la seule qu'il ne réussît pas à apprendre alors que son père la connaissait très

[1] Richard Evans, *Entretiens avec Carl Gustav Jung*, *op. cit.*, p. 62.
[2] Marie-Louise von Franz, *C.G.Jung Son mythe en notre temps*, *op. cit.*, p. 161.
[3] Charles Baudouin, *L'œuvre de Jung*, *op. cit.*, p. 15.

bien[1]. Il sait néanmoins que cette langue lui parle mais il n'a pas la moindre idée de ce qu'elle lui dit. Mais c'est là, en Afrique, que Jung ressent combien la religion musulmane repose sur l'*Eros* (le principe féminin de la relation) alors que le christianisme est fondé sur le *Logos* (le principe masculin de discrimination). Ces thèmes de l'*Eros* et du *Logos* seront développés dans *Mysterium conjunctionis* et dans *Aïon*, plus tard.

Jung s'achemine sur le chemin d'une autre langue intérieure à découvrir et à apprendre : cette terre étrangère qu'est l'*Eros* (l'*anima*). Cette langue de l'inconscient nécessite d'être intégrée.

Jung croise un fier cavalier solitaire, de blanc vêtu et sans montre ; c'est à dire un homme qui a toujours été celui qu'il a été[2]. Jung focalise son attention sur l'intemporalité de la situation. Cet homme n'est pas l'européen dont la vie est accélérée par le port de la montre, synonyme d'accélération de temps et de progrès. En ce sens, ces moments de « sans temps » que sont les voyages en terre étrangère permettent à Jung de compenser la perte de poids de la culture européenne et le sentiment d'incomplétude qu'apporte l'illusion des progrès apportés par l'accélération du temps grâce aux nouveaux moyens de communications (chemin de fer, avion…). A Tunis, juste avant d'embarquer pour Marseille, Jung rêve de ce cavalier solitaire.

Rêve du jeune prince arabe au teint foncé

> Je rêvai que je me trouvais dans une ville arabe ; il y avait, comme dans la plupart de ces villes, une citadelle, la Casbah. La ville se trouvait dans une vaste plaine ; elle était complètement entourée d'un mur. Son plan était carré, quatre portes s'y trouvaient. La Casbah à l'intérieur de la ville [...] était entourée d'un large fossé plein d'eau. [...] Désireux de voir aussi l'intérieur de la citadelle, je franchis le pont. Quand je me trouvai à peu près en son milieu, de la porte, vint vers moi un bel arabe, au teint foncé, à l'allure élégante, presque royale. [...] Au moment où il arriva en face de moi, il m'attaqua, essaya de me jeter à terre. Nous nous battîmes, luttâmes. Durant le combat, nous nous heurtâmes à la balustrade, elle céda, nous tombâmes dans le fossé. Il tenta d'enfoncer ma tête sous l'eau pour me noyer. « Non, dis-je, c'en est trop ! » et à mon tour j'enfonçais sa tête sous l'eau. [...] Je n'avais pas l'intention de le faire mourir, mais simplement lui faire perdre conscience, pour le rendre incapable de lutter.
>
> Alors le décor du rêve changea : le jeune arabe se trouvait avec moi au milieu de la citadelle, dans une grande pièce octogonale. [...] Devant moi, sur le sol, gisait un livre ouvert avec des lettres noires, très belles, tracées sur un parchemin blanc comme du lait. Ce n'était pas de l'écriture arabe :

[1] Barbara Hannah, *Jung, sa vie et son œuvre, op. cit.*, p. 171.

[2] Carl Gustav Jung, *Ma vie. Souvenirs, rêves et pensée, op. cit.*, p. 278.

> elle ressemblait plutôt à de l'écriture ouïgoure du Turkestan occidental. Je n'en connaissais pas le contenu, mais pourtant, j'avais le sentiment que c'était *mon* livre, que je l'avais écrit. Le jeune prince, avec qui je venais de lutter, était assis à ma droite sur le sol. [Le prince regimbe à lire le livre] Je mis mon bras autour de ses épaules et l'obligeai, en somme, avec une paternelle bonté et avec patience, à lire le livre. Je savais qu'il était indispensable que cela fût, et il finit par céder.[1]

Ce rêve fit une profonde impression à Jung. Il est l'apogée de son voyage en Afrique. Il résume ce que Jung a appris et en même temps, il annonce le travail intérieur à fournir. Ce rêve a une fonction prospective : le livre sera celui de la conjonction des opposés, la réunion de la paire d'opposés, de l'ombre et de la lumière.

Jung interprète son rêve de la façon suivante. La Casbah est un mandala parfait car elle comporte une enceinte carrée avec quatre portes. Elle est donc un symbole du Soi dont le prince arabe est le messager. Pour quelles raisons, alors, ce messager de Dieu cherche-t-il à tuer Jung ? Jung repense à la scène biblique de la lutte de Jacob avec l'ange de Dieu et en conclut que le jeune arabe est un messager de Dieu qui veut tuer l'homme parce qu'il méconnaît Dieu[2]. Il regrette avec une certaine nostalgie d'avoir laissé tomber cette partie d'enfant et de primitif au profit de la « *persona* d'européen ». Le mode de vie d'européen et l'adaptation sociale aux progrès technologiques l'ont coupé d'une certaine authenticité des sentiments, de l'affectif. Et donc de la totalité du *Soi.*

« La vue de l'enfant et du primitif éveille dans l'adulte civilisé des nostalgies qui proviennent de désirs et de besoins non satisfaits »[3]. Ces explications fournies par Jung lui-même permettent de mieux comprendre le rêve et son interprétation.

Jung n'a plus accordé de place à cette part d'enfant primitif qui veut le rendre inconscient (enfoncer Jung sous l'eau) et qu'il veut rendre conscient (forcer le prince à lire). Cette part d'enfant représente l'*ombre* car le prince a une peau presque noire. Jung précise que cette ombre n'est pas personnelle mais plutôt de l'ordre du *Soi* car le prince est le Seigneur de la Casbah. Jung introduit ici une autre dimension au concept d'*ombre.* L'*ombre* n'est pas seulement individuelle : elle peut être « ethnique » au sens où Jung sent sa conscience d'européen menacé par l'Afrique du Nord. Est-ce à dire que les propos de Jung sont racistes ? Il s'en explique.

En tant qu'européen, Jung éprouvait un sentiment de supériorité en foulant le sol de l'Afrique du Nord. L'environnement étranger dans lequel il se retrouve le menace au sens où il n'a pas perçu en lui, consciemment, le « going black

---

[1] *Ibid.*, p. 281.
[2] *Ibid.*, p. 282.
[3] *Ibid.*, p. 282.

under the skin », c'est à dire « le devenir noir sous la peau ». Ce dont le rêve l'avertit.

« … Quelque chose en nous non seulement ne se soumet pas passivement à l'influence inconsciente, mais plus encore se précipite ardemment sur l'occasion de s'identifier avec l'ombre »[1]. L'environnement de l'Afrique du Nord ravive chez Jung une part d'étranger, une part d'étrangeté que sa vie d'européen avait mise de côté. Ce rêve va intriguer Jung qui sent ne pas en avoir fait le tour. Il a conscience de ne pas le comprendre en totalité. Ce qui déclenche en lui le désir vivace de retourner en Afrique ; ce qu'il fera cinq ans plus tard.

Liens avec l'Œuvre

Ce rêve est l'apogée de son voyage en Afrique. Il résume ce qu'il a appris et en même temps, il annonce le travail intérieur que Jung va devoir fournir. Ce rêve a une fonction prospective : son livre (cf. le rêve) sera celui de la conjonction des opposés, la réunion de la paire d'opposés, de l'ombre et de la lumière, pour déboucher sur le *Soi.*

Avec ce rêve, Jung repense à la scène biblique de la lutte de Jacob avec l'ange de Dieu et en conclut que le jeune arabe est un messager de Dieu qui veut tuer l'homme parce qu'il méconnaît Dieu[2]. Il regrette aussi d'avoir laissé tomber cette partie d'enfant et de primitif au profit de la « *persona* d'européen ». Et, point important, cette part d'enfant représente *l'ombre* car le prince a une peau presque noire. Jung précise que cette ombre n'est pas personnelle mais de l'ordre du *Soi* car le prince est le Seigneur de la Casbah. Jung introduit ici une autre dimension au concept d'*ombre.*

Jusqu'alors, le *Soi* se manifestait sous un jour positif : Elie, Philémon. Maintenant, il se manifeste sous une forme obscure. Comme le démontre Barbara Hannah, par la suite Jung aura tendance à évoquer plutôt la lutte de *Job* avec l'aspect obscur de Yahvé (dans *Réponse à Job*). De ce point de vue, ce rêve répète (après celui du Dieu obscur fait à l'âge de onze ans) la prise de conscience et l'intégration de l'*ombre* du *Soi* qui sera l'un des derniers grands concepts de Jung à la fin de sa vie.

Ce voyage africain de Jung et les autres (Nouveau Mexique, Inde…) « représentaient une sorte de continuation, de variante de la confrontation avec l'inconscient qui avait commencé avec sa Nekya »[3]. Plusieurs années passeront avant le voyage suivant. Car Jung tient à s'occuper des huit à douze patients reçus chaque jour à qui il accorde une heure environ à chacun. Il a renoncé au classique divan. Dans la relation de face à face personnelle, l'analyse jungienne se développe dans le cadre d'un dialogue. Le patient rapporte des images de

---

[1] *Ibid.*, p. 283.

[2] *Ibid.*, p. 282.

[3] Gerhard Wehr, *Carl. Gustav. JUNG sa vie, son oeuvre, son rayonnement, op. cit.*, p. 222.

rêves et des idées subites. L'analysé n'est plus passif mais un participant actif. Jung donne son premier séminaire en Angleterre. Il y rencontre Peter Baynes (docteur en médecine) qui va devenir son meilleur assistant durant de longues années.

En 1921, il publie son premier ouvrage important depuis la rupture d'avec Freud, les *Types psychologiques*. Dans cet ouvrage majeur, il traite de la relation entre le conscient et l'inconscient et propose la distinction désormais célèbre entre les types de personnalité *introvertie* et *extravertie*. Cette notion vient de Gross mais aussi du *Prométhée et Epiméthée* de Spitteler[1]. Epiméthée (comme *Faust*, il se tourne vers le monde) est celui qui échange son âme contre la Conscience. « A ce prix, il devient roi des hommes : il a troqué l'être pour le paraître ». Prométhée reste dans sa solitude et « accomplit avec son âme apparue les fiançailles mystiques »[2].

Septembre 1922, Jung rêve de la mort et de l'au-delà. En effet, un rêve va annoncer la mort de sa mère. Le père de Jung apparaît dans les rêves (vingt-six ans après sa disparition physique) comme s'il était revenu d'un long voyage. Ce qui conduit Jung à s'interroger sur les rapports possibles existant entre la vie consciente terrestre et l'au-delà perçu comme territoire de l'intemporel et monde de l'inconscient où tout est possible : entre autres, que l'âme poursuive son évolution vers plus de savoir et de connaissance. Depuis 1896, Jung n'a pas rêvé de son père et voilà qu'il apparaît de nouveau !

Rêve du père consultant le psychologue à propos du mariage

> ...Maintenant il m'apparaissait à nouveau comme s'il était revenu d'un lointain voyage. Il semblait rajeuni et ne manifestait nulle autorité familiale. Je me rendis avec lui dans ma bibliothèque et je me réjouissais énormément d'apprendre ce qui lui était arrivé. J'étais tout particulièrement heureux de lui présenter ma femme et mes enfants, de lui montrer ma maison, de lui raconter tout ce que j'avais fait et ce que j'étais devenu. Je voulais aussi lui parler de mon dernier livre : *Les types psychologiques* récemment paru. [...] Il semblait attendre quelque chose de moi. Je le sentais nettement et c'est pourquoi je me tins sur ma réserve. Il me dit alors que, puisque j'étais psychologue, il aurait bien voulu me consulter précisément sur la psychologie du mariage. Je m'apprêtais à disserter longuement sur les complications de l'union conjugale, mais, alors, je me réveillai[3].

Il ne peut alors faire le lien entre ce rêve et la mort, future, de sa mère[4]. Le rêve met donc en scène les difficultés matrimoniales de ses parents. Jung suppose que dans son état intemporel, il est temps pour son père d'acquérir un

---

[1] Charles Baudouin, *L'œuvre de Jung*, *op. cit.*, p. 93.
[2] *Ibid.*, pp. 93-94.
[3] Carl Gustav Jung, *Ma vie. Souvenirs, rêves et pensée*, *op. cit.*, pp. 359-360.
[4] *Ibid.*, p. 359.

meilleur savoir. Pour cette raison, le défunt s'adresse au vivant pour acquérir des points de vue nouveaux. Par la suite, Jung développera cette idée d'une communication entre morts et vivants ; au sens où les défunts viennent demander, par le biais des rêves (voire de visions en imagination active), des éclaircissements, de nouvelles connaissances sur ce qu'ils n'ont pu résoudre du temps de leur vivant. De ce point de vue, particulier il faut le dire, la notion d'héritage psychique prend une saveur particulière. Car Jung esquisse à peine l'interprétation du sujet ; ce qui est tout à fait étonnant dans la théorie jungienne de l'interprétation des rêves selon le plan du sujet et de l'objet. A savoir : ses difficultés conjugales et ses complications, ses problèmes avec l'autorité paternelle, le besoin de reconnaissance de ses écrits par un pair/père (Freud jouait-il ce rôle ?).

Par ailleurs, Jung questionne le savoir de l'inconscient. Ce rêve est-il prémonitoire ? Jung ne peut fermement trancher. Il ne peut que constater et relier le temps du rêve et le temps de la mort de sa mère. Deux instants différents qui se croisent lors d'une nuit et que Jung associe ensemble même s'il ne peut en tirer des conclusions ni installer ce rêve (en tant que fait psychique) dans la position d'une preuve matérielle. Il peut simplement conclure, au-delà de ses présupposés d'une communication intemporelle entre défunts et vivants, la tâche « *transpersonnelle* » (il est le créateur de ce terme qui désigne actuellement un certain mouvement psychologique) de répondre à la fois à la question de l'existence et de son sens tant du point de vue personnel (soi par rapport à soi) que du point de vue des ancêtres, de la généalogie familiale (soi par rapport aux autres)[1]. Au-delà de la croyance en une vie, en une continuation de la vie « au-delà », Jung est conduit à réaffirmer la vie psychique en tant qu'elle est intemporelle, en tant qu'elle n'a besoin ni d'espace et ni de temps. Cette vie psychique avec sa foison d'images intérieures offre matière à toutes les spéculations mythiques sur la vie dans l'au-delà. Au vu de ces conditions de définition et de constatation de l'existence de la vie psychique posées par Jung dans ce contexte de la communication des morts avec les vivants, il n'y a qu'un pas à franchir, dès lors, pour rendre synonyme inconscient et « pays des morts », « au-delà » et « inconscient ». Dans ce cas, cette vie inconsciente synonyme de l'au-delà (de la vie consciente) n'est, tout au moins, que l'ensemble des projections et croyances de tout un chacun ou des manifestations, comme nous l'avons vu avec la thèse de doctorat de Jung, de complexes personnifiés (les « esprits »). Ces réflexions soulèvent donc le problème de l'homme intemporel, éternel, incarnation du *Soi* (dans une logique jungienne) et de ses rapports avec l'homme terrestre pris dans les limites du temps et de l'espace.

---

[1] *Ibid.*, p.362.

Liens avec l'Œuvre

Jung suppose que dans son état intemporel, il est temps pour son père d'acquérir un meilleur savoir. Pour cette raison, le défunt s'adresse au vivant pour acquérir des points de vue nouveaux ! Voilà donc une nouvelle illustration de ce thème de la communication entre morts et vivants.

Jung s'est senti très tôt (dès 1911) l'obligation « d'instruire les personnages de l'inconscient ou les « esprits des défunts » qui souvent s'en distinguent à peine »[1].

Plus prosaïquement, Jung est porteur de problèmes que son père n'a pas résolus.

Il en conclut que la tâche « *transpersonnelle* » est de répondre à la fois à la question de l'existence et de son sens tant du point de vue personnel que du point de vue des ancêtres, de la généalogie familiale. Il développera ce thème des parents et des ancêtres dans *L'énergétique psychique*, dans *Métamorphoses de l'âme et ses symboles*, dans certaines conférences comme celles rapportées dans *Les rêves d'enfants 2,* dans *Psychologie de l'inconscient*, dans *L'homme à la découverte de son âme*, dans *Psychologie et religion*, dans *Sur l'interprétation des rêves.*

Jung gagne en maturité. Il est convaincu que son travail avec l'inconscient enrichit la personnalité. En 1922, il achète un terrain au bord du lac de Zurich, à Bollingen. Jung ressent un manque à combler. Il doit représenter ses pensées, visions, imaginations pour qu'elles deviennent plus réelles que sur du papier. Ainsi naît la Tour de Bollingen. « A l'origine, il avait songé à construire une sorte de cabane rappelant celles des communautés primitives, « une demeure qui corresponde à la conscience primitive de l'homme ». Elle devait donner le sentiment d'une renaissance – non pas seulement dans le sens physique, mais également psychique »[2].

Cette même année, Jung fait connaissance de Richard Wilhelm, le traducteur du Yi King, chez le comte de Keyserling. R. Wilhelm vient par la suite donner des conférences au Club de psychologie sur le Yi King.

En 1923, il construit sa tour, « la première maison ronde… la demeure maternelle »[3]. Comme l'écrit Michel Cazenave dans *Jung l'expérience intérieure* : « La maison est une Mère »[4]. Au-dessus de la porte d'entrée, Jung grave cette inscription : « *Sanctuaire de Philémon. Pénitence de Faust* ». Philémon signifie « *celui qui aime* ». Jung rend ainsi hommage à ce symbole du *Soi.* « *Pénitence de Faust* » renvoie au meurtre de Philémon et de Baucis par Faust qui veut agrandir ses terres et tue les deux serviteurs aimants des dieux. De cette façon nous précise Marie-Louise von Franz, Jung immole consciemment sa propre violence faustienne pour attester, en échange, selon ses propres termes, « le respect des

---

[1] *Ibid.*, p. 349.

[2] Gerhard Wehr, *Carl. Gustav. JUNG sa vie, son oeuvre, son rayonnement, op. cit.*, p. 223.

[3] Carl Gustav Jung, *Ma vie. Souvenirs, rêves et pensée, op. cit.*, p. 261.

[4] Michel Cazenave, *Jung L'expérience intérieure,* Editions du Rocher, 1997, p. 13.

éternels droits de l'homme, la reconnaissance de ce qui est ancien et la continuité de la civilisation et de l'histoire de l'esprit »[1]. Ainsi « Jung renonce à l'impétuosité faustienne, celle qui voit le diable uniquement à l'extérieur, pour se retirer dans sa tour, le sanctuaire de Philémon et, là, défendre les éternels droits de l'homme ». Comme le préconisent les Chinois, « Le sage parle une fois dans l'assemblée et, si on ne l'écoute pas, il se retire dans ses terres »[2]. Bollingen sert à Jung à exprimer sa personnalité n°2, en retrait du monde de la personnalité n°1. La mère de Jung meurt deux mois avant le début des travaux de la Tour. La structure de ce complexe de bâtiments (qui se construiront tous les quatre ans) se terminera après le décès d'Emma Jung en 1955 par l'édification d'une tour « qui avait un lien secret avec les morts »[3]. La nuit précédent la mort de sa mère (Emilie), Jung fait un rêve « effrayant » dans une sombre forêt touffue...

Rêve du chien-loup

> [...] C'était un paysage héroïque, primitif. Tout à coup, j'entendis un sifflement strident qui semblait se répercuter à travers l'univers. De peur mes genoux vacillèrent. Alors, dans les taillis, un craquement, et un monstrueux chien-loup à la gueule effrayante sortit en courant. A sa vue, mon sang se figea dans mes veines. Il me dépassa rapidement et, soudain, je compris : le Chasseur Sauvage lui a ordonné de lui apporter un être humain[4].

Jung se réveilla dans une mortelle frayeur et le matin suivant il reçut la nouvelle de la mort de sa mère.

Dans un premier temps, Jung pense que le diable (le Chasseur Sauvage avec ses loups) est venu s'emparer de sa mère. Dans un second temps d'élaboration interprétative, Jung identifie ce Chasseur au dieu Wotan, le dieu des ancêtres « alémaniques qui réunissait ma mère à ses aïeux, c'est à dire, négativement, aux hordes sauvages, et, positivement, aux sälig Lüt, les défunts bienheureux ». Ce sont les chrétiens qui ont assimilé Wotan au diable alors que, pour les romains, il était Hermès, un esprit de la nature, et pour les alchimistes, un esprit mercuriel. Cette amplification conduit Jung à conclure du rêve qu'il représente l'âme de sa mère trouvant accueil dans le *Soi*, dans la totalité de la nature et de l'esprit qui englobe les contraires et leur conflit. Deux mois auparavant, Jung avait rêvé de son père venant le consulter. Ce rêve anticipait-il le décès de sa mère ?

---

1 Marie-Louise von Franz, *C.G.Jung Son mythe en notre temps*, *op. cit.*, p. 168.
2 *Ibid.*, p. 225.
3 Gerhard Wehr, *Carl. Gustav. JUNG sa vie, son oeuvre, son rayonnement, op. cit.*, p. 224.
4 Carl Gustav Jung, *Ma vie. Souvenirs, rêves et pensée, op. cit.*, p. 357.

Liens avec l'Œuvre

En 1936, Jung écrit que Wotan incarne l'errance, le fauteur de troubles. Il peut apparaître sous l'aspect d'un feu follet ou d'un chasseur fantôme accompagné d'une cohorte[1]. Il est aussi le dieu des souhaits et de l'amour, le seigneur des morts, le maître des combattants d'élite, le devin des énigmes, le dieu des enfers.

Dans *Sur l'interprétation des rêves*, Jung écrira à propos d'un rêve de défunt de Cardan (1940-1941) : « Oui, ce chien représente la Mort et le Diable. La mort se présente maintenant sous la forme d'un animal, un chien noir. C'étaient toujours des animaux noirs que l'on sacrifiait aux dieux. »[2]. Ces citations nous indiquent que des correspondances analogiques entre les rêves de Jung et les écrits s'instaurent. L'un alimente l'autre et réciproquement.

Juillet 1923, Jung donne un séminaire en Cornouailles (à Polzeath) organisé par Esther Harding et Peter Baynes. Emma Jung et Toni Wolff y participent. Jung y traite de « certains problèmes qui reviennent dans les rêves de personnes différentes et qui sont devenus, aujourd'hui, de réelles menaces pour le monde entier »[3]. Jung développe l'idée que notre vision du monde (Weltanschauung) n'offre plus de réceptacles pour recevoir les images archétypiques qui, de ce fait, flottent dans l'air. La cause en est le déclin de l'influence de l'Eglise en tant que contenant de ces images. Pour cette raison, les archétypes peuvent surgir à n'importe quel moment. Ce que Jung retrouve dans de nombreux rêves de patients, et pendant le transfert au cours duquel ces contenus archaïques viennent troubler la relation analytique. Ce constat n'empêche pas Jung de placer ses imaginations et les contenus de l'inconscient sur une terre ferme : Bollingen. La première maison, ronde est construite en 1923, deux mois après la mort de sa mère.

Cette année 1923 signe la première et la dernière lettre de Jung à Freud depuis le 20 avril 1914. Jung adresse à Freud un juif névrosé obsessionnel qu'il a suivi pendant deux ans. Il signale que ce patient a « une connaissance plus intime de ses fantasmes sexuels, et par là aussi des travaux de Freud ». Les rêves de ce patient ont « également commencé à s'occuper » de Freud. Et « le désir de se faire traiter par vous personnellement était évident, raison pour laquelle je considère comme mon devoir de soutenir dans la mesure de mes moyens ses efforts pour sa guérison ». Aniela Jaffé précisa que l'analyse auprès de Freud n'aida pas ce diplomate. Il retourna se faire analyser par Jung. Et un rêve le mena à commencer à guérir. Il était dans une impasse derrière laquelle luit une lumière. Une vieille femme lui dit : « Ici ne passe que celui qui est un Juif ! »[4].

---

[1] Carl Gustav Jung, *Aspects du drame contemporain*, Georg et Cie S. A. Genève, Librairie de l'université, 5ème édition, 1990, pp. 67-68.

[2] Carl Gustav Jung, *Sur l'interprétation des rêves,* Paris, Albin Michel, 1998, p. 143.

[3] Barbara Hannah, *Jung, sa vie et son œuvre, op. cit.*, p. 180.

[4] Sigmund Freud et Carl Gustav Jung, *Correspondance 1906 - 1914*, *op. cit.*, p. 697.

Durant l'hiver 1923-1924, Jung, assis auprès de son feu de bois, se laisse absorber par le silence. L'eau de la marmite bout et se met à chanter. Pendant une heure, il entend de la musique polyphonique provenant à la fois de l'intérieur et de l'extérieur de la tour. L'eau bouillante musicale est une symphonie de l'eau et du vent, à la fois douce et dysharmonique, à l'image de la nature[1].

Printemps 1924, cette expérience de nuit se répète. Dans le silence d'un bon poêle allumé, des pas légers réveillent Jung. Musique, voix et rires, de lointains, se font plus proches, paraissent réels alors que Jung a conscience qu'il vient tout juste de se réveiller. Le rêve a un grand pouvoir d'illusion au sens où il prend l'apparence du réel de l'état de veille. Sur cette réflexion, Jung se rendort et immédiatement le même rêve se déclenche de nouveau.

Rêve de revenants

> A nouveau, j'entendis des pas, des conversations, des rires, de la musique. Et en même temps j'avais l'image visuelle de plusieurs centaines de personnages, vêtus de noir, peut-être de jeunes paysans endimanchés, venus des montagnes, massés des deux côtés de la Tour, avec beaucoup de piétinements, de rires, de chants, de jeux d'accordéon. Irrité, je pensai : « C'est à se vouer au diable ! ». Je me dis qu'il s'était agi d'un rêve et voilà, maintenant c'est la réalité[2] !

Jung se réveille en proie à cette émotion. Et il conclut : « Ce sont des revenants, tout simplement ».

Pour quelles raisons l'inconscient « transmet à celui qui rêve une véritable impression du réel, que la répétition vient encore souligner ». Si être éveillé, c'est percevoir la réalité, « le rêve représente donc une situation équivalant à la réalité, dans laquelle il crée une sorte de veille »[3]. Jung peine à s'y retrouver entre les deux réalités (veille et rêve). Jamais plus il ne revivra cet « étrange rêve », cet état de conscience que nous pouvons qualifier d'intermédiaire au sens où la frontière entre veille et rêve se dissout, où l'expérimentateur reste conscient de lui-même et de ce qui lui arrive ; ce « flot continu de conscience » diraient les tibétains (*Milarepa* et le *Bardo Thödol*), cet état de « *Turya* » cher aux rishis (voyants) des *Upanishads*.

Jung constate et semble affirmer que cet état de conscience ne se produit que lorsqu'il est question de revenants. Quelques années plus tard, il trouvera dans une chronique lucernoise une explication à son expérience : Cysat a vécu une expérience similaire au XVIIIe siècle. Lors d'une ascension nocturne, ce Suisse fut troublé par une procession de gens, s'accompagnant de musique et de chants, et passant de par et d'autre de la cabane où il avait fait halte. Le

---

[1] Carl Gustav Jung, *Ma vie. Souvenirs, rêves et pensée, op. cit.*, p. 266.
[2] *Ibid.*, p. 267.
[3] *Ibid.*, p. 267.

lendemain, Cysat interroge le propriétaire de la cabane, un berger. Celui-ci explicite l'expérience de Cysat : il a vu l'armée des âmes défuntes de Wotan qui a l'habitude de se manifester ainsi.

Jung ne peut qu'interroger et chercher à expliquer ce type d'expérience subjective. L'hallucination due à l'expérience solitaire de l'ermite, la foule de gens apparaissant en tant que compensation au vide, la possession psychique sont des explications insatisfaisantes pour Jung. Se pourrait-il que l'expérience des revenants renvoie à une autre réalité ?

Pour l'instant, il se contente de référer à la synchronicité, c'est à dire la « coïncidence significative entre un événement psychique et un événement physique qui ne sont pas causalement reliés l'un à l'autre » mais aussi la coïncidence « entre des rêves (visions, prémonitions...), des idées analogues ou identiques se présentant simultanément à différents endroits »[1]. Il perçoit une coïncidence entre son expérience, celle décrite par Cysat et des faits analogues qui se sont produits au Moyen Age où de telles processions de jeunes hommes semblent avoir eu lieu lorsque ceux-ci quittaient Locarno pour aller en Suisse. Cette expérience le ramène alors en 1923, l'année où il se met à construire la Tour. Sa fille aînée lui rendant visite s'exclame : « Comment ? Tu construis ici ? Mais il y a des cadavres ! »[2]. Ce à quoi il n'avait pas accordé crédit sur le moment. Pourtant, quatre ans plus tard, construisant une autre partie de la Tour, un squelette est effectivement découvert ! Ce squelette est celui d'un soldat français noyé et jeté sur la berge de la Tour en 1799. La fille de Jung avait donc eu le pressentiment de la présence du cadavre.

Liens avec l'Œuvre

Jung rêve de façon hallucinatoire. A mi chemin entre état de rêve et état de veille, il constate que cet état de conscience ne se produit que lorsqu'il est question de revenants.

De nouveau, Jung rêve de l'armée des morts de Wotan. C'est le troisième rêve de morts cité.

Jung ne peut qu'interroger et chercher à expliquer ce type d'expérience subjective. Il n'est pas encore tombé sur certains textes chinois qui vont lui apporté la lumière nécessaire (*Le mystère de la fleur d'or* et le *Yi-King*). Mais, l'esprit en éveil, la pensée trace son sillon en direction de l'explication acausale.

Pour l'instant, il se contente de référer à la synchronicité et à la coïncidence « entre des rêves, des idées analogues ou identiques se présentant simultanément à différents endroits »[3]. Il perçoit une coïncidence entre son expérience, celle décrite par Cysat et des faits analogues qui se sont produits au Moyen Age où de telles processions de jeunes hommes semblent avoir eu lieu

[1] *Ibid.*, p. 463.
[2] *Ibid.*, p. 269.
[3] *Ibid.*, p. 463.

lorsque ceux-ci quittaient Locarno pour aller en Suisse. Jung illustre ainsi après-coup l'un de ses concepts majeurs : la *synchronicité*.

De 1924 à 1926, Jung participe à des expéditions anthropologiques au Nouveau Mexique et au Kenya où il vit plusieurs mois avec une tribu africaine du mont Elgon. Aller en terre inconnue et y voyager est une façon d'activer des processus inconscients, une projection de ce qu'il y a encore à explorer de territoire inconnu en soi. La tradition des vieux métiers veut que les années de compagnonnage soient aussi des années de voyage. Jung fait ses voyages d'études autour de la cinquantaine, comme nous le signale Charles Baudouin. De cette façon, il apprend. Toute sa vie, il va privilégier l'apprentissage personnel par l'expérience. D'ailleurs, et c'est un comble (au vu du nombre de livres qu'il lira et écrira !), il affirme : « Déchirez vos livres pour que vos cœurs ne soient pas déchirés ! »[1]. Jung part d'abord rendre visite aux indiens du Nouveau-Mexique. Il se lie d'amitié avec Lac des montagnes, le chef des Taos Pueblos. Un jour, assis face au soleil, ce chef explique que les Pueblos sont les fils du Père, le Soleil. Ils aident chaque jour le Père à traverser le ciel. Et Lac des montagnes précise que s'ils ne le font plus, dans dix ans, le soleil ne se lèvera plus. Ce sera alors la nuit à tout jamais. Jung vit alors une révélation : les Pueblos ont la certitude d'être les fils du Soleil et leur vie a un sens cosmologique. Jung définit à ce moment le critère de la vie de l'homme : se réfère-t-il à l'infini ou non ? Être relié à l'infini confère la paix de l'âme. Il se souvient du faiseur de pluie. Et se questionne sur l'homme blanc qui pense avec sa tête comme le lui dit le chef pueblo. Il constate aussi combien ces indiens Pueblos pensent avec leur cœur. Ils souhaitent autant donner que recevoir. Ils donnent au Dieu le Soleil. Lac des montagnes lui certifie que Dieu a besoin de l'homme et de ses cérémonies. Jung médite alors longuement sur ce point de vue complètement extérieur à l'européen qu'il est. Il a trouvé ce qu'il était venu chercher sans le savoir : son mythe. Comme nous le signale C. Gaillard : « l'homme est indispensable à la création, qu'il accomplit en lui conférant le sens et la conscience sans lesquels elle se déroulerait, se reproduirait et se transformerait sans fin ni but connaissables »[2]. Une vision saisit Jung au moment où le chef pueblo indique le cœur, ce point vulnérable de l'homme blanc. Jung tient à préciser que cet entretien a lieu au cinquième étage d'un bâtiment.

Visions d'homme blanc

Je sentis monter en moi comme un brouillard diffus, quelque chose d'inconnu et pourtant de profondément familier. Et, image après image, se détachaient de ce brouillard, d'abord les légions romaines faisant

[1] Gerhard Wehr, *Carl. Gustav. JUNG sa vie, son oeuvre, son rayonnement, op. cit.*, p. 259.
[2] Christian Gaillard, *Jung, op. cit.*, p. 100.

> irruption dans les villes de Gaule, Jules César avec ses traits nettement ciselés, Scipion l'Africain, Pompée. [Jung voit l'aigle romain, saint Augustin, Charlemagne, les hordes pillardes, les croisés, Colomb, Cortez et les autres conquistadores …] Je vis aussi les populations des îles des mers du Sud décimées par l' « eau de feu », la scarlatine, importée par les habits, la syphilis. C'en était assez. Ce qui pour nous est désigné par colonisation [...] a encore un autre visage, visage d'oiseau de proie cruellement tendu, guettant sa prochaine victime, visage digne d'une race de pillards et de pirates[1].

Jung accepte les critiques défavorables de Lac des montagnes qui lui renvoie ces zones d'ombre de blanc. Car il prend conscience que « tous les aigles et autres bêtes rapaces qui ornent nos écussons héraldiques sont des représentants psychologiques appropriés de notre véritable nature »[2]. Il vit une autre expérience.

Vision d'un vieil indien

> Une autre fois je me tenais au bord du fleuve, regardant vers le sommet de la montagne qui s'élève à plus de deux mille mètres au-dessus du haut plateau. […] Soudain, une voix profonde, vibrante d'une émotion secrète, parla de derrière moi dans mon oreille gauche : « Ne penses-tu pas que toute vie vient de la montagne ? » Un vieil indien assez âgé s'était imperceptiblement avancé sur ses mocassins et me posait cette question – dont j'ignorais jusqu'où elle portait. Un regard sur le fleuve qui descend de la montagne me donna l'image extérieure qui avait fait naître cette idée. […] Je sentais dans sa question une émotion qui s'amplifiait au mot « montagne » et je pensai aux rites mystérieux célébrés sur la montagne. Je lui répondis : « Chacun peut voir que tu dis la vérité »[3].

Jung connût d'autres rencontres de ce genre, très rapides et brèves, exactement comme Philémon pouvait lui apparaître de temps à autre, afin de recevoir la délivrance… d'un message. De retour à New York, Jung prend la parole chez Kristine Mann qui fondera le Club de psychologie analytique en 1936.

Rentré à Küsnacht, Jung fait des allers et retours en Angleterre pour y donner trois séminaires : il donne une série de douze conférences sur « *L'interprétation des rêves* ». Il se résout à repartir en Afrique sur la suggestion d'un ami. Il consulte le Yi King, livre chinois d'oracles (ou de psychologie ?) qui permet à l'inconscient de s'exprimer : l'hexagramme tiré correspond à la situation de l'utilisateur avec synchronicité. Jung vient de tirer le n°53 avec un neuf à la troisième place. Ce trait signifie : « l'homme avance et ne revient pas ».

---

[1] Carl Gustav Jung, *Ma vie. Souvenirs, rêves et pensée, op. cit.*, pp. 286-287.

[2] Barbara Hannah, *Jung, sa vie et son œuvre, op. cit.*, p. 196.

[3] Carl Gustav Jung, *Ma vie. Souvenirs, rêves et pensée, op. cit.*, p. 289.

L'ensemble de l'hexagramme concerne « *Le progrès graduel* ». Jung peut partir en voyage. Néanmoins, le voyage sera peut-être périlleux ? Une étrange impression de mort habite Jung.

Cinq ans plus tard, après son premier grand voyage en Afrique (1925), Jung se rend donc à Mombasa. Dans le bateau, il en profite pour apprendre le swahili pour pouvoir parler directement aux « indigènes ». Durant ce voyage, la femme de Peter Baynes, l'ami anglais, meurt. L'ami américain de Jung, George Beckwith, meurt lui aussi, peu de temps après, comme ses rêves l'avaient indiqué : on ne lui avait pas donné une barque assez solide pour effectuer son voyage dans la vie. Ce que G. Beckwith pressentait et acceptait se réalisa.[1]. Le quatrième membre de l'expédition, McCormick, ne peut partir ; il est remplacé par Ruth Bailey (qui deviendra la dernière secrétaire de Jung, à la fin de sa vie). Jung est habité par cette impression de mort bien qu'il soit en pleine force de l'âge à cinquante ans. Aussi est-il pleinement éveillé à toutes les impressions, à tous les signes qui peuvent lui être envoyés. En train. Le sommeil. Le réveil.

Vision d'un personnage brun-noir

> Sur un pic, au-dessus de nous, immobile, se tenait un personnage brun - noir, élancé, appuyé sur une longue lance, il regardait en bas vers le train. [...] Je fus comme ensorcelé par ce spectacle : c'était un tableau très étrange, jamais vu et me donnant pourtant un intense sentiment de « déjà vu ». J'avais l'impression d'avoir déjà vécu cet instant une fois et d'avoir toujours connu ce monde que seul séparait de moi l'éloignement dans le temps. C'était comme si je revenais dans le pays de ma jeunesse et comme si je connaissais cet homme sombre qui m'attendait depuis cinq mille ans.[2]

En Ouganda, Jung épuisé, ne sait plus s'il est « transporté de la réalité dans un rêve, ou d'un rêve dans la réalité »[3]. Un autre événement marque ce voyage et cette période la plus heureuse de Jung. Assis sur une caisse d'aliments, Jung fume la pipe. Un Anglais vient s'asseoir près de Jung et lui demande s'il peut lui donner un conseil. « Savez-vous, Monsieur, que cette contrée n'est pas celle de l'homme, c'est celle de Dieu. Donc, si quelque chose vous arrive, asseyez-vous et ne vous tourmentez pas ». Sur ces mots, l'Anglais se lève et disparaît dans la foule. Jung est impressionné. Par la suite, il donnera ce conseil à ses élèves lorsqu'ils seront en pleine confrontation avec l'inconscient. S'asseoir et ne pas se tourmenter.

---

[1] Barbara Hannah, *Jung, sa vie et son œuvre, op. cit.*, p. 202.

[2] Carl Gustav Jung, *Ma vie. Souvenirs, rêves et pensée, op. cit.*, p. 293.

[3] *Ibid.*, 298.

Liens avec l'Œuvre

Jung accepte les critiques défavorables de Lac des montagnes (un chef de la tribu des Taos Pueblos) qui lui renvoie ces zones d'ombre d'homme blanc qui pense avec sa tête mais pas avec son cœur. Il constate combien ces indiens Pueblos donnent au Dieu le Soleil. Lac des montagnes lui certifie que Dieu a besoin de l'homme et de ses cérémonies. Jung développera cette idée dans *Réponse à Job* : Dieu a besoin de l'homme.

Ce chef indien lui fait comprendre ce sur quoi repose la dignité de l'homme : « il est le fils du soleil, sa vie a un sens cosmologique »[1]. Et en rêve, un autre chef indien lui révèle le secret de la montagne. De là provient la prise de conscience de Jung quant au sens de la vie. Et de la perspective dans laquelle se vit cette vie : « Te réfères-tu ou non à l'infini ? ».

Jung connût d'autres rencontres de ce genre, très rapides et brèves, exactement comme les rencontres et les messages de Philémon. C'est ce que rapporte Barbara Hannah[2] en citant l'épisode de la rencontre avec le personnage brun-noir. Cet exemple indique combien Jung sait tirer profit de ses voyages extérieurs et intérieurs : il s'en sert pour son enseignement... et pour pratiquer. S'asseoir et ne pas se tourmenter résume l'enseignement du yoga qui est fondamentalement une assise avec soi-même. Une ascèse que Jung pratiquait.

Les Elgonyis surprennent Jung. En effet, les noirs africains n'évoquent jamais leurs rêves alors que les boys Souahélis n'hésitent pas à consulter journellement une clef des songes arabe ou Jung de par sa connaissance du Coran[3]. La fréquentation d'un *laibon* (un medecine-man) donne à Jung un élément d'explication de cette absence de rêve chez les Elgonyis. Ce *laibon* lui affirme que, depuis l'arrivée des Blancs en Afrique, personne ne rêve plus. Les Anglais savent tout. L'autorité du D. C. a remplacé celle du medecine-man. A quoi bon rêver des moments où la pluie va tomber, de l'endroit où il est préférable de conduire les troupeaux, des lieux où se déclencheront des guerres puisque les Anglais le savent déjà ! ? Pour ce *laibon*, la fonction du rêve est d'avertir. Il lui raconte que les villageois voient dans leurs rêves leurs ancêtres apparaître la face peint en vert. Jung est fasciné par ce qui lui est rapporté. En effet, il se souvient que les visages des morts égyptiens étaient peints en vert. Pour lui, c'est une preuve que les Égyptiens sont descendus au mont Elgon en quête des Montagnes de la Lune (là où le Nil prenait sa source). Les tribus locales ont intégré ces masques mortuaires égyptiens ainsi que les cultes au soleil et à la lune[4].

---

[1] *Ibid.*, p. 193.
[2] *Ibid.*, p. 197.
[3] *Ibid.*, p. 305.
[4] Deirdre Bair, *Jung*, *op. cit.*, pp. 526-527.

Jung assiste avec un cérémonial au mont Elgon qui le marque. Lorsque le soleil monte à l'aube, les indigènes crachent dans leurs mains qu'ils tournent ensuite vers le soleil. Jung mettra du temps à comprendre ceci : pour eux, la salive est la substance de l'âme. Ce cérémonial signifie « J'offre mon âme vivante à Dieu », au Dieu bienveillant pendant le jour (Adhista) avant que le principe des ténèbres (Ayik) le créateur d'angoisse, ne saisisse le monde. Jung est ébranlé. Le lever du soleil symbolise la naissance de la conscience, le sens de la vie, l'apport du moi au *Soi*[1]. Chaque matin, les Elgonyis accomplissent ce rituel et actualisent inconsciemment le mythe de l'homme : devenir conscient de ce genre de choses. Ils se mettent en ordre avec le Tao, aurait dit le faiseur de pluie. Et l'homme blanc ? Et lui, Jung ?

Il descend le Nil et focalise son attention, pourrait-on dire, sur le mythe solaire dans la religion égyptienne : le dieu solaire Ra qui parcourt le ciel et se transforme en crocodile. Il prend son bateau solaire, traverse les dangers du monde souterrain pour renaître sous la forme d'un scarabée. Jung saisit que le mythe solaire égyptien est présent en Afrique, tout comme le soleil chrétien symbolisant la lumière de la conscience.

Il ne cesse de s'interroger sur ses rêves et leur fonction. Il est en terre étrangère. Qu'en disent les rêves ? Jung constate que ses rêves nient l'Afrique au sens où aucun rêve ne semble illustrer ce pays. Bien au contraire, les rêves parlent de son pays, la Suisse, et non du continent noir. A une exception près : Jung rêve d'un visage noir qui est celui de son coiffeur du Tennessee.

Rêve du fer à friser

> Une seule fois, pendant tout le voyage, j'avais rêvé d'un noir. Son visage me sembla étrangement connu, mais il fallut y réfléchir longtemps avant de découvrir que je l'avais déjà rencontré. Finalement il me revint en mémoire que c'était mon coiffeur de Chattanooga au Tennessee. Un noir américain ! Dans le rêve, il tenait près de ma tête un fer à friser brûlant et voulait rendre mes cheveux « kinky », autrement dit, il voulait me faire des cheveux de noir en me frisant. Je sentais déjà la douloureuse brûlure et me réveillai tout angoissé[2].

Le rêve est un avertissement pour Jung de garder intact sa personnalité européenne. Jung ne s'est jamais autant senti proche du *going black* que lors de ce séjour. Si intérieurement Jung avait souhaité se débarrasser de l'Europe et de ses problèmes (il s'y sentait étouffer), il ne peut rester en terre africaine. Cette intention consciente « défrise l'inconscient ». Il est temps pour lui de quitter la félicité des origines. Jung prend conscience de la véritable raison de son voyage africain. L'étude scientifique de la psychologie primitive n'est qu'un prétexte à la question gênante : Que va devenir le psychologue Jung « in the wilds of

---

[1] Barbara Hannah, *Jung, sa vie et son œuvre, op. cit.*, p. 212.

[2] Carl Gustav Jung, *Ma vie. Souvenirs, rêves et pensée, op. cit.*, p. 313.

Africa » ? Il sait aussi qu'une activité venant du dedans gronde en lui ainsi qu'une excitation intérieure. Pour se calmer, il pratique le yoga.

Et, en relisant tout ce qu'il a écrit avant son voyage en Afrique, il réalise combien son interrogation scientifique portait sur « ce qui se passe quand on éteint la conscience »[1]. Maintenant il est temps de laisser s'exprimer l'arrière-plan toujours présent.

Liens avec l'Œuvre

Jung associe le comportement de ses rêves d'Afrique à ceux des rêves de soldats qui, en campagne, rêvent beaucoup moins de guerre que de leurs maisons. D'où le principe chez les psychiatres militaires de retirer un soldat du front dès qu'il se met à rêver de guerre. Cela indique que le soldat n'a plus aucune défense psychique contre les impressions venues de l'extérieur.

Au retour d'Afrique, il sait une chose, fondamentale : l'importance vitale de devenir conscient. Comme le suggère Gerhard Wehr, l'Afrique noire a représenté l'inconscient collectif[2].

Pour donner du sens à ce qui vient de lui arriver, de retour chez lui, Jung étudie le gnosticisme, l'histoire comparée des religions, la mythologie et l'alchimie. Les gnostiques l'intéressent car ils ont déjà rencontré le monde originel de l'inconscient : les archétypes[3]. L'alchimie est le pont entre la gnose et la psychologie. Pour Jung, « le thème du Yahvé Dieu créateur et gnostique resurgissait dans le mythe freudien du père originel et dans le Surmoi ». Chez Freud, il se révèle comme un démon qui a engendré un monde de déception, illusions et douleurs[4].

De son côté, en cette année 1925, Freud écrit une brève esquisse autobiographique : « *Ma vie et la psychanalyse* » (ou « *Sigmund Freud présenté par lui-même* » selon les traductions françaises). Freud y évoque essentiellement Jung dans le chapitre V. Il est moins dans une forte subjectivité comme lors de l'écriture de « la bombe ». En trois points, il rappelle les contributions de Jung. Ce dernier a su dire combien « la névrose n'avait pas de contenu particulier qui fût sa propriété exclusive et que les névrosés échouent sur les choses mêmes que les individus normaux parviennent à maîtriser heureusement »[5]. « Très tôt (en 1896), j'ai pu constater dans un cas de démence paranoïde les mêmes facteurs étiologiques et la présence des mêmes complexes affectifs que dans les névroses. Jung a élucidé des stéréotypies énigmatiques chez des déments par référence à la biographie des malades »[6]. Enfin, en 1912, « l'insistance de Jung

[1] Deirdre Bair, *Jung, op. cit.*, p.539.
[2] Gerhard Wehr, *Carl. Gustav. JUNG sa vie, son oeuvre, son rayonnement, op. cit.*, p. 243.
[3] Richard Evans, *Entretiens avec Carl Gustav Jung, op. cit.*, pp. 43-44.
[4] Carl Gustav Jung, *Ma vie. Souvenirs, rêves et pensée, op. cit.*, p. 234.
[5] Sigmund Freud, *Sigmund Freud présenté par lui-même, op. cit.*, 1984, p. 94.
[6] *Ibid.*, p. 102.

sur les amples analogies entre les productions intellectuelles des névrosés et celles des primitifs m'incita à porter mon attention sur ce sujet. Dans les quatre essais qui furent rassemblés en un livre sous le titre de *Totem et Tabou,* j'exposai que, chez les primitifs, l'effroi devant l'inceste est encore plus marqué que chez les hommes civilisés… »[1]. Ainsi Jung a-t-il suscité les recherches de Freud pour l'écriture de *Totem et Tabou* tout comme pour la *Gravida.* Le ton de Freud est moins acerbe et virulent qu'en avril 1914.

En 1925, Jung fait plusieurs rêves annonciateurs de l'alchimie. Il fait plusieurs fois le même rêve.

Le rêve de l'aile de maison inconnue

> A côté de ma maison, il y en avait une autre, c'est-à-dire une aile de bâtiment ou une construction rajoutée qui m'était étrangère. Chaque fois, je m'étonnais en rêve de ne pas connaître cette partie de la maison qui, à ce qu'il semblait, avait toujours été là.[2]

L'aile est une partie inconnue de Jung qu'il ne connaît pas encore, qui est là mais dont il n'a pas encore conscience. Jusqu'au jour où il se rend dans l'aile inconnue, en 1926.

Le rêve de la bibliothèque

> J'y découvrais une bibliothèque merveilleuse provenant pour sa plus grande part du 16e et du 17e siècle. Il y avait aux murs de gros in-folio reliés en peau de porc. Certains d'entre eux étaient ornés de gravures sur cuivre de nature étrange et d'images représentant des symboles singuliers, comme je n'en avais jamais vus. Je ne savais alors à quoi se rapportaient ces symboles, et ce n'est que beaucoup plus tard que je reconnus qu'il s'agissait de symboles alchimiques.[3]

Dans ce rêve, Jung contemple découvre plus tard qu'il s'agit de symboles alchimiques. Quinze ans plus tard, il possédera une bibliothèque similaire à celle du rêve. Un rêve décisif suit les deux précédents, préparant le terrain de la découverte.

Le rêve de l'enfermement au XVIIe siècle dans la maison seigneuriale

> Je suis dans le Tyrol du Sud. C'est la guerre au. Je me trouve sur le front italien et je suis en train de quitter la zone du front avec un petit homme, un paysan, dans la carriole duquel nous sommes. Tout autour de nous explosent des obus et je sais qu'il nous faut nous éloigner aussi rapidement que possible car nous nous trouvons en grand danger.

---

[1] *Ibid.*, p. 112.

[2] Carl Gustav Jung, *Ma vie. Souvenirs, rêves et pensée, op. cit.*, p. 235.

[3] *Ibid.*, p. 235.

Nous devons franchir un pont, puis traverser un tunnel dont les obus ont partiellement détruit la voute. Arrivés à la fin du tunnel, nous apercevons devant nous un paysage ensoleillé et je reconnais la région de Vérone. Plus bas, au-dessous de nous, la ville, et tout est illuminé de soleil. Je suis soulagé et nous nous dirigeons vers la plaine lombarde verdoyante et fleurie. La route serpente à travers de beaux paysages printaniers et nous admirons les rizières, les oliviers et les vignes. Soudain, j'aperçois en travers de la route un gros bâtiment, une maison seigneuriale de vastes proportions, tel le château d'un prince de l'Italie du Nord. C'est une demeure seigneuriale caractéristique avec beaucoup de dépendances et de bâtiments annexes. Comme au Louvre, la route fait passer devant le château à travers une grande cour. Le petit cocher et moi franchissons un portail et nous pouvons alors, d'où nous sommes, apercevoir à nouveau la campagne ensoleillée à travers un second portail éloigné. Je regarde autour de moi : à droite la façade de la demeure seigneuriale ; à gauche, les communs et les écuries, les grandes et autres constructions annexes qui s'étendent fort loin.

Alors que nous sommes au milieu de la cour, juste devant l'entrée principale, se produit quelque chose d'inattendu : avec un bruit sourd, les deux portails se ferment. Le paysan saute du siège de sa voiture et s'écrie : « nous voilà maintenant prisonniers du 17e siècle ! ». Résigné, je pense : « Oui… C'est bien ça ! Mais que faire ? Nous voilà prisonniers pour des années ! ». Puis il me vient une pensée consolante : un jour, dans des années, je pourrai ressortir.[1]

Ce rêve n'est pas le premier à indiquer à Jung « son enracinement dans des époques passées. Il le considéra comme une émission évidente, à laquelle il devait se consacrer afin de sortir, après de longues années, de ce 17e siècle, mûri et transformé »[2]. Historiquement, le 17e siècle marque la tendance à dissocier la matière et l'esprit ; « ce qui déboucha sur les sciences naturelles et sur une « psychologie sans âme ». Gerhard Wehr considère que la tâche de Jung était de « reprendre les fils du développement spirituel et de l'appréhension de la réalité là où ils avaient été rompus »[3]. Ce rêve donc est un présage de la rencontre de Jung avec l'alchimie. A la suite de ce rêve, Jung lit d'épais livres sur l'histoire du monde, des religions, de philosophie. Ce n'est que plus tard qu'il comprend que cette série de rêves se rapporte à l'alchimie qui a atteint son point culminant au 17e siècle ! A partir de là, Jung se constitue l'une des plus grandes bibliothèques d'alchimie qui soit. Il lit ces livres et se constitue un lexique de formules et de citations. De cette façon, le sens des expressions alchimiques se fait jour. Et Jung saisit, l'esprit clair et lumineux, que l'alchimie préfigure la relation

---

[1] *Ibid.*, pp. 236-237.

[2] Gerhard Wehr, *Carl. Gustav. JUNG sa vie, son oeuvre, son rayonnement, op. cit.*, p. 249.

[3] *Ibid.*, p. 253.

analytique. De plus, il réalise que l'analyse est surtout un moyen de promouvoir l'individuation, comme l'écrit Stevens[1].

Aniela Jaffé commente ainsi ce rêve dans une note de bas de page dans *Ma vie*. Les obus du rêve doivent être compris comme des projectiles provenant de l'autre côté, de l'ennemi. Ils représentent « des effets qui émanent de l'inconscient du côté de l'ombre. » A ses yeux, ce rêve indique que la guerre extérieure celle de 1914-1918) n'est pas encore terminée au sens où elle perdure encore dans la psyché.[2]

Liens avec l'Œuvre

En 1925, Jung fait plusieurs rêves annonciateurs de l'alchimie. Ses rêves d'alchimie se répètent : le message de l'inconscient devient insistant. D'abord, l'aile inconnue, puis celui de la bibliothèque aux symboles alchimiques qu'il possèdera quinze ans plus tard, préparent au rêve de l'enfermement au XVIIe siècle.

Dans *Essai d'exploration de l'inconscient*, Jung en dit un peu plus sur ce rêve de la bibliothèque. Il le précise plus que dans *Ma vie*.

Rêve de la bibliothèque

> Jung découvre une partie de sa maison inconnue de lui. Ou alors il s'agit des appartements de ses parents morts dans lequel son père a un laboratoire d'anatomie comparée et sa mère un hôtel pour visiteurs fantômes. Cette aile inconnue est un ancien édifice historique avec des meubles anciens. Jung y trouve une vieille bibliothèque dont les livres lui sont inconnus. Dans le dernier rêve, il ouvre l'un des livres et y trouve une profusion de merveilleuses images symboliques[3].

Il ajoute qu'en recevant sa commande de recueils alchimistes du Moyen Age, un parchemin du XVIe siècle contenant de fascinantes images symboliques rappellent à Jung aussitôt son rêve dont il comprend tout de suite le sens.

La maison est le symbole de la personnalité et son champ conscient d'intérêts. L'aile inconnue représente une anticipation d'un nouveau champ d'intérêts qui échappait encore à sa conscience : l'alchimie. Depuis, c'était il y a trente ans, Jung n'a plus jamais fait ce rêve[4].

Jung livre enfin ses propres associations. Le décor du rêve renvoie aux vieux meubles de sa maison et à l'univers médiéval placé sous la providence divine qui est en train de devenir « archaïque et périmé ». La foi chrétienne de Jung a perdu « son caractère absolu par la découverte des religions orientales et de la philosophie grecque »[5].

---

[1] Anthony Stevens, *Jung L'œuvre - vie, op. cit.*, p. 189.

[2] Carl Gustav Jung, *Ma vie. Souvenirs, rêves et pensée, op. cit.*, note de bas de page 1, p. 236.

[3] Carl Gustav Jung, *Essai d'exploration de l'inconscient*, Paris, Denoël. 1984, p. 67.

[4] *Ibid.*, p. 67.

[5] *Ibid.*, pp. 71-72.

Ce rêve n'est pas le premier à indiquer à Jung « son enracinement dans des époques passées. Il le considéra comme une émission évidente, à laquelle il devait se consacrer afin de sortir, après de longues années, de ce XVIIe siècle, mûri et transformé »[1]. Il est donc bien un présage de la rencontre de Jung avec l'alchimie.

Dans ses rêves, Jung a rêvé une seule fois du Ve et du XVIIIe siècle, deux fois du XIIIe et du XVIe siècle et trois fois des XVIe et XVIIe siècles.

Dans ce dernier rêve, le passage s'effectue du XVI au XVIIe siècle. A la suite de ce rêve, Jung lit d'épais livres sur l'histoire du monde, des religions, de la philosophie. Ce n'est que plus tard qu'il comprend que cette série de rêves se rapporte à l'alchimie qui a atteint son point culminant au XVIIe siècle ! Là encore, Jung met un certain temps avant de comprendre un rêve.

Suite à cette série de rêves, Jung se constitue l'une des plus grandes bibliothèques d'alchimie qui soit. Et le temps d'ingérer toutes ces connaissances, il réalise que l'alchimie préfigure la psychologie des profondeurs (*Psychologie et alchimie,* 1943), la relation analytique (*Psychologie du transfert,* 1946), et décrit le processus de l'individuation (*Mysterium conjunctionis,* 1955-1956).

Entre 1926 et 1927, Jung se rend en Amérique pour y donner conférences et séminaires. En 1927, un rêve confirme ses idées sur le *Soi* et sur le mandala. Jung le ressent comme une action de grâce (tout comme la pensée blasphématoire de ses onze ans).

Le rêve du mandala

> Je me trouvais dans une ville sale, noire de suie. Il pleuvait et il faisait sombre ; c'était une nuit d'hiver. C'était Liverpool. Avec un certain nombre de Suisses, disons une demi-douzaine, nous allions dans les rues sombres. J'avais le sentiment que nous venions de la mer, du port, et que la vraie ville se situait en haut des falaises. C'est là que nous nous dirigeâmes. [...] En arrivant sur le plateau, nous trouvâmes une vaste place faiblement éclairée par des réverbères, sur laquelle débouchaient beaucoup de rues. [...] Alors que tout se trouvait plongé dans la pluie, le brouillard, la fumée, et que régnait une nuit faiblement éclairé, l'îlot resplendissait dans la lumière du soleil. Un seul arbre y poussait, un magnolia, inondé de fleurs rougeâtres. C'était comme si l'arbre se fût tenu dans la lumière du soleil et comme s'il eût été en même temps lumière lui-même. Mes compagnons [...] ne voyaient pas l'arbre. Ils parlaient d'un autre Suisse qui habitait Liverpool et ils s'étonnaient qu'il s'y fût justement établi. J'étais transporté par la beauté de l'arbre en fleur et de l'île baignant dans le soleil et je pensais : « Moi, je sais pourquoi » et je m'éveillai.

---

[1] Gerhard Wehr, *Carl. Gustav. JUNG sa vie, son oeuvre, son rayonnement, op. cit.*, 1994, p. 249.

[Jung rajoute une remarque] Chacun des quartiers de la ville était à son tour construit en étoile autour d'un centre. Celui-ci formait une placette dégagée, éclairée par un seul grand réverbère, et l'ensemble constituait ainsi une réplique en plus petit de l'île. Je savais que « l'autre Suisse » habitait dans le voisinage d'un de ces centres secondaires.

Ce rêve illustre la situation d'alors de Jung. Tout est déplaisant, noir et impénétrable au regard[1]. Mais il a la vision surnaturelle qui lui donne le courage de vivre. *Liverpool* signifie l'étang de la vie. *Liver* signifie aussi le foie, le siège de la vie (selon la tradition chinoise, entre autres). Jung saisit avec ce rêve le but de la vie : trouver le centre par lequel il faut passer. « Par ce rêve, je compris que le *Soi* est un principe, un archétype de l'orientation et du sens : c'est en cela que réside sa fonction salutaire »[2]. Il en peint un mandala qu'il intitule : *La fenêtre sur l'éternité*. Avec ce rêve que Jung ressent comme un acte de grâce, il arrête de dessiner chaque jour des mandalas. Il a fait « la découverte ultime ». Il comprend que le but du développement psychique est le *Soi*. Ce développement n'est pas direct mais circumambulatoire. C'est la première image vivante que Jung reçoit de la nature du Soi. Le point fondamental de ce rêve est que Jung apprend que notre place n'est pas au centre du mandala mais de côté. En effet, dans le rêve, « l'autre Suisse » est placé à côté de la place centrale.

Jung en effet sait, après ce rêve, que tous ceux qui viennent le consulter cherchent à s'éveiller à une conscience plus grande. Est-ce le mythe de l'humanité ? La plupart des analysés par Jung ne soupçonnent pas l'île centrale. Jung expliqua un jour à Barbara Hannah qu'il existait des gens qui ne savent pas encore que les montagnes existent et qui peuvent passer toute leur vie à apprendre ce qui nous paraît être une évidence[3]. Mais chacun sait que ce qui est évident pour l'un ne l'est pas forcément pour autrui.

Liens avec l'Œuvre

Ce rêve confirme les idées de Jung sur le *Soi*. « C'est ainsi que Jung commença à établir une distinction entre son propre mythe personnel et le mythe de l'homme moderne tel qu'il l'avait perçu dans les plaines Athi de l'Afrique orientale… Il incombe à chacun de mener la création à sa complétude, de rendre conscient tout ce qu'il nous est possible »[4].

En 1950, Jung publie *A propos de la symbolique des mandalas* où il rappelle ce rêve de Liverpool pour signaler que le mandala réunit « les motifs classiques : fleur, étoile, cercle, place fermée (temenos) et plan du quartier d'une ville avec une citadelle »[5]. Et il conclut son étude en rappelant l'effet du mandala sur la

---

1 Carl Gustav Jung, *Ma vie. Souvenirs, rêves et pensée, op. cit.*, pp. 230-231.
2 *Ibid.*, p. 231.
3 Barbara Hannah, *Jung, sa vie et son œuvre, op. cit.*, p. 227.
4 *Ibid.*, p. 225.
5 Carl Gustav Jung, *Psychologie et orientalisme*, Paris, Albin Michel, 1985, p. 77.

psyché : rétablir l'ordre intérieur après des états chaotiques, désordonnés, conflictuels et assortis d'angoisse[1].

Ce rêve clôt la série alchimiste. Le but est montré à Jung : réaliser le *Soi* dont le mandala est l'une des figurations ainsi que l'arbre dont la beauté émerveille Jung. Ceci lui sera montré de nouveau lors de son dernier rêve avec le carré d'arbres aux racines scintillant d'or, en 1961.

Barbara Hannah rapporte qu'à partir de ce rêve « les choses de la vie quotidienne, ses patients et la situation mondiale purent se montrer sous leur plus mauvais jour, Jung ne fut plus jamais soumis au désespoir »[2]. Un rêve peut donc amener une transformation intérieure radicale.

Cette année-là, Jung rend Bollingen plus habitable. Il rajoute à sa maison une annexe en forme de tour qui lui sert à travailler sans être dérangé. Et il réalise son rêve de la bibliothèque. A la Tour première, Jung ajoute la construction centrale avec une annexe en forme de tour (1927) car la demeure maternelle des débuts est insatisfaisante.

Dans une lettre datée du 8 août 1946 à Jolande Jacobi, Jung évoque un rêve effectué en cette année 1927[3].

Rêver de sa propre mort

Il m'était apparu que je mourrais à l'âge de soixante-treize ans, c'est-à-dire en 1948.

1928-1929 : *Le secret de la fleur d'or* ou l'expérience de la synchronicité, l'imagination active, *Dialectique du Moi et de l'inconscient*

L'année suivante, en 1928, Jung dessine un mandala avec en son centre un château en or. Il se demande pourquoi ce dessin a quelque chose de chinois. Une étrange coïncidence (ce que Jung nommera plus tard *synchronicité*), alors, se déroule. Richard Wilhelm lui envoie un traité alchimique taoïste chinois *Le secret de la fleur d'or* et il demande à Jung d'en faire un commentaire. Ce texte traite (entre autres points) du château jaune, le germe du corps immortel ! Il confirme les idées de Jung sur la déambulation autour du centre. Il confirme l'expérience intérieure de Jung du Soi et le mandala comme expression du *Soi*.

Jung s'était déjà intéressé à la philosophie chinoise avec le Yi-King (traduit par Richard Wilhelm). A cette période de rencontre avec le secret de la fleur d'or correspond le rêve du mandala. Jung se sent moins isolé au sens où il trouve une correspondance entre un texte et son expérience intérieure. La rencontre avec le texte initiatique taoïste fait l'effet d'une révélation : de là,

---

[1] *Ibid.*, p. 99.

[2] Barbara Hannah, *Jung, sa vie et son œuvre, op. cit.*, p. 226.

[3] Deirdre Bair, *Jung, op. cit.*, note de bas de page n° 17, p. 1215.

l'intérêt de Jung pour l'alchimie s'accroît. Avant lui déjà, le psychanalyste Herbert Silberer avait attiré l'attention sur l'hermétisme des Rose-Croix et l'alchimie dans son livre *Problèmes de la mystique et de sa symbolique* (paru à Vienne en 1914).

Jung se procure deux cents ouvrages alchimistes (écrits en latin pour la plupart) et se met au travail, secrètement, déchiffrant les expressions alchimistes parce qu'éprouvées intérieurement. Il apprend ce qui lui manquait avec la gnose : la clé de l'expérience psychique intérieure. L'alchimie est « un tableau grandiose de projections de processus de pensées inconscientes »[1]. Dans son introduction au *Secret du mystère de la Fleur d'Or* de R. Wilhelm (1929), Jung décrit de façon détaillée la technique de l'imagination active. Cette méthode offre un lien de parenté avec les formes orientales de méditation (et, aujourd'hui, avec celles dites de « visualisation »). Pourtant, elle s'en distingue en plusieurs points. Elle est sans programme et purement individuelle. Elle est un moyen pour examiner les rêves alors que dans le zen et dans le yoga, l'interprétation des rêves n'existe pas : seul importe l'état de conscience développé à l'intérieur même du rêve et du sommeil. Sauf chez Sri Aurobindo qui qualifiait le rêve d'excellent moyen de connaissance de soi et de dernière étape avant l'illumination [de l'esprit, s'entend] et chez certains maîtres zen chinois des XVIe et XVIIe siècles qui utilisaient leurs songes dans la recherche de l'illumination. Ceci est rappelé pour démarquer l'imagination active du Zen ou du yoga auquel on pourrait la rapprocher concernant l'aspect technique initial qui est d'être « sans programme ».

Pour Jung, il est clair que ce à quoi on accède d'abord est une couche d'éléments personnels refoulés et non la lumière intérieure. De même, à la différence des chamans, Jung n'utilise pas la transe pour rentrer dans le monde de l'esprit. Il s'agit de demeurer pleinement conscient tout au long de l'imagination active. La confrontation vigile avec l'inconscient est l'essence même de cette « méthode ».

La relation avec les exercices spirituels d'Ignace de Loyola s'avère ici aussi inadéquate. En effet, les exercices spirituels sont on ne peut plus « programmés ». Chaque exercice se pratique dans un but précis, avec contemplation d'une succession précise de symboles ; ce qui étouffe la possibilité créatrice de la fonction symbolique individuelle. On ne peut non plus la comparer avec le rêve éveillé de Robert Desoille : le rôle du thérapeute est beaucoup trop directif (à notre sens).

L'autre caractéristique de la méthode que Jung a élaborée pour se confronter à son monde intérieur et qu'il a expérimentée dès 1913-1914 (après le rêve de Siegfried) est l'attitude critique, éthique (ou confrontation morale) de l'analysé, seul, face à ce qui émane de l'inconscient : émotions, affects, phantasmes,

---

[1] Gerhard Wehr, *C. G. Jung, op. cit.*, p. 120.

pensées obsédantes, images oniriques à l'état de veille, images qui émanent de l'intériorité[1].

Se pratiquant seul, l'imagination active est le meilleur moyen pour devenir indépendant du médecin, du thérapeute. L'analysé met la main à la pâte, seul, face à son œuvre intérieure. Il ne reçoit aucune réaction au sujet de ses matériaux si ce n'est… de lui-même ! Il a l'entière responsabilité et la liberté intérieures de ce qui lui arrive.

Dernier point : « Jung considérait comme illégitimité de sonder le mystère sacré de la vie intérieure par vaine curiosité »[2].

Anthony Stevens précise d'autres aspects de cette méthode de l'imagination active. « Il faut se placer dans un état de rêverie intermédiaire entre le sommeil et la veille, commencer à s'assoupir, s'arrêter avant que la conscience ne sombre et se maintenir dans cet état intermédiaire ». On peut s'aider en pratiquant un rituel d'entrée. Jung par exemple s'imaginait descendre dans une grotte. Avec l'entraînement, la durée de « la plongée » se prolonge : la séance « peut durer de vingt minutes à une heure suivant l'énergie du rêveur ».

Au départ, on est en position de spectateur. Puis on s'implique dans l'action. Jung aimait dire : « Le déroulement du fantasme est un fait réel et le rêve a autant de réalité que vous-même en tant qu'entité psychique ». Ainsi les personnifications doivent être considérées elles aussi comme des expériences réelles, même si elles ont leur personnalité propre. Elles sont à prendre au sérieux[3]. Car elles se manifestent sous forme de daimons autonomes dès lors qu'on s'intéresse à ses rêves et à la pratique l'imagination active. Cette confrontation consciente avec les images de l'âme est l'affaire de la seconde moitié de vie, à partir du moment où l'homme est mûr[4].

Revenons maintenant à cette expérience de *synchronicité* avec le *Secret du mystère de la Fleur d'Or*. Elle déclenche chez Jung le désir de mieux connaître l'alchimie. Car Jung se rend compte que ce texte chinois ne se limite pas à du yoga taoïste : il est aussi un traité d'alchimie. Ce texte confirme Jung dans son mythe de devenir conscient. Les Chinois distinguaient déjà il y a mille ans la différence énorme qui existe entre savoir et ne pas savoir. « L'indolence dont on n'est pas conscient et l'indolence dont on est conscient sont distantes de milliers de milles ».

Jung va garder cette découverte secrètement pendant dix ans et la divulguer qu'après confirmation de l'existence de ce texte chinois. Il évoquera publiquement (dans l'un de ses séminaires qui se déroulait toujours le mercredi matin au Club psychologique) les mandalas suite à un rêve d'un de ses élèves. Celui-ci rêve d'un rouleau compresseur dans une forêt qui trace un carré. A l'intérieur, un chemin en forme de spirale mène au centre de tout. Pour

---

[1] Marie-Louise von Franz, *C.G.Jung Son mythe en notre temps*, *op. cit.*, pp. 130 à 139.
[2] *Ibid.*, p. 139.
[3] Anthony Stevens, *Jung L'œuvre - vie*, *op. cit.*, pp. 198-199.
[4] *Ibid.*, pp. 202-203.

l'anecdote, Barbara Hannah, qui assistait à ce séminaire, venait tout juste de rêver d'une forêt (l'un des symboles de l'inconscient) avec quatre prêtres juste avant de rencontrer Jung pour la première fois. Ceci lui confirma de façon empirique l'existence universelle de ce symbole du *Soi* (le mandala et la quaternité que Jung découvrira plus tard !).

Jung correspond avec le comte Hermann Keyserling (depuis 1923) à propos duquel il se demande si ce dernier peut supporter le choc du visage de l'*ombre*, en rêve[1]. En mai 1927, Jung écrit au comte combien les beaux rêves sont ceux qui échappent aux tours de prestidigitations intellectuels. « Les rêves sont toujours beaux quand le développement de la personnalité doit se produire via l'inconscient ». Dans un rêve, le comte se voit exécuté. Jung lui rétorque : « Vous devez vous exécuter consciemment, c'est-à-dire choisir une attitude et la vouloir ». Jung précise, et c'est génial de pertinence, que l'évolution du comte passe d'abord par la volonté consciente et non par l'inconscient (puisque le comte se fait exécuter). En effet, le comte n'a pas suffisamment la mesure de l'expérience extérieure de la vie et du monde[2] ! Un mois plus tard, le comte rêve qu'il est pendu, de façon répétée, si haut qu'il a l'impression d'être accroché à la voûte céleste. Et chaque fois, après la chute, il se balance au bout de la corde dans le vide cosmique.

En 1928, Jung publie *L'énergétique de l'âme* où il définit sa conception de la libido. La même année paraît aussi « *Dialectique du Moi et de l'inconscient* ». Ce livre répond à la question : Que faire avec l'inconscient ? Jung y développe son hypothèse d'un inconscient collectif, réservoir des archétypes, organisateurs inconscients de la personnalité (au même titre que le programme génétique, contenu dans l'ADN, constitue l'organisateur de nos cellules). Il s'intéresse à définir l'inconscient lui-même, ses contenus. Il y décrit les principaux archétypes, la *persona* (ou masque social), *l'ombre* (ou partie obscure de nous, correspondant en partie au contenu du refoulement dans l'inconscient personnel), *l'anima* (partie féminine chez l'homme) et *l'animus* (part masculine chez la femme), et le *Soi*. Le point essentiel de ce livre est que l'inconscient est un processus. Il se transforme, il suscite des métamorphoses. Il est le processus d'individuation.

Jung a cinquante-trois ans. Il charge un libraire munichois de lui envoyer des livres d'alchimie qui lui passeraient entre les doigts. Il reçoit les *Artis Auriferae Volumina Duo* (1593). Il s'arrache les cheveux dessus, feuillette les gravures, n'y comprend rien jusqu'au jour où il prend conscience que ces textes latins décrivent des symboles. Une nuit, absorbé par les textes, son rêve de l'enfermement au XVIIe siècle dans la maison seigneuriale lui revient. Jung comprend : il va devoir « s'envoyer toute l'alchimie depuis le début »[3]. Cela lui

[1] Carl Gustav Jung, *Correspondance 1906 - 1940, op. cit.*, p. 75.

[2] *Ibid.*, p. 81.

[3] Carl Gustav Jung, *Ma vie. Souvenirs, rêves et pensée, op. cit.*, p. 238.

prendra dix ans. Il vient de trouver « le pendant historique de la psychologie de l'inconscient». Et l'alchimie lui permet de mettre en place toute sa théorie. Il lui devient évident qu'une psychologie ne peut se bâtir sans base historique. D'un point de vue clinique, si l'anamnèse doit être menée plus loin que le seul savoir de la conscience, les rêves vont permettre d'accéder à des réminiscences plus que personnelles.

Le 22 février 1928, Jung donne une conférence de presse à Vienne grâce à l'invitation de Jolande Jacobi. Il considère que l'analyse des rêves permet de découvrir le talent d'un homme et de parvenir à une guérison des plus complètes, d'autant si le patient écrit des poèmes, peint ou compose des chansons[1]. Il précise que le rêve est une compensation, une tendance à compléter l'état de veille. Et que « les tendances refoulées, dont on devient conscient, ne doivent pas être détruites, mais au contraire développées plus avant ». Et ce grâce à l'artiste qui sommeille en chacun de nous[2]. Il ajoute : « La voie de Freud et la mienne divergent aussi très largement sur l'interprétation des rêves. Là où il cherche toujours des causes sexuelles, je fais remonter l'origine des rêves jusqu'aux influences mythologiques des temps anciens »[3].

Jung se laisse convaincre d'acheter une voiture pour avoir plus d'autonomie, comparativement au vélo. Dans cette seconde moitié de vie, il publie les livres, articles qui constitueront les dix-huit volumes des *Œuvres complètes* (édition allemande) publiées en 1958.

1930-1935 : les années noires, analyse des rêves d'enfants, l'alchimie, Zarathoustra

En 1930, La réputation de Jung s'étend. Le conseil municipal de Zurich lui décerne le prix de littérature : huit mille francs suisses[4].

Richard Wilhelm meurt. Jung et cet ami se sont croisés, telles deux comètes. C'est ce qu'énonce Jung le 10 mai 1930 à Munich lors de la cérémonie donnée à la mémoire du sinologue. Jung remercie ce dernier de lui avoir fait découvrir le *Mystère de la Fleur d'Or*, la sagesse du *Yi King* et la synchronicité.

Jung a l'impression d'un manque par rapport à la Tour[5]. Aussi rajoute-t-il une deuxième tour en 1931. Comme dans les maisons indiennes, il existe une pièce pour pratiquer la méditation et les exercices de yoga. Jung se réserve cette pièce comme espace fermé, où personne d'autre que lui ne peut rentrer. Il s'y retire pour y méditer et pratiquer quelques exercices de yoga. Il se crée ainsi « un recoin de la réflexion et de l'imagination - souvent d'imaginations très désagréables et de pensées ardues, un lieu de concentration spirituelle »[6].

---

[1] W. Mc Guire et R. F. C., Hull *C. G. Jung parle*, *op. cit.*, p. 41.
[2] *Ibid.*, p. 42.
[3] *Ibid.*, p. 44.
[4] Henri Frédéric Ellenberger, *Histoire de la découverte de l'inconscient*, *op. cit.*, p. 693.
[5] Carl Gustav Jung, *Ma vie. Souvenirs, rêves et pensée,* Editions Gallimard, 1973, p. 261.
[6] *Ibid.*, p. 261.

Il peint les huit murs de cette chambre. « Ces peintures expriment toutes les choses qui me conduisent de l'agitation du monde dans la solitude, du présent dans l'intemporel »[1]. Un toit plat est construit à l'extérieur du bureau de Jung.

Cette année là, Jung rencontre Wolfgang Pauli pour la première fois[2]. Une importante correspondance va se dérouler entre les deux hommes qui durera trente-cinq ans, c'est dire ! D'un côté, « l'un des pères fondateurs de la mécanique quantique, prix Nobel de physique, inventeur du principe d'exclusion et cette étrange particule que représente le neutrino, fervent de l'alchimie comme doctrine psychique et spirituelle »[3]. De l'autre côté, Jung qui se débat avec l'archétype du Nombre qui le fascine : ces deux « princes de l'esprit » vont échanger, se confronter, s'accorder pour écrire l'une des plus géniales correspondances qui soient.

Une série de cauchemars perturbent sa vie, tant et si bien qu'il vient consulter Jung qui refuse de le prendre en thérapie. Même s'il a pu repérer combien les rêves de Pauli regorge de matériaux archétypiques, Jung l'oriente sur une doctoresse débutante : Erna Rosenbaum. Celle-ci reçoit Pauli en analyse. Avec elle, il analyse quatre cent rêves sur une série de mille trois cent. Jung sélectionnera quarante-cinq parmi les quatre cent pour illustrer les symboles du processus d'individuation. Il rencontrera de nouveau Pauli en 1932 tous les lundis midi pour discuter des rêves. Et une « extraordinaire conjonction » entre un physicien et un psychologue va se mettre en place et perdurer pendant vingt-six ans[4] !

La prise de pouvoir des nationaux-socialistes du 30 janvier 1933, l'incendie du Reichstag du 27 février, les pleins pouvoirs accordés à Adolf Hitler le 24 mars et les premiers camps de concentration pour l'internement des « compatriotes indésirables » placent l'Allemagne sous le régime de la dictature. Avec l'assentiment d'une base populaire toujours plus large et de la direction des Églises. La psychanalyse est considérée comme « science juive » même si Freud a pu penser au départ que « Peut-être que ce ne sera pas trop grave »[5].

Le 10 avril, devant l'opéra de Berlin et dans bien d'autres villes allemandes, des bûchers sont élevés contre, entre autres, « la surestimation de la sexualité destructrice de l'âme et pour la noblesse de l'âme humaine ». Freud, brûle « dans la meilleure des compagnies »[6].

Jung est à peine sorti de sa « traversée nocturne ». Il est plongé dans « un travail de pionnier dans un monde d'où a disparu tout ce qui est originel »[7].

---

1 Barbara Hannah, *Jung, sa vie et son œuvre, op. cit.*, p. 245.

2 Wolfgang Pauli, et Carl Gustav Jung, *Correspondance 1932 - 1958*, Paris, Albin Michel, Sciences d'aujourd'hui, 2000, p. 182.

3 Michel Cazenave, *Jung L'expérience intérieure, op. cit.*, p. 206.

4 Deirdre Bair, *Jung, op. cit.*, p. 553.

5 Gerhard Wehr, *C. G. Jung, op. cit.*, p. 143.

6 *Ibid.*, p. 144.

7 *Ibid.*, p. 142.

En février, dans un colloque à Cologne et à Essen, le diagnostic du psychothérapeute suisse est sans appel par rapport à la violence de « la brute blonde », du « barbare germanique » : « L'homme collectivisé menace d'étouffer l'individu, individu sur la responsabilité duquel repose en définitive toute œuvre humaine. La masse est par elle-même toujours anonyme et irresponsable. Les soi-disant chefs sont les symptômes inévitables d'un mouvement de masse… »[1].

En mars, Jung, assumant déjà la fonction de suppléant, accepte la présidence de la *Société médicale générale de psychothérapie*, après la démission de Kretschmer. Jung détient alors un pouvoir considérable. Il est membre de cette société depuis sa création en 1926. Cette société innove au sens où elle soutient que les malades mentaux peuvent bénéficier d'une psychothérapie. Aussi s'oppose-elle au courant organiciste de l'époque. Jung, ne faisant pas de différence de nature entre le psychisme « sain » et celui qui est « malade », ne peut que s'engager dans ce type de mouvement. D'autant que cette société défend la pluralité des démarches psychothérapeutiques. Ce qui n'est pas pour déplaire à Jung car il rencontre de nombreux dissidents de Freud. Il n'accepte cette présidence que sous l'insistance de certains de ses collègues. Ces derniers pensent que la qualité de citoyen suisse permettra à Jung plus de liberté pour neutraliser le système des lois de Nuremberg.

Dès lors Jung envisage d'une part de préparer la formation d'une société internationale de psychothérapeutes. A savoir, une organisation sous l'égide de laquelle les sociétés nationales pourront se constituer. Ainsi, chaque nation aura sa société de psychothérapeutes. De cette façon, et dans ce contexte des années 1933, seules les sociétés allemandes seront « mises au pas », « alignées ». D'autre part, cette société internationale peut accueillir les personnes qui ne trouveraient pas place dans un groupe national.

Ainsi l'accès à une organisation représentant les droits et les intérêts des psychothérapeutes est préparé, en particulier pour les psychothérapeutes juifs. Une autre précaution est envisagée : aucune nation ne peut représenter plus de 40% des voix présentes dans la société internationale. De sorte qu'aucune nation ne peut être majoritaire : le danger que des groupes allemands « alignés » prennent le pouvoir est ainsi écarté. Par la suite, Jung refusera lui-même, fermement, la publication de textes véhiculant peu ou prou l'antisémitisme officiel du régime[2] tout en faisant publier des travaux de ses collègues juifs.

Juillet 1933, Jung accepte de tenir un séminaire au Club psychologique de Berlin auquel participe Heinrich Zimmer, un spécialiste de l'Inde : ce dernier viendra ensuite chaque année à Eranos (Ascona). Jung est surpris des petites mains de cet hindouiste.

---

[1] *Ibid.*, p. 145.

[2] Cahiers jungiens de psychanalyse, *Jung et l'histoire, les années 30*, Numéro 82. Printemps 1995, p. 112.

Jung se laisse convaincre par un médecin allemand de rencontrer un haut représentant du nouveau gouvernement allemand. Il accepte de mauvaise grâce pour se rendre compte qu'on le berne. On avait expliqué à ce représentant que Jung voulait le rencontrer. Jung est furieux (ses colères étaient légendaires autant que son rire tonitruant). Ses appréhensions augmentent quant à l'avenir de l'Allemagne et « il ne parla plus jamais à d'autres dirigeants nazis »[1]. Par la suite, il publiera son article sur *Wotan* (en 1936) pour rendre conscient de la situation à un public large : Jung est convaincu que le vernis chrétien va craquer, que *Wotan* le vagabond va engendrer une situation inacceptable en Allemagne. Pour cette raison et fréquentant Jung depuis 1929, Barbara Hannah qui a été très proche (au même titre que Marie-Louise von Franz), trouve « complètement absurde et dénué de fondement »[2] l'étiquette de nazi appliquée à Jung. En effet, la psychologie junguienne insiste tout particulièrement sur l'individu et refuse tous les « ismes ». « La psychologie junguienne est incompatible avec quelque mouvement politique que ce soit »[3]. Pour exemple, lors du séminaire à Berlin de juillet 1933, Jung ne fait aucune allusion à la situation politique. Ce qui ne l'empêche pas d'aborder déjà (avant que le texte ne soit publié en 1936), *Wotan* auprès du public allemand ainsi que les dangers d'être inconscient et d'être pris dans « *la participation mystique* » et l'émotion de masse[4].

En cette fin d'année, Jung sait qu'il « faudra danser sur des œufs » (lettre du 23 novembre)[5]. Il « a conscience des tensions énormes dues à la situation de l'Allemagne ». Jung est en effet le rédacteur en chef de l'édition internationale du *Bulletin* (du Zentralblatt qui vient d'être réorganisé). Il est alors en plein conflit moral car il est partagé entre ses positions et convictions personnelles et la nécessité de répondre à la détresse de ses collègues psychothérapeutes tout en cherchant à préserver la réflexion et la recherche en la matière[6]. Un supplément allemand aligné est publié sous la pleine responsabilité du Professeur Goering.

Décembre 1933, le premier numéro de la nouvelle formule paraît. Sous l'éditorial de Jung paraît un article du Pr. Mathias Goering, cousin du maréchal et responsable de l'édition allemande, qui recommande la lecture de *Mein Kampf* comme livre de base de la psychothérapie ! Goering incite à ce que les psychothérapeutes allemands se soumettent aux principes du national-socialisme. Ce document a été glissé dans l'édition internationale par le docteur

---

1 Barbara Hannah, *Jung, sa vie et son œuvre, op. cit.*, p. 258.

2 *Ibid.*, p. 260.

3 *Ibid.*, p. 262.

4 Comme l'écrit Charles Baudouin, la participation mystique est une projection par laquelle le sujet attribue à des êtres extérieurs à lui des contenus qui lui sont propres, in Charles Baudouin, *L'œuvre de Jung, op. cit.*, 1993, p. 64.

5 Cahiers jungiens de psychanalyse, *Jung et l'histoire, les années 30*, n° 82. Printemps 1995, p. 97.

6 Sigmund Freud et Carl Gustav Jung, *Correspondance 1906 - 1914*, *op. cit.*, p. 102.

Cimbal sous la pression nazie[1]. Le 2 mars 1934, Jung rappellera à l'ordre Cimbal par rapport à la publication du manifeste de Goering.

Dans son premier éditorial du troisième fascicule du *Bulletin*, Jung expose la ligne éditoriale de la revue. Il veut rendre justice aux faits fondamentaux de l'âme humaine en déterminant les différences et les particularités de « la psychologie germanique et la psychologie juive ». Il ne s'agit pas pour lui de « déprécier la psychologie chinoise lorsqu'on parle de la psychologie propre aux habitants d'Extrême-Orient », par exemple, au détriment d'une autre psychologie mais de déterminer les caractéristiques de chaque psychologie pour chercher à élaborer des « théories sans perdre de vue la totalité de l'âme et par là étendre son point de vue au-delà des phénomènes purement pathologiques et strictement personnels »[2]. Cette déclaration va nourrir le malentendu qu'on connaît. Si l'éditorial peut donc prêter à confusion quant à ses intentions, Jung confie les rapports de la revue à un confrère juif (Rudolf Allers). Mais l'éditeur estime qu'il est préférable d'en confier la rédaction à quelqu'un d'« aligné ». Sans en prévenir Jung.

Par contre, replacé dans le contexte des années 1933, Jung ne peut que s'attirer des « blâmes » pour reprendre les mots de G. Wher. Ce denier s'interroge : « Jung se révèle-t-il comme l'antisémite que Freud pensait déjà voir en lui ? »[3]. Il conclut : « Le texte est à interpréter avec prudence au regard du cheminement de la pensée jungienne. En effet, le « potentiel créatif… » signifie que « celui qui appartient à une civilisation plus ancienne est « plus mûr », plus conscient que celui qui appartient à un peuple encore relativement peu développé et en quelque sorte adolescent… Mais quelles connotations ne devait-il pas éveiller ! »[4]. Certains ont pu considérer les propos de Jung comme antisémites. D'autres ont estimé que Jung manifestait de cette façon ses rancœurs vis-à-vis de Freud.

La réaction à ce premier éditorial de Jung ne se fait pas attendre. Un psychanalyste suisse, Gustav Bally, réagit rudement le 27 février 1934 dans la revue *Neue Zürcher Zeitung* avec une lettre intitulée : « *Une thérapie d'origine allemande* ».

Jung répond dans cette même revue les 13, 14, 15 mars 1934 au docteur Bally et à d'autres détracteurs qui se sont joints à ce dernier : devait-il se réfugier dans une neutralité prudente ou payer de sa personne et s'exposer au malentendu ? Pour Jung, mieux vaut préserver la médecine et la psychothérapie plutôt que de les voir disparaître. « La médecine n'a rien à voir avec la politique (si seulement il pouvait toujours en être ainsi !), c'est pourquoi elle peut et doit

[1] Cahiers de psychologie jungienne, *Jung face au nazisme*, n°12, p. 5.
[2] Cahiers jungiens de psychanalyse, *Jung et l'histoire, les années 30*, *op. cit.*, pp. 9 et 10.
[3] Gerhard Wehr, *C. G. Jung*, *op. cit.*, p. 158.
[4] *Ibid.*, p. 158.

être exercée sous tous les gouvernements pour le bien des hommes qui souffrent »[1].

Les statuts de la « *Société médicale générale et internationale de psychothérapie* » (SMGIP) sont ratifiés. Cette société regroupe cinq nations : le Danemark, l'Allemagne, la Hollande, la Suède et la Suisse. Jung assure la présidence de cette union « supranationale » (présidence qu'il abandonnera en 1939). Grâce à lui, l'ancienne organisation majoritairement allemande nazifiée n'est plus qu'un groupe parmi d'autres. Par un autre acte officiel, Jung autorise les médecins juifs allemands, exclus de l'association allemande, à adhérer à titre individuel à cette nouvelle Société… internationale[2]. Pour G. Wehr, « contrairement à ce qu'on entend encore dire à l'occasion et qui n'est qu'un malentendu, il (Jung) n'a rien à voir avec le groupe allemand effectivement « mis au pas » et dirigé par le professeur Göring »[3].

Barbara Hannah a assisté à ce fameux congrès de Bad Nauheim. Elle défend Jung par rapport aux critiques qu'il a essuyées. Elle constate que « Jung a souvent mis l'accent sur la nécessité de comprendre les différences de psychologie résidant entre les races et les nationalités »[4]. Ainsi en 1918 avec la bête blonde. En 1928, dans la *Dialectique du moi et de l'inconscient*, Jung rappelle déjà l'importance de comprendre les grandes différences qui existent non seulement entre la race juive et la race aryenne mais aussi entre toutes les races et toutes les nations[5]. En tout cas, le Docteur Bally ne répondit pas à la lettre de réponse de Jung. « Mais quelques années après, il publia un article d'une rare impartialité sur la psychologie jungienne, témoignant d'une grande sympathie pour Jung »[6].

Le 7 juin, Jung écrit à Goering. Il menace de démissionner si la psychothérapie allemande est annexée à la psychiatrie.

Dans une circulaire du 1er décembre, Jung précise que la SMGIP est « neutre, politiquement et confessionnellement » et suit cette ligne de conduite : il introduit dans *Réalité de l'âme* un travail de son confrère juif Hugo Rosenthal (*Opposition des types dans l'histoire de la religion juive*).

En cette année, on ne cesse de demander à Jung ce qu'il pense de la jeunesse allemande. Jung s'intéresse alors à ses propres enfants et aux enfants suisses. Pour ces raisons, il donne une série de séminaires sur les rêves d'enfants. Jung analyse les rêves d'enfants de ses élèves ou amis. Avec ces matériaux, il démontre que les rêves ont pronostiqué « l'entière trajectoire qu'allait adopter la vie de l'enfant »[7].

---

1 Cahiers jungiens de psychanalyse, *Jung et l'histoire, les années 30*, *op. cit.*, p. 15.

2 Linda Donn, *Freud et Jung. De l'amitié à la rupture*, *op. cit.*, p. 28.

3 Gerhard Wehr, *C. G. Jung*, *op. cit.*, p. 150.

4 *Ibid.*, p. 271.

5 *Ibid.*, p. 273.

6 Henri Frédéric Ellenberger, *Histoire de la découverte de l'inconscient*, *op. cit.*, p. 694.

7 Barbara Hannah, *Jung, sa vie et son œuvre*, *op. cit.*, p. 266.

Mai 1934, Jung ouvre son premier séminaire anglais sur *Zarathoustra* (qui durera jusqu'à fin 1939). Même si Jung a l'habitude devant ses élèves de ne pas faire d'allusions directes sur une situation politique, il évoque la notion de « surhomme » (« l'homme au-dessus ») en tant qu'annonciatrice de l'idée allemande selon laquelle les Allemands sont des hommes supérieurs, des maîtres[1]. Jung précise que Nietzsche perdit la raison parce qu'il s'était identifié à ce « surhomme ». Ce à quoi Hitler engageait les Allemands.

En 1935, dans les colonnes du *Journal médical suisse*, il n'hésite pas à mettre en évidence une étude d'un confrère juif et d'un Suisse tout en citant aussi un membre du parti nazi et en soulignant l'importance de la position européenne, supranationale de la psychothérapie[2]. Jung a donc mis en acte ses idées sur la psychothérapie européenne qui transcende le politique et le contexte nazi. Telle est la thèse que défend G. Wher.

La sœur de Jung meurt. Il écrira en 1944, le 11 juillet : « Ce qui se passe après la mort est si infiniment grandiose que notre imagination et notre sentiment ne peuvent le concevoir correctement, ni même partiellement. Dans les jours qui précédèrent la mort de ma sœur, son visage avait une expression si sublime, si éloignée de la réalité humaine que j'en fus profondément effrayé »[3].

1936-1939 : *Wotan*, les *Terry lectures*, l'Inde, le *Theatrum Chemicum*, persuader Freud de quitter Vienne, ouvrages de Jung brûlés, le *Bardo Thödol*, rêves d'Hitler et de la vache malade, les exercices spirituels de saint Ignace de Loyola, la mort de Freud

En mars 1936, Jung publie un essai, *Wotan*, qui traduit son regard visionnaire sur le mouvement national-socialiste analysé sous l'angle d'une des plus importantes figures mythologiques de l'histoire germanique. Jung conclut par un cri d'alarme qui se veut à la mesure de la fascination et de la dépersonnalisation provoquées par une telle mobilisation collective[4]. En effet, le dieu païen pousse sur les routes les blonds adolescents dont la marche devient un pas cadencé. « Wotan représente le côté sombre du *Soi*. Sa totalité est primitive et dangereusement aliénante »[5]. Et comme tout archétype, il peut être dieu ou diable. Aimé Agnel précise qu'en 1936, l'*ombre* a pris sa place dans la théorie jungienne, sous ses deux formes : personnelle et collective. « Jung dénonce l'aspect psychotique du nazisme : un homme manifestement affecté affecte on peuple tout entier et le conduit à la catastrophe ». Le Pr Goering est adjoint à Jung comme coéditer du Zentralblatt. Jung réussit à éviter l'alignement de la revue[6].

---

[1] *Ibid.*, p. 277.
[2] Gerhard Wehr, *C. G. Jung, op. cit.*, p. 152.
[3] Carl Gustav Jung, *Correspondance 1941 - 1949,* Paris, Albin Michel, 1993, p. 74.
[4] Sigmund Freud et Carl Gustav Jung, *Correspondance 1906 - 1914, op. cit.*, p. 103.
[5] Aimé Agnel, *Jung, la passion de l'Autre*, Milan, Les Essentiels, 2004, p. 47.
[6] Cahiers de psychologie jungienne, *Jung face au nazisme, op. cit.,* n°12, p. 6.

Le 13 mai, les psychanalystes allemands – cédant aux nouvelles pressions nazies - démissionnent de la Société internationale de psychanalyse pour ne plus appartenir qu'à la société présidée par Goering.

En 1936, Jung voyage aux États-Unis. En août, à Eranos, il évoque ce qui constituera la troisième partie de *Psychologie et alchimie* (publiée en 1943) : *Conceptions du salut dans l'alchimie.* Durant l'été, Jung découvre un serpent mort. De la bouche de ce dernier sort un poisson. C'est le reflet des pensées de Jung. En effet, avec cet événement de synchronicité, Jung estime que l'esprit païen (le serpent) refait surface avec force et tente de dévorer l'esprit chrétien (le poisson). L'alchimie a pour objectif de concilier ces deux opposés[1].

Jung repart aux États-Unis à Harvard et parle des « *Facteurs déterminant le comportement humain* ». Puis il anime un séminaire à New-York. Il est accueilli par Esther Harding, Kristine Mann, Eleanor Bertine. De retour chez lui, il se consacre de nouveau à l'alchimie, réduisant toutes ses autres activités.

Le 27 octobre, Jung remercie Hermann Hesse de l'envoi du poème « *Rêve de Joseph Knecht* » (publié dans *Le jeu des perles de verre*). Jung demande à l'écrivain s'il s'agit bien d'un rêve et, dans ce cas, qui est le rêveur tout en lui demandant de ne pas répondre à la question !? Le même jour, Jung écrit à Jolande Jacobi à propos de son rêve du passage de l'âge des Poissons à l'âge du Verseau. Jung estime que c'est « *un grand rêve* » car il se produit une régression importante dans le temps et dans l'espace, par exemple dans des siècles antérieurs. Ce qui signe une progression de même durée. Et Jung de proposer qu'on « doit toujours considérer un rêve comme celui-ci sous deux aspects. D'un côté, la racine historique, de l'autre, la fraîcheur de l'arbre. L'arbre est ce qui pousse au cours du temps… ». L'arbre exprime la croissance spirituelle au cours du temps. Planter un arbre marque le début d'une évolution. Et le sang bu scelle la réunion des opposés. Ces différents éléments épars du rêve (nous ne connaissons pas celui-ci) conduisent à comprendre pour quelles raisons Jolande Jacobi a ressenti un exceptionnel sentiment de bonheur. La conjonction des opposés, le rattachement à la racine historique, planter un arbre, la présence du numineux (l'une des caractéristiques du grand rêve) sont source d'un éprouvé heureux.

En 1937, il repart deux fois à New-York pour donner les *Terry Lectures* publiées en langue française sous le titre : *Psychologie et religion* (en 1943-1944). C'est son dernier voyage aux États-Unis. Au cours du dîner d'adieu des *Terry Lectures*, Jung évoque le fait que les images archétypiques de l'inconscient collectif ne peuvent plus se couler dans la religion actuelle. Notre monde est trop rationnel pour accueillir ces images qui, en conséquence de quoi, flottent autour de nous. Ce qui explique la naissance de tous les « ismes » actuels avec lesquels l'individu, seul, doit se confronter et composer dans sa propre vie[2].

---

[1] Barbara Hannah, *Jung, sa vie et son œuvre, op. cit.*, p. 287.

[2] *Ibid.*, p. 291.

Jung annonce aussi que le Christ a cessé de vivre sa mission à partir du moment où, sur la croix, il dit : « Mon Dieu, mon dieu, pourquoi m'as-tu abandonné ? ». Le Christ réalise que ses convictions les plus profondes reposent sur des illusions. Jung commente ce fait religieux en incitant son auditoire à vivre le plus pleinement possible sa vie, même si cette dernière repose sur des erreurs. Ces propos donneront *Réponse à Job*, quinze ans plus tard.

De décembre 1937 à 1938, Jung part en Inde alors qu'il avait refusé de partir en Chine (en 1934) : il ne veut plus échapper à la pression européenne qui l'avait fait fuir en Afrique et au Nouveau-Mexique. Même si Jung brûle d'apprendre le chinois (il est convaincu de la sagesse chinoise), il préfère se consacrer à l'alchimie : le temps lui manque pour apprendre cette nouvelle langue. Il lit des livres des philosophies lorsqu'il est invité par le gouvernement anglais des Indes à participer au cinquième jubilé de l'université de Calcutta. Jung se réjouit à l'idée de ce voyage. Il connaît déjà bien la philosophie indienne et cette invitation est l'occasion rêvée de vérifier ses connaissances intellectuelles. Il sait aussi que si ce voyage est annulé, autre chose l'attendra. Il est dans une attitude d'introversion tout en devant faire acte d'extraversion. L'idée de repartir voyager ne l'empêche pas de rester replié sur lui-même « comme un homunculus dans sa cornue ».

L'Inde l'effleure comme un rêve mais il reste à la recherche de lui-même, de sa vérité. A cette fin, il part avec le livre de Gérard Dorn : *Theatrum chemicum* (1602). Cet auteur marque Jung : il le citera par la suite dans ses écrits sur l'alchimie ; en particulier lorsqu'il s'agira de la « conjonction »[1]. Jung part donc à la recherche de cette conjonction des opposés en lui, dont la réalisation se concrétise par l'intégration du *Soi*. L'Inde est la terre idéale du *Soi* dont Jung s'est inspirée par le biais de l'atman, concept clé des *Upanishads* et du *Védanta*. Jung visite différentes villes (Bombay, Delhi…). A la différence de l'Afrique du Nord, Jung a l'occasion, là, d'échanger longuement avec le guru du maharadjah de Mysore, S. Subramanya Iyer tout en refusant obstinément de rencontrer « les saints » hindous (les gurus). Jung les évite : il veut se contenter de sa propre vérité et se refuse d'être instruit de vérités « extérieures », même si celles-ci proviennent de sages. Durant ce voyage, Jung va de surprise en surprise. Il est d'abord frappé par la question de la nature psychologique du mal. Car, pour un oriental, bien et mal « ne sont que des différences de degré d'un seul et même phénomène »[2]. Or, « un homme qui n'a pas traversé l'enfer de ses passions ne les a pas non plus surmontées »[3]. Et ce que nous laissons de côté, abandonnons, refoulons, reparaît avec une violence redoublée.

Arrivé à Ceylan, Jung assiste de nouveau à la prière du Bouddha pour se replonger ensuite dans les textes alchimistes. Au Taj Mahal, Jung a une

---

[1] *Ibid.*, p. 295.

[2] Carl Gustav Jung, *Ma vie. Souvenirs, rêves et pensée, op. cit.*, p. 317.

[3] *Ibid.*, p. 318.

révélation. Dans le temple de l'amour (mausolée construite par un empereur qui venait de perdre sa femme favorite), la vue de statues obscènes de certains temples interrogent Jung. N'est-ce pas une incitation à s'emplir la tête de fantaisies sexuelles ? Le pandit confirme l'allégation de Jung. Mais dans une toute autre optique : l'exposition de ces fantaisies sexuelles sculptées a pour fonction de ne pas nous faire oublier la sexualité ! Car la sexualité représentée par les statues est là pour atteindre à la spiritualisation.[1]. Face à deux statues féminines aux hanches accueillantes et provocatrices, le pandit réaffirme que ce sont des avertissements et des enseignements indispensables. Jung se trouve-t-il alors face à une autre perception de la sexualité qui lui renvoie sa visite du musée des animaux lorsqu'il avait six ans, lorsqu'il considérait n'avoir rien vu d'aussi beau que des corps nus avec des feuilles de vigne ? Dans une allée de *lingam* (symboles phalliques), le même pandit murmure à Jung que ces « pierres sont les parties secrètes de l'homme »[2]. Par la suite, Jung parlera comme suit de cette expérience. « Chez nous, n'importe quel enfant sait cela, et en Inde, c'est un grand secret »[3]). Barbara Hannah rapporte d'autres propos de Jung. Il avait coutume d'affirmer que plus les gens sont primitifs, moins la sexualité revêt d'importance pour eux car elle n'est pas réprimée. Et là, en Inde, Jung se questionne sur les différences de conception par rapport à la sexualité entre l'Orient et l'Occident. En Occident, la sexualité est perçue sous l'angle de la propagation de l'espèce et de la relation biologique. En Orient, par contre, la sexualité participe à l'élévation spirituelle et religieuse. Jung perçoit ces deux faces de la sexualité. Et l'expérience indienne confirme ce qu'il savait déjà et qui l'avait conduit à la rupture « théorique » d'avec Freud.

A l'hôtel, allongé, au repos, en laissant monter les choses en lui, Jung réalise que la religion musulmane (et « hindoue ») est fondée sur l'*Eros* alors que le christianisme a pour base le *Logos*. Jung avait déjà évoqué en 1925 (au séminaire de Swanage) *Logos* et *Eros* qu'il considérait comme des dieux. Si l'*Eros* est le dieu de la relation, le *Logos* n'est pas un principe qui génère la pensée logique ou intellectuelle mais une expérience, une révélation. Cette révélation passe par la femme semble-t-il (pour l'homme). En effet, un autre aspect a marqué Jung : la femme indienne qui se laisse guider par l'*Eros*. Le contact avec la femme indienne aide à exprimer le sentiment. La dignité et l'élégance de la tenue indienne émerveillent Jung au sens où il voit une incarnation de la féminité sans aucune équivalence dans un autre peuple, si ce n'est peut-être la Chine qu'il regrettera de ne pas avoir visité.

Après avoir été honoré de trois diplômes de doctorat, Jung reste cloué au lit par une dysenterie. Jung en avait été averti par des rêves récurrents de couleur rouge[4]. L'Inde lui est un nouveau choc après l'Afrique noire : Jung a du mal à

---

[1] *Ibid.*, p. 318.
[2] *Ibid.*, p. 319.
[3] Barbara Hannah, *Jung, sa vie et son œuvre, op. cit.*, p. 304.
[4] Deirdre Bair, *Jung, op. cit.*, p. 646.

digérer cette civilisation. D'où la dysenterie, cette maladie de la digestion. Jung s'isole à l'hôtel. De nombreux rêves l'assaillent dont celui-ci.

Rêve de la quête du Graal, du professeur et du cucullatus

> Je me trouvais, avec un certain nombre d'amis et de connaissances de Zurich, sur une île inconnue, probablement au voisinage de la côte sud de l'Angleterre. [...] S'élevait un château moyenâgeux dans la cour duquel nous formions un groupe de touristes. [...] J'entendis dire que c'était le château du Graal et que dans la soirée il y aurait « une célébration du Graal ». Cette information semblait avoir un caractère secret, car un professeur allemand qui se trouvait parmi nous, et ressemblait étonnamment au vieux Mommsen, n'en savait rien. J'eus avec lui un entretien très animé et fus impressionné par son érudition et son intelligence étincelante. Un seul point m'embarrassait : [...] Apparemment, il n'avait pas conscience du sens de la légende ni connaissance de sa vivante présence, alors que l'un et l'autre m'impressionnaient au plus haut point. Il ne semblait pas non plus percevoir notre entourage réel immédiat : il se comportait comme s'il parlait dans une salle de cours devant ses étudiants. [...]
>
> Un peu désemparé, je regardai autour de moi et je découvris que je me trouvais contre le mur d'un bâtiment du château dont la partie inférieure était comme couverte par un espalier. [...] Soudain, je remarquai une agitation dans le feuillage, il me sembla que c'était une souris, mais ensuite je vis nettement un petit homme encapuchonné, en fer, un *cucullatus* qui se glissait d'une maisonnette dans une autre. « Eh bien ! criai-je étonné au professeur, vous voyez bien... ».
>
> Alors il y eut un hiatus ; et la scène du rêve se modifia. [...] Je savais que quelque chose devait se passer, car le Graal n'était pas encore dans le château et sa fête devait se dérouler le soir même. On disait qu'il se trouvait dans le nord de l'île, caché dans une petite maison inhabitée, la seule qui s'y trouvât. Je savais qu'il était de notre tâche d'aller l'y chercher. [...] Le soleil s'était couché. Fatigués nous nous installâmes sur le sol. Nul être humain dans cette contrée déserte. Pas un arbre, pas un buisson, simplement de l'herbe et des rochers, pas un pont et pas un bateau ! Il faisait très froid et mes compagnons s'endormirent l'un après l'autre. Je réfléchis à ce qu'il fallait faire et j'en vins à la conclusion que je devais traverser seul le canal à la nage et aller chercher le Graal. J'étais en train de me dévêtir quand je m'éveillai[1].

Ce rêve a été l'un des plus impressionnants que Jung ait jamais fait. Tous ses rêves ont un point commun : ils traitent du Graal. Jung s'est toujours tenu à l'écart de la légende du Graal : il avait laissé ce domaine à Emma. Même s'il en

---

[1] Carl Gustav Jung, *Ma vie. Souvenirs, rêves et pensée, op. cit.*, pp. 322-324.

connaissait les différentes versions, la question reste posée du sens de ce symbole du Christianisme. Jung sait au moins une chose : il est confronté à la vivante présence du Graal en son château. Il est face au secret de l'individuation et à son mystère[1]. Cette quête solitaire passe par un processus de mort successives qui débouche sur « l'impersonnel », sur le *Soi* auquel Jung associe le Bouddha tout comme le Christ. Le bouddha est « l'illumination de l'esprit » et le Saint Graal un « symbole d'illumination »[2].

En plein milieu de l'Inde, ce rêve lui rappelle « un des fondements de l'ésotérisme chrétien occidental, sans la moindre relation avec la spiritualité orientale...Jung fut d'autant plus perturbé que la concordance entre le mythe poétique et les affirmations de l'alchimie sur l'unum vas, l'una medicina, l'unus lapis lui apparurent clairement. Soudain, le passé était devenu vivant, l'alchimie n'étant plus depuis longtemps un objet de musée ou un simple sujet d'étude, mais une discipline intimement liée à la personnalité et au devenir du psychologue »[3]. Avec ce rêve, Jung est arraché des impressions indiennes. L'Inde n'est qu'une étape. Il lui est rappelé qu'il doit rechercher « le calice du salut », le Saint Graal, la pierre philosophale[4]. Le rêve dit à Jung : « Que fais-tu aux Indes ? Cherche plutôt pour tes semblables le calice du salut, le *salvator mundi* dont vous avez un besoin si pressant. Car vous êtes en péril (omis dans la traduction française). N'êtes-vous pas sur le point de démolir tout ce que les siècles ont construit ? »[5]. Il reste à Jung le devoir de « trouver une unité avec moi-même, avec l'être humain qui m'avait été imposé, et que je devais dire « oui » au fait... que j'[étais]comme ça ».[6]

Liens avec l'Œuvre

Jung est troublé par ce rêve. En plein milieu de l'Inde, ce rêve lui rappelle que l'alchimie n'est pas un simple objet d'étude mais une discipline intimement liée à sa personnalité et à son devenir. Comme pour les trois rêves annonciateurs de l'alchimie, Jung est de nouveau rappelé à l'ordre. Il doit rechercher « le calice du salut », le Saint Graal, la pierre philosophale[7].

Situé dans le contexte de l'époque, ce rêve est aussi annonciateur de catastrophe. La seconde guerre mondiale va bientôt éclater.

Un autre événement marque Jung. Deux paysans se heurtent dans une rue avec leurs charrettes. Jung s'attend à ce qu'ils s'injurient. Loin de là ! Les deux paysans se déclarent mutuellement : « Perturbation passagère. Pas d'âme ». Jung

---

[1] Deirdre Bair, *Jung, op. cit.*, p. 648.
[2] *Ibid.*, p. 649.
[3] Gerhard Wehr, *Carl. Gustav. JUNG sa vie, son oeuvre, son rayonnement, op. cit.*, p. 286.
[4] Carl Gustav Jung, *Ma vie. Souvenirs, rêves et pensée, op. cit.*, p. 324.
[5] Barbara Hannah, *Jung, sa vie et son œuvre, op. cit.*, p. 306.
[6] Deirdre Bair, *Jung, op. cit.*, p. 649.
[7] Carl Gustav Jung, *Ma vie. Souvenirs, rêves et pensée, op. cit.*, p. 324.

commentera cet épisode dans *Psychologie et Orientalisme* : « …Ce dérangement s'est produit à l'extérieur, dans l'espace de la maya ; et non dans l'espace de la réalité authentique, où il ne laissera aucune suite ni trace ». Comme cet épisode l'indique, Jung développe cette qualité de ne pas être perturbé par des difficultés passagères. Plus tard durant son voyage, la contemplation de stupas et l'entendement de la prière *Om mani padme houm* scandée par le gong déclenchent en Jung une perception autre du Bouddha. Le Bouddha comme le Christ sont deux incarnations (différentes) du *Soi*, de l'*unus mundus*[1]. Jung quitte l'Inde avec cette question : les relations de l'homme intemporel, le *Soi*, et l'homme terrestre incarné dans le temps et l'espace. Jung abandonne l'Inde mais il lui reste diverses impressions. Il sait en tout cas que « la vérité des initiés de l'Orient ne pouvait s'appliquer au monde entier. Lui-même devait se contenter de sa propre vérité »[2].

De retour en février 1938 en Suisse, la santé de Jung reste fragilisée par la dysenterie. Jung a l'intention de se rendre de nouveau à Ravenne. Déjà en 1913, il avait séjourné à Ravenne. De nouveau, Jung visite le monument funéraire de Galla Placidia, accompagnée d'une « dame » de sa connaissance. En particulier la salle du baptistère des orthodoxes qui baigne dans une douce lumière bleue. Ce qui surprend Jung : il constate que les fenêtres ont été remplacées par quatre grandes fresques en mosaïque… dont il cherche à se procurer les gravures de retour à Zurich. En vain ! Il apprend que les mosaïques n'ont jamais existé. La « dame », elle aussi, a vu ces mosaïques. Tous deux ont donc eu la même vision. Cette dame est Toni Wolff, rapporte Esther Harding[3].

Jung s'intéresse alors à la vie et à l'histoire de cette impératrice Galla Placidia, morte en 450. Lors d'une traversée de mer démontée, cette femme fit le vœu de construire une basilique décorée de mosaïques au cas où elle survivrait. Jung apprécie la vie de cette femme intelligente et de culture différenciée, aux côtés d'un prince barbare : il semble s'identifier à ce barbare et l'impératrice est l'incarnation de son anima. Il vient de faire l'expérience d'un contenu intérieur « qui peut avoir l'apparence d'un fait extérieur, de même qu'un fait extérieur peut avoir celle d'une teneur intérieure. Les parois réelles du baptistère, que devaient voir mes yeux physiques, étaient recouvertes et transformées par une vision aussi réelle que les fonts baptismaux qui, eux, n'avaient pas été modifiés. A ce moment-là, qu'est-ce qui était réel ? »[4]. Jung sait intérieurement qu'il a été touché « par l'esprit qui y a régné »[5]. Plus tard (en 1949), il élabore le plan de voyager à Rome. Une syncope au moment de prendre le billet de train lui indique qu'il vaut mieux annuler le voyage. C'est sur cette réflexion que Jung clôt dans *Ma vie* le chapitre sur ses voyages.

---

[1] *Ibid.*, p. 321.
[2] Gerhard Wehr, *Carl. Gustav. JUNG sa vie, son oeuvre, son rayonnement, op. cit.*, p. 287.
[3] Gerhard Wehr, *C. G. Jung, op. cit.*, p. 148.
[4] Carl Gustav Jung, *Ma vie. Souvenirs, rêves et pensée, op. cit.*, p. 329.
[5] *Ibid.*, p. 330.

A peine rentré en Suisse, Jung apprend que les nazis marchent sur l'Autriche. Il envoie Franz Ricklin fils pour convaincre les Juifs les plus en vue de quitter le pays. Son père l'enjoint aussi de persuader Freud de quitter le pays. Franz Ricklin voit Freud, lui précise que ni son père ni Jung ne ressentent la moindre hostilité envers lui mais, bien au contraire, souhaitent le voir en sécurité. Freud lui rétorque : « Je refuse d'être redevable à mes ennemis ». Jung n'est pas surpris lorsque Franz Ricklin lui rapporte la décision de Freud. C'est Marie Bonaparte qui viendra en aide à la famille Freud. Et c'est grâce à elle que sera sauvée la correspondance des trois cent cinquante lettres entre Freud et Jung. Marie Bonaparte va récupérer chaque jour les lettres que Freud met à la poubelle. « Il était étrange que Freud eût conservé les lettres si longtemps. Elles trahissaient une vulnérabilité et une intensité qu'il préférait oublier »[1].

Bien longtemps plus tard, Franz Jung (le fils de Jung) montrera dans le mur du cabinet de travail de son père « la cache secrète », celle contenant les lettres de Freud placées dans un porte-documents recouvert d'une toile de lin. Franz Jung alla porter à Ernst Freud malade (le fils de Freud) qui fut touché du geste car ces lettres « étaient à ses yeux la chose qui comptait le plus au monde »[2].

A un bout du continent de la psychanalyse : une poubelle. A un autre bout : une cache secrète. Entre les deux : des descendants à qui a échu la tâche de réunir ce que leurs pères n'avaient pu mettre en acte.

Franz Jung confia à Linda Donn : « Mon père ne l'admettait pas, mais probablement ne s'est-il jamais consolé au fil des années d'avoir perdu Freud ».

Ces propos ont été confirmés par Linda Donn lorsqu'elle rapporte son entretien avec C. A Meier. Celui-ci a passé une heure en tête à tête avec Freud à Vienne. « La discussion ne porta que sur un seul thème. Jung. Freud avait plein de questions à poser sur Jung, sur sa famille, sa vie et ce qu'il faisait. Parce qu'il s'en souciait encore ». « Meier allait trouver la même angoisse chez Jung. Il n'aimait pas parler de Freud parce que cela lui était très douloureux »[3]. Plus tard, certains reprocheront à Jung de ne pas avoir fait grand chose pour le départ d'Autriche de Freud. L'ironie du sort veut que plus tard, grâce au docteur Bennet - un junguien, Freud a pu s'installer en Angleterre[4]. Barbara Hannah précise que F. Ricklin a récolté de l'argent auprès de quelques riches Juifs afin d'aider des Juifs à quitter l'Allemagne, dont Freud. Ce que rectifie Peter Gay : il démontre en effet que cet argent (dix mille dollars) a été réuni par Ricklin et Jung lui-même. Sur ce point précis, Emilio Rodrigué conclut, qu'il « …est alors fort possible que par ces pirouettes du destin, Jung fut un instrument pour sauver Freud »[5]. Réunir dix mille dollars (pour un Suisse) est-ce vraiment une pirouette du destin ?

---

[1] Linda Donn, *Freud et Jung. De l'amitié à la rupture*, *op. cit.*, p. 18.

[2] *Ibid.*, p. 34.

[3] *Ibid.*, p. 238.

[4] Barbara Hannah, *Jung, sa vie et son œuvre, op. cit.*, p. 310.

[5] Emilio Rodrigué, *Freud Le siècle de la psychanalyse 2, op. cit.*, p. 477.

Le 30 juillet 1938, Jung se présente devant la Société réunie au Balliol College, à Oxford. Il est chargé de s'expliquer sur ses initiatives controversées à l'époque de Goering à propos des distinctions entre la psyché germanique et juive et de s'en être pris à la psychologie freudienne. Jung déclare avoir commis une erreur. Il invite chaque membre à trouver les vérités communes à toutes les écoles de psychologie. Et « il présente à l'approbation de tous quatorze points élaborés au cours d'études préliminaires sur lesquels les différentes écoles de psychothérapie peuvent donner leur accord. Les découvertes de Freud et d'Adler y ont leur place »[1]. « A l'heure actuelle, il nous faut bien réfléchir… pour rassembler tous les hommes de bonne volonté de notre profession, afin de répondre aux besoins et aux exigences de l'heure ». Jung, ce matin là, s'adresse à un auditoire formé d'Américains, de Britanniques, de Suisses, de Scandinaves mais aussi de nazis allemands. « D'aucuns - et l'histoire - devaient se souvenir de ce que Jung n'avait pas dit ce jour-là, de même que les années précédentes »[2]. En effet, pour Linda Donn, Jung se garde de dire son indignation. Néanmoins, Jung fait un second geste de compromis vis-à-vis de Freud : il a chargé, la veille du congrès, le Dr E. A. Bennet d'envoyer un câble à Freud dans lequel est écrit : « … Nous reconnaissons tout ce que nous vous devons… ». Bennet a oublié. Jung explose de colère. Il ordonne que le câble soit envoyé de suite. Aussitôt dit, aussitôt fait. Freud confiera à sa fille Anna : « Le congrès… d'Oxford m'a adressé l'obligatoire télégramme de bienvenue auquel j'ai répondu par un message froid… ». Ainsi des années après la rupture, les relations entre les deux hommes restent lettres mortes. Si Jung reconnaît sa dette à l'égard de Freud, ce dernier le laisse dans cette position du fils redevable au père. A tout jamais scellé jusque dans la tombe : Freud mourra un an plus tard. Bien des années plus tard, Jung souffrait encore de cette séparation. C. A. Meier confia que la douleur fut considérable pour Jung.

Juste avant Eranos, Jung est honoré d'un doctorat à Oxford. Les rencontres d'Eranos ont pour thème cette année là la « *Grande mère* ». Jung y fait une conférence sur *Les aspects psychologiques de l'archétype de la mère* (publié dans *Les racines de la conscience*).

Le 4 juin, Freud quitte Vienne pour l'exil. Il se fixe à Londres.

A l'automne, Jung parle des rêves, de l'imagination active et du yoga. Il écrit en anglais deux articles sur l'Inde publiés en 1939 dans la revue *Asia* (et en France dans *Psychologie et orientalisme*, 1985). De l'été à l'automne 1938, il donne le séminaire anglais comme d'habitude depuis cinq ans. Mais il sent qu'il doit arrêter l'interprétation de *Zarathoustra.* Et ce pour s'intéresser en décembre 1938 à un texte de Tantra (Schri Chakra Sambhara) qu'il compare aux symboles alchimistes lus dans le *Theatrum chemicum.* Il devient évident pour Jung que ces deux familles de symboles (alchimiques et tantriques) sont en droite ligne « des

---

[1] Cahiers de psychologie jungienne, *Jung face au nazisme*, n°12, p. 6.

[2] Linda Donn, *Freud et Jung. De l'amitié à la rupture, op. cit.*, p. 30.

expériences psychiques premières de l'inconscient »[1]. Jung finit de digérer ses expériences indiennes en suivant le message de son rêve de la quête du Graal, du professeur et du cucullatus.

A Evans-Wentz, le 8 décembre, Jung écrit que les rêves ne sont pas pour l'essentiel le résultat de l'activité consciente[2].

Le 9 février 1939, Jung répond à Evans-Wentz (le traducteur du *Bardo Thödol*) aux questions concernant la « sur-conscience ». Par rapport au rêve, Jung se demande s'il est possible de contrôler les rêves. « Peut-on dire par exemple : « Cette nuit, je vais rêver ça et ça ? » Je n'ai jamais rien entendu de la sorte. On peut apprendre à se souvenir de ses rêves mais cela n'a rien à voir avec « le contrôle des rêves ». Et il ajoute : « La capacité à se souvenir des rêves montre que se maintient au cours du sommeil au moins un faible degré de conscience ; sinon, nous ne rêverions pas et nous ne pourrions pas nous souvenir de nos rêves »[3].

En 1939, les ouvrages de Jung sont inscrits sur la liste Otto, interdits et brûlés.

Toujours cette même année, Jung publie *La réalité de l'âme*. Il y accueille une longue étude de cinquante pages d'un de ses élèves israélite, Hugo Rosenthal, consacrée à « *L'opposition des types psychologiques, dans l'histoire religieuse juive* »[4]. Roland Cahen rappelle aussi qu'un pourcentage important de sa clientèle était constitué d'élèves israélites. Peut-on alors parler encore d'antisémitisme de la part de Jung ?

Ellenberger apporte d'autres précisions sur l'objet d'une campagne accusant Jung d'avoir été pro-hitlérien et antisémite, de 1933 jusqu'en 1940. La campagne fut lancée depuis les milieux socialistes suisses, par T. Schwarz et Alex v. Muralt. Elle s'étendit ensuite à certains périodiques juifs. Et elle sera relancée plus tard par un petit groupe de psychanalystes. Est revenue l'accusation de la présidence de Jung de l'Association allemande nazie de psychothérapie après l'exclusion des Juifs et la démission de Kretschmer. C'est ce que prétend Ernest Jones. Or, Jung n'a pas pris la succession de Kretschmer (qui fait « un portrait très sympathique » de Jung dans son autobiographie) mais il a accepté la présidence pour aider, dans la mesure du possible, les Juifs. A cette époque (1934), beaucoup pensaient pouvoir négocier avec les nazis. Ainsi, Jones a lui-même eu des entretiens à Bâle avec le docteur Goering et d'autres représentants du parti nazi. Il considéra Goering comme « une personne assez aimable et raisonnable »[5].

[1] Carl Gustav Jung, *Ma vie. Souvenirs, rêves et pensée, op. cit.*, p. 315.

[2] *Ibid.*, p. 317.

[3] Carl Gustav Jung, *Correspondance 1906 - 1940, op. cit.*, p. 333.

[4] Carl Gustav Jung, *Aspects du drame contemporain*, Georg et Cie S. A. Genève, Librairie de l'université, 5ème édition, 1990, p. 41.

[5] Ernest Jones, *La vie et l'œuvre de Sigmund Freud 3/Les dernières années*, Paris : 3ème édition, Presses Universitaires de France, 1990, p. 214.

Le 4 avril 1939, Jung donne une conférence à la société royale anglaise de médecine enthousiaste. Il confie à Barbara Hannah : « J'avais vraiment la sensation que mon anima dansait sur mon front et que c'était elle qui fascinait l'auditoire ! »[1]. Emma Jung en profite pour visiter des lieux associés à l'histoire du Graal. Les Jung retournent à Bollingen. Jung s'attelle à l'introduction du livre des morts tibétains de W. Y. Evans-Wentz. Mais Jung éprouve avant le besoin « de se perdre dans la contemplation du lac ». Ensuite, il peut écrire[2].

La tension monte en Europe. Un jour de voyage en voiture, Jung conseille à ses amis de rouler plus vite. Bien leur en fit : juste après, un éboulement se produit !

Cette année-là, les journées d'Eranos ont pour thème : « *Le symbolisme de la renaissance dans les religions de tout lieu et de tout temps* ». Sous l'impulsion du moment, Jung improvise deux conférences à propos des *Divers aspects de la renaissance.* A la fin de ces journées, chacun part dans son coin. Et la nouvelle tombe : l'alliance de l'Allemagne avec la Russie. Jung est troublé car il reçoit un rêve (rapporté par Barbara Hannah)[3].

Rêve d'Hitler en tant qu'Antéchrist

> Jung rêva qu'Hitler était « le Christ du diable », l'Antéchrist, mais que, en tant que tel, il était néanmoins l'instrument de Dieu.[4]

Jung met beaucoup de temps à accepter cette idée dans son univers conscient. Néanmoins ce rêve trace déjà ce que sera la confrontation avec la R*éponse à Job.*

La guerre éclate. Jung en est affecté. « Comment peut-on le supporter ? »[5]. Il rapporte à Esther Harding combien il a été angoissé après que le pacte entre Staline et Hitler est réalisé. Il en a même rêvé.

Rêve d'Hitler et de la vache malade

> Il se trouvait dans un château dont tous les corps de bâtiments et les murs étaient faits de trinitrotoluène (de dynamite). Hitler entrait, on le considérait comme un dieu. [...] Puis, le terrain clos du défilé commença à se remplir de buffles et de yacks qui entraient par un côté. Le troupeau était sous l'empire d'une extrême tension nerveuse et remuait sans cesse. C. G. Jung vit une vache solitaire apparemment malade. Hitler s'occupait d'elle et demanda à C. G. Jung son avis. Ce dernier répondit : « De toute évidence, elle est très malade ». A cet instant, des cosaques à cheval

[1] Barbara Hannah, *Jung, sa vie et son œuvre, op. cit.*, p. 315.
[2] *Ibid.*, p. 317.
[3] *Ibid.*, 1989, p. 322.
[4] *Ibid.*, 1989, p. 322.
[5] *Ibid.*, 1989, p. 323.

entrèrent par le fond et se mirent à faire sortir le troupeau. Il se réveilla et eût ce sentiment : « Tout est bien »[1].

Comme le rêve indique qu'Hitler doit être considéré comme un dieu, ainsi doit-il être fait. Hitler ne doit pas être considéré comme un homme « mais comme un instrument des forces divines, comme Judas, comme l'Antéchrist ». Le fait que le château soit construit en TNT signifie qu'il explosera. Le bétail représente les instincts primitifs car ce n'est pas du bétail domestique. « Toutes ces bêtes sont mâles, comme l'est l'idéologie nazie : toute valeur de relation personnelle, individuelle est complètement réprimée ; l'élément féminin est malade à mourir, c'est le sens de la vache malade ». D'ailleurs, le troupeau est nerveux et excité comme l'est un mâle séparé trop longtemps de la femelle. Les cosaques sont les Russes. Jung en déduit que la Russie - plus barbare et plus primitive encore que l'Allemagne - entrera en jeu et causera la défaite allemande[2].

Liens avec l'Œuvre

Jung met beaucoup de temps à accepter cette idée d'Hitler en tant qu'Antéchrist, en tant qu'instrument de Dieu, en lui, dans son univers conscient ! Néanmoins, ce rêve trace déjà ce que sera la confrontation avec la *Réponse à Job* (1952).

Jung évoquait déjà l'Antéchrist dans *Les rêves d'enfants* (tome 2) en tant que celui qui apparaît à la fin du monde.[3].

Dans *Aïon*, Jung constate que le dilemme Christ - Antéchrist apparaît dans les premiers textes chrétiens. Ces deux contraires se rencontrent dans le signe zodiacal du Poisson ; ce dernier étant l'un des premiers symboles du Christ.

Il démontre que l'exclusion du Mal hors du *Soi* fait des dégâts dans le mental individuel et collectif : ce refoulement est la source du dualisme qui habite l'homme.

Dans *Réponse à Job*, tout idéal est menacé d'énantiodromie. Pour cette raison, en face de l'aspect exclusivement bon de Marie et du Christ, on voit se manifester tout au long de la Bible la figure opposée de Satan, de l'Antéchrist, qui incarne la face sombre de Dieu.

Indépendamment de la question de la fonction prospective de ce rêve (il anticipe la fin de l'Allemagne nazie et la chute d'Hitler qui mourra dans une explosion - bombardement), sur le plan du sujet, il semble que la figure d'Hitler a dû fasciner Jung. Ces deux rêves indiquent dans ce cas que Jung n'est plus fasciné par la figure d'Hitler. Comme Jung nous y a habitué, il vit d'abord ce qu'il théorise ensuite. Si l'Antéchrist ne l'avait pas habité, aurait-il pu écrire dessus ?

---

[1] W. Mc Guire et R. F. C., Hull *C. G. Jung parle*, *op. cit.*, p. 146.

[2] *Ibid.*, p. 146.

[3] Carl Gustav Jung, *Les rêves d'enfants, Séminaires tome 2*. Paris, Albin Michel, 2004, p. 299.

Signalons que rien dans ses écrits sur le rêve n'évoque la figure d'Hitler. Par contre, Jung a écrit trois articles : *Wotan* (1936), *Après la catastrophe* (1945), *Signification de la ligne suisse dans l'analyse spectrale de l'Europe* (1946) réunis dans l'édition française sous le titre *Aspects du drame contemporain.*

Novembre 1939, Jung termine (à l'E. P. F.) sa présentation des textes orientaux. Il poursuit l'étude des exercices spirituels de saint Ignace de Loyola (débutés en juin 1939) comme des exemples de l'imagination active. Cette étude se terminera en mars 1940. Une nuit, Jung se réveille.

Vision du Christ en croix

> Une nuit, je m'éveillai et je vis, au pied de mon lit, baignée d'une claire lumière, le Christ en croix. Il m'apparut non pas en grandeur nature, mais très distinctement, et je vis que son corps était d'or verdâtre. C'était un spectacle magnifique ; néanmoins, je m'effrayai[1].

Pourtant, il n'a pas de quoi s'effrayer. « Des visions, en tant que telles, ne me sont pas pourtant en rien inhabituelles, car je vois souvent des images hypnagogiques plastiques ». Durant cette période, Jung réfléchit beaucoup à l'anima Christi car il pratique une méditation contenue dans les exercices spirituelles de saint Ignace de Loyola. Sa vision lui laisse entrevoir qu'il a oublié quelque chose. D'où l'analogie à l'or non vulgaire - l'or qui n'est pas celui du vulgaire – et le vert – des alchimistes. Ces pensées réconfortent Jung : il a juste eu une vision alchimique du Christ[2].

Jung envoie sa famille à Saanen car il vient d'apprendre qu'il figure sur la liste noire des nazis Cette information provient de E. A. Bennet[3]. Ce qui explique que Jung regagne ensuite Küsnacht.

Liens avec l'Œuvre

Jung a cette vision au moment où il réfléchit beaucoup à l'anima Christi. Sa vision lui laisse entrevoir qu'il a oublié quelque chose. D'où l'analogie à l'or non vulgaire et le vert des alchimistes. Mais il comprend aussi que l'or vert est « la qualité vivante que les alchimistes discernaient non seulement dans l'homme, mais aussi dans la nature inorganique. C'est l'expression d'un esprit de vie… qui gît aussi dans le métal et dans la pierre ». Marie-Louise von Franz rajoute que Mercure est le fils du macrocosme que les maîtres célèbrent comme le « vert béni ». « Le vert est, pour l'alchimiste Mylius, une puissance germinale infusée par Dieu. Ainsi la vision de Jung unifie l'image du Christ et celle de Mercure »[4].

En quoi est-ce important ? Parce que Mercure est un psychopompe ambigu (le *Méphisto* de *Faust* en est une représentation). Jung écrira : « Mercure, le dieu

---

[1] Carl Gustav Jung, *Ma vie. Souvenirs, rêves et pensée, op. cit.*, p. 245.

[2] *Ibid.*, p. 245.

[3] Emilio Rodrigué, *Freud Le siècle de la psychanalyse 2, op. cit.*, p. 477.

[4] Marie-Louise von Franz, *C.G.Jung Son mythe en notre temps*, *op. cit.*, p. 239.

ambigu, ne vient en aide sous forme de lumière de la nature... qu'à la raison qui se dirige d'après la lumière suprême que l'humanité a toujours reçues, et qui ne l'oublie pas pour se fier uniquement à sa connaissance du soir. Sinon en effet le lumen naturae devient une dangereuse fausse lumière et le psychopompe se change en séducteur diabolique. Lucifer, qui pourrait être le porteur de lumière, devient l'esprit de mensonge... »[1]. Mercure est une figure compensatrice de l'homme-dieu ; en cela la vision de Jung est importante. Elle le met sur le chemin de mieux percevoir le « Mercure luciférien de Dieu », l'*ombre* du *Soi*. Elle le prépare en quelque sorte au rêve du front à quelques centimètres du sol (1948-1949) et à la prise de conscience de l'ambiguïté de Dieu, à sa thèse que sera *Réponse à Job*. Et Jung ne le sait pas encore : cette vision le prépare aussi à parler du Christ comme cela lui sera rappelé en 1948 avec le rêve du logicien et du géant. Notons que cette vision du Christ vient contrebalancer le rêve d'Antéchrist précédent.

Le 16 décembre 1939, Jung répond à Neumann à propos de ses rêves. D'abord Jung se dit que s'il avait lui-même vécu le rêve, il éprouverait « le besoin d'une dilution, c'est-à-dire d'un développement »[2]. En effet, le rêve se présente ainsi dans ses grandes lignes. Neumann est un vieux pèlerin menacé par les nazis. A ses côtés se trouvent un fils et un père qui se transforme en vieux prince. Le prince demande au pèlerin de continuer son chemin suite à une condamnation antérieure contre laquelle le fils a en vain protesté. Le pèlerin prend un chapeau mou et un bâton (d'où l'association à Wotan de la part de Neumann) et se met en route. Le prince lui interdit de dire adieu au fils. Plus tard, le pèlerin prononce la chute du père injuste qui voit sa domination brisée. A la fin, le pèlerin meurt et apparaît comme étant dans une courbe ascendante alors que le prince se trouve dans une courbe descendante. Jung commente le rêve en écrivant : « Quand les rêves prennent ainsi la forme d'une légende, cela dénote l'existence de contenus capables de se développer, qui devraient être recueillis et travaillés par l'imagination active ». Face à ce rêve, Jung éprouve le besoin de le dramatiser afin que le rêve « trahisse plus rapidement ses secrets ». Jung précise à Neumann, comme il l'a perçu, que *Wotan*, comme dieu du Vent - Pneuma, apparaisse également chez les Juifs allemands seulement. *Wotan* est un symbole désignant un mouvement intellectuel qui concerne l'ensemble du monde civilisé.

Neumann a fait un second rêve dans lequel apparaît un hermaphrodite grand, en haut homme, en bas femme. Dans son nombril pousse un symbole végétal unifiant. Neumann voit là l'apparition d'un archétype dans lequel se manifeste une unité des pôles esprit - terre[3]. Ce que Jung confirme :

---

[1] *Ibid.*, p. 241-242.

[2] Carl Gustav Jung, *Correspondance 1906 - 1940, op. cit.*, p. 353.

[3] *Ibid.*, p. 354.

l'hermaphrodite représente l'union des couples de contraire. Il désigne le *Soi* et il a sa source dans le vent spirituel qui souffle en Europe et sur le monde entier. L'analyse de Jung tient donc compte des éléments apportés par le rêveur Neumann (un Juif). Et Jung sait faire la part des choses entre l'individuel et le collectif. Il perçoit les éléments clés du rêve : les archétypes (puisqu'il dispose de peu d'éléments personnels concernant le rêveur).

Freud meurt.

1940-1945 : Prémonitions, le quatrième principe : la quaternité, *Psychologie et alchimie*, Infarctus et visions, N. D. E., début du *Mysterium conjunctionis*, synchronicités

Durant cette Seconde Guerre mondiale, dans un train, Jung se souvient…

Vision du noyé

> … L'image d'un homme qui se noyait s'imposa à mon esprit ; c'était le souvenir d'un accident qui était arrivé durant mon service militaire. Pendant tout le trajet, je ne pus m'en distraire. J'étais sourdement inquiet et je me disais : « Que s'est-il passé ? Un malheur est-il arrivé ? »[1].

Rentré chez lui, Jung apprend que l'un des enfants de sa seconde fille a failli se noyer… au moment exact où Jung avait cette vision dans le train.

L'inconscient (collectif ?) lui a de nouveau « fait signe » comme à l'époque de la mort d'un membre de la famille d'Emma.

Rêve du lit d'Emma

> Je rêvais que le lit de ma femme était une fosse profonde aux parois maçonnées. C'était une tombe qui éveillait des souvenirs de l'antiquité. J'entendis à ce moment un profond soupir, tel le dernier soupir de celui qui va rendre l'âme. Une forme, qui ressemblait à ma femme, se dressa dans la tombe et s'éleva dans les airs. Elle portait un vêtement blanc sur lequel étaient tissés de curieux signes noirs. Je me réveillai, réveillai aussi ma femme et regardai l'heure : il était trois heures du matin. Ce rêve était aussi étrange que je pensai aussitôt qu'il pouvait annoncer un décès.

A sept heures, la nouvelle lui parvient qu'une cousine de sa femme est morte à trois heures[2]. De nombreuses fois, Jung a ainsi eu des prémonitions vagues et non un savoir anticipé. Ainsi rêve-t-il de sa sœur décédée depuis quelques années. Jung assiste à une garden-party.

Rêve prémonitoire du décès d'une amie de sa sœur

> J'y aperçus ma sœur, ce qui m'étonna beaucoup puisqu'elle était morte depuis quelques années. Un de mes amis, défunt, y assistait aussi. Les

---

[1] Carl Gustav Jung, *Ma vie. Souvenirs, rêves et pensée, op. cit.*, p. 345.

[2] *Ibid.*, p. 345.

autres invités étaient des relations encore en vie. Ma sœur se trouvait en compagnie d'une dame que je connaissais fort bien et, déjà au cours du rêve, j'en avais conclu qu'elle semblait être effleurée par la mort. Elle est désignée, me dis-je. Dans mon rêve, je savais exactement qui elle était et qu'elle habitait à Bâle[1].

« A peine réveillé - bien que j'eusse le rêve tout entier devant les yeux et dans toute sa vivacité – je ne pus, avec la meilleure volonté du monde, me rappeler de qui il s'agissait. ». Quelques semaines plus tard, Jung apprend que cette bâloise a été victime d'un accident mortel.

Au vu de ces expériences répétées, Jung croit à la prémonition, à la vie *post mortem*, au savoir de la psyché qui transcende l'espace et le temps, au fait que l'inconscience dispose de possibilités et de facultés qui dépassent largement celles du conscient[2].

Des rêves de patients ont aidé Jung à asseoir sa conception de la vie post mortem. Ainsi une femme de soixante ans rêve d'arriver dans l'au-delà. Dans une salle de classe, plusieurs de ses amies sont assises sur les premiers bancs. C'est elle qui doit faire une conférence sur la somme d'expériences effectuées durant une vie. Cette rêveuse craignait la mort et cherchait à l'écarter de sa pensée consciente. Ce « centre d'intérêt essentiel pour l'homme vieillissant » lui est rappelé par l'inconscient. Jung est convaincu que le mythe (en tant qu'il met à l'œuvre des figures/personnifications/images) peut mettre sous nos yeux d'autres images, « des images secourables et enrichissantes de la vie au pays des morts »[3]. Dans cette optique, l'inconscient prépare à la mort. Jung s'est senti très tôt (dès 1911) l'obligation « d'instruire les personnages de l'inconscient ou les « esprits des défunts » qui souvent s'en distinguent à peine »[4]. Rappelons que l'imagination active repose sur le dialogue avec les personnifications inconscientes (comme les figures de Salomé et d'Elie). Ainsi, nous pouvons mieux saisir cet échange entre conscient et inconscient par le biais des « figures de l'Autre ».

Liens avec l'Œuvre

Durant cette année 1940, Jung a des prémonitions : il voit un homme se noyer au moment où l'un des enfants de sa seconde fille manque se noyer. Il voit en rêve Emma comme une « forme » s'élevant d'une tombe et il apprend qu'une cousine de sa femme est morte à trois heures[5] ! Et il fait le rêve prémonitoire du décès d'une amie de sa sœur. Jung est convaincu que l'inconscient peut préparer à la mort. Dans *Essai d'exploration de l'inconscient* (1961), son dernier livre, il donne l'exemple d'une série de douze rêves effectués

---

[1] *Ibid.*, pp. 345-346.
[2] *Ibid.*, pp. 346 et 347.
[3] *Ibid.*, p. 348.
[4] *Ibid.*, p. 349.
[5] *Ibid.*, p. 345.

par une fillette de huit ans qui traitent de la mort et de la résurrection. Ces rêves contiennent « indiscutablement des images collectives, analogues dans une certaine mesure aux doctrines enseignées aux jeunes gens, dans les tribus primitives, au moment de leur initiation »[1]. C'est l'une des autres fonctions des rêves (ou des visions) : ils peuvent avoir un caractère d'anticipation ou de pronostic car « notre inconscient et nos rêves s'occupent de l'avenir et de ses possibilités »[2]. Et l'analyste doit en tenir compte « particulièrement lorsqu'un rêve qui a manifestement un sens n'offre pas un contexte qui suffise à l'expliquer. Un tel rêve semble souvent surgir du néant, et l'on se demande quelle a pu en être la cause »[3].

Les rencontres d'Eranos ont pour objet le thème de la Trinité. Jung traite d'une *Approche psychologique du dogme de la Trinité.* Une fête commémorative est donnée à Einsiedeln : Jung y fait une conférence sur « *Paracelse médecin* » dont c'est le quatre centième anniversaire. Nous sommes en 1941 et Jung donne une conférence à Eranos sur le *Symbole de la transsubstantiation dans la messe.* Le professeur Kerényi y participe. Kerényi est professeur de philosophie, docteur en théologie ; il participe à la création de l'Institut Jung et il y donne des cours de 1948 à 1962. Jung va publier avec lui *Introduction à l'essence de la mythologie* en 1940 et *Le fripon divin* (en 1954).

« Jung n'obtenant pas les garanties demandées de nouvelles nations membres (Italie, Hongrie, Japon) quitte la présidence de la Société internationale. Le Pr Goering proclame l'alignement de celle-ci et le transfert de son siège à Berlin. Jung considère cette décision comme une sécession du groupe allemand. « A ses yeux, la Société internationale, ayant son siège à Zurich, subsiste, composée de la Suisse, de la Suède, du Danemark, de la Holland et de l'Angleterre. La Société internationale entre en sommeil. Elle renaîtra en 1946 pour devenir la Fédération Internationale de psychothérapie médicale »[4].

Le 30 juillet 1942, Jung fait le rêve suivant.

Rêve d'Afrique

> …Je me trouvais en Afrique et portais une grande shoha (un long vêtement blanc ressemblant à une chemise).

Il évoque ce rêve dans une lettre adressée à une correspondante suisse qui vient de rêver d'Arabe[5]. Il rêve ensuite…

---

[1] Carl Gustav Jung, *Essai d'exploration de l'inconscient*, *op. cit.*, p. 101.
[2] *Ibid.*, p. 106.
[3] *Ibid.*, p. 107.
[4] Cahiers jungiens de psychanalyse, *Jung face au nazisme*, Numéro 12. Hiver 1977, p. 7.
[5] Carl Gustav Jung, *Correspondance 1941 - 1949, op. cit.*, p. 43.

Rêve du prophète

J'ai rêvé d'un prophète oriental suivi par une femme complètement hypnotisée par son balbutiement prophétique ; visiblement mon anima, fascinée au plus haut point par mon ombre qui, de son côté, est saisie par l'esprit de la vie (Mercure !)[1].

Liens avec l'Œuvre

Jung évoque ces deux rêves dans une lettre adressée à une correspondante suisse qui vient de rêver d'Arabe[2]. Le rêve de cette correspondante a anticipé plusieurs rêves de Jung. Ce n'est pas la première fois que Jung évoque ce thème : les patients rêvent pour le médecin, l'analyste. Souvenons-nous du rêve de Jung de la femme haut placée (1900-1902). L'inconscient de l'un, selon le principe des vases communicants, fait réagir l'inconscient d'autrui : voilà le sens réel de la *Psychologie du transfert*. L'Arabe est pour Jung « à mettre en relation avec Mercure car, la première fois que j'ai rêvé de Mercure, il apparaissait sous les traits d'un jeune prince arabe que je devais enfoncer sous l'eau. C'est ce qui arrive à Mercure »[3]. Jung est absorbé par ses matériaux mercuriens qui entraînent son organisme à vivre la transformation mercurienne. C'est-à-dire qu'il a l'impression d'être démembré. D'où deux semaines « déplaisantes » à vivre. Jung a l'impression que son *anima* est contaminé par Mercure, cette figure centrale de la métamorphose alchimique[4]. Il est à cette époque en train de préparer sa conférence à Eranos sur « *L'esprit Mercure* » (qui sera publiée dans *Essais sur la symbolique de l'esprit*). Ces rêves lui servent donc de matériaux pour concevoir son écrit. En même temps, Jung travaille sur le texte alchimiste *Allegoria Merlini* dans lequel un roi boit tant d'eau mercurienne qu'il en tombe malade[5].

Des personnalités suisses et un psychiatre allemand lui proposent de réaliser un plan pour restaurer la paix. Jung s'enthousiasme, en parle à Barbara Hannah qui lui confie un rêve. Le fils de Jung est à la tête de ce plan mais une voix informe que le plan de paix échouera. Jung comprend tout de suite ! « Oh merde, est-ce que je ne me montre pas trop naïf ? »[6]. Hitler partira dans une rage folle en lisant ce plan de paix. Et le psychiatre allemand se réfugiera en Suisse. Jung a ainsi encore fait confiance à l'inconscient (le rêve connu, son enthousiasme se dissipe) mais il ne lui obéit pas aveuglement : il a attendu de voir comment les choses se déroulaient. Jung n'a pas sacrifié le bon sens.

Il se démet de l'enseignement universitaire à Zurich.

---

[1] *Ibid.*, p. 43.
[2] *Ibid.*, p. 43.
[3] *Ibid.*, p. 43.
[4] Gerhard Wehr, *Carl. Gustav. JUNG sa vie, son oeuvre, son rayonnement, op. cit.*, p. 330.
[5] Carl Gustav Jung, *Correspondance 1941 - 1949, op. cit.*, note n°5, p. 44.
[6] Barbara Hannah, *Jung, sa vie et son œuvre, op. cit.*, p. 334.

Le 22 décembre, Jung écrit à Aniela Jaffé. Celle-ci rêve de se trouver dans une cave profonde avec un garçon et un vieil homme. Le garçon a reçu pour Noël une installation électrique et la montre à Aniela. Une grande marmite en cuivre est suspendue au plafond de la cave. Des câbles électriques sortent de tous les côtés et se rejoignent pour faire vibrer la marmite. Au bout d'un moment, il n'y a plus de câbles, la marmite vibre seulement en raison des oscillations électriques qui se propagent dans l'atmosphère[1]. Jung est surpris de lire ce rêve : il correspond aux premières rêveries continues qu'il a faites entre quinze et seize ans et qui l'occupent pendant le trajet pour aller au lycée.

Rêveries du roi et de l'ile

> J'y étais le roi d'une île située au milieu d'un grand lac allant de Bâle à Strasbourg et qui ressemblait à une mer. L'île se constituait d'une montagne au pied de laquelle se trouvait une petite ville moyenâgeuse. En haut se dressait mon château, avec des sortes d'antennes en cuivre sur la plus haute tour qui servaient à recueillir l'électricité de l'atmosphère et la conduisaient dans une cave voûtée et profonde située au-dessous de la tour. Là, un appareil mystérieux transformait l'électricité en or, etc.[2]

Jung voit dans cette rêverie « un dispositif de la symbolisation du *Soi* ». Et une machine est toujours construite dans un but intentionnel (comme l'horloge mondial évoqué dans *Psychologie et Alchimie* et qu'il cite là) : elle est « un microcosme que Paracelse appelait la constellation en l'homme » (*Synchronicité et Paracelsia*)[3].

Liens avec l'Œuvre

Jung évoque cette rêverie - rétrospectivement - avec Aniela Jaffé. Mais peut-être sont-ce ces rêveries qui l'ont conduit plus tard à parler du *Soi* en tant qu'organisateur ? Ce qu'il évoque avec les machines particulières que sont les soucoupes volantes dans *Un mythe moderne*[4]. Dans cet essai, il cite un rêve dont l'ambiance solennelle du début signifie le pressentiment de l'apparition du *Soi* en tant qu'ordonnateur et organisateur de la personnalité.

En tout cas, une chose est sûre : à l'âge de quinze ans, Jung s'adonne aux rêveries comme pour mieux s'organiser intérieurement.

La version allemande de *Psychologie et religion* sort. Ce livre est la publication de ses *Terry Lectures* faites à la Yale University de New Haven de 1937. Cette année-là, Jung ne donne aucune conférence à Eranos. Il consacre tout son temps à l'alchimie et à la quaternité. *Psychologie et alchimie* se termine mais déjà le

---

[1] Carl Gustav Jung, *Correspondance 1941 - 1949, op. cit.*, note n°3, p. 52.
[2] *Ibid.*, note n°3, p. 51.
[3] *Ibid.*, note n°3, p. 52.
[4] Carl Gustav Jung, *Un mythe moderne*, Paris, Idées Gallimard, n° 323, 1974, p. 146.

Mysterium conjunctionis se prépare. Jung a pris les devants : il a protégé son temps pour se consacrer à ce qui sourd en lui.

C'est après la seconde guerre mondiale qu'une grande partie de l'œuvre de Jung est publiée. Un long temps de mûrissement et d'éprouvé intérieur fait que l'œuvre peut atteindre sa plénitude et son épanouissement. Les recherches alchimiques amorcées en 1918, mises par écrit pour les conférences du cercle Eranos en 1935 donnent naissance en 1943 au livre *Psychologie et alchimie.* Pour Jung, l'alchimie est « une sorte de courant souterrain ésotérique du christianisme. En d'autres termes, cette alchimie se comporte par rapport au christianisme religieux général comme un rêve par rapport à la conscience. Et de même que le rêve compense par des symboles imagés les conflits de la vie quotidienne consciente, l'alchimie s'est efforcée de mettre à découvert un peu de la tension des contraires qui sont présents dans le christianisme, qu'il se l'avoue ou pas »[1].

Psychologie et Alchimie est la synthèse de ses recherches précédentes mais aussi le tremplin de l'œuvre future : de *Psychologie du transfert* (1946), de *Mysterium Conjunctionnis* (1955-1956) dont Marie-Louise Von Franz écrira le troisième tome : *Aurora consurgens.* Jung est persuadé que les symboles alchimiques sont d'une aide précieuse dans la compréhension des névroses et des psychoses. C'est à partir de cette année-là que les écrits prennent le pas sur les autres facettes de son activité. Jung réduit le temps consacré à l'analyse avec ses patients. Une période fertile d'écriture débute.

En 1944, il est nommé à la chaire de psychologie à Bâle, là où son grand-père Carl Gustav l'Ancien avait professé. Il abandonne son poste suite à une fracture du pied en glissant sur la neige (en février). Immobilisé à l'hôpital, Jung en profite pour lire les textes alchimistes. Mais son coté actif se rebelle contre l'immobilisation forcée. Jung subit une thrombose au cœur et deux autres dans les poumons. Il est sauvé par un cardiologue célèbre, le Dr Haemmerli. En état d'inconscience, au seuil de la mort, il délire et il a des visions. L'infirmière auprès du chevet a l'impression que Jung est « *comme entouré d'un halo lumineux* », phénomène qu'elle a déjà observé auprès des mourants[2]. Des choses fort étranges commencent à se dérouler[3]. Jung ne sait s'il est en plein rêve ou en pleine extase. Il est proche de mourir. Mais… il « voit ».

Rêve, vision du temple de pierre

Je croyais être très haut dans l'espace cosmique. Bien loin au-dessous de moi j'apercevais la sphère terrestre baignée dans une merveilleuse lumière bleue, je voyais la mer d'un bleu profond et les continents. Tout en bas, sous mes pieds, était Ceylan et devant moi s'étendait le

[1] Gerhard Wehr, *C. G. Jung, op. cit.*, p. 123.

[2] Carl Gustav Jung, *Ma vie. Souvenirs, rêves et pensée, op. cit.*, p. 331.

[3] *Ibid.*, p. 331.

subcontinent indien. Mon champ visuel n'embrassait pas la terre entière, mais sa forme sphérique était nettement perceptible et ses contours brillaient comme de l'argent à travers la merveilleuse lumière bleue. [Jung voit le désert rouge-jaune de l'Arabie, la mer Rouge, un coin de la méditerranée, les sommets enneigés de l'Himalaya]. Je savais que j'étais en train de quitter la terre.

Plus tard je me suis renseigné et j'ai demandé à quelle distance de la terre on devrait se trouver dans l'espace pour embrasser une vue d'une telle ampleur : environ mille cinq cent kilomètres ! Le spectacle de la terre vue de cette hauteur était ce que j'ai vécu de plus merveilleux et de plus féérique.

Après un moment de contemplation, je me retournai. [...] Quelque chose de nouveau entra dans mon champ visuel. A une faible distance, j'aperçus dans l'espace, un énorme bloc de pierre, sombre comme une météorite, à peu près de la grosseur de ma maison, peut-être même plus gros. La pierre planait dans l'univers et je planais moi-même dans l'espace.

[...] Une entrée donnait accès à un petit vestibule ; à droite un banc de pierre, un Indien à la peau basanée était assis dans la position de lotus, complètement détendu, en repos parfait ; il portait un vêtement blanc. Ainsi, sans mot dire, il m'attendait. Deux marches conduisaient à ce vestibule ; à l'intérieur, à gauche, s'ouvrait le portail du temple. [...] Quand je m'approchais des marches par lesquelles on accédait au rocher, je ressentis une très étrange impression : tout ce qui avait été jusqu'alors s'éloignait de moi. Tout ce que je croyais, désirais ou pensais, toute la fantasmagorie de l'existence terrestre se détachait de moi ou m'était arrachée - processus douloureux à l'extrême. Cependant quelque chose en subsistait, car il me semblait avoir alors, près de moi, tout ce que j'avais vécu ou fait, tout ce qui s'était déroulé autour de moi.

[...] « Je suis ce faisceau de ce qui a été accompli et de ce qui a été. » Cet événement me donna l'impression d'une extrême pauvreté, mais en même temps d'une extrême satisfaction. Je n'avais plus rien à vouloir, ni à désirer ; j'étais, pourrait-on dire, objectif, j'étais ce que j'avais vécu. [...] J'eus encore une autre préoccupation : tandis que je m'approchais du temple, j'avais la certitude d'arriver dans un lieu éclairé et d'y rencontrer le groupe d'humains auxquels j'appartiens en réalité. Là je comprendrais enfin – cela aussi était pour moi une certitude – dans quelle relation historique je me rangeais, moi et ma vie. [...] Ma vie semblait avoir été coupée avec des ciseaux dans une longue chaîne et bon nombre de questions étaient restées sans réponses. Pourquoi s'est-elle déroulée de cette façon. Pourquoi ai-je apporté avec moi ces conditions préalables ? Qu'en ai-je fait ? Qu'en résultera-t-il ? A toutes ces questions – j'en étais sûr – je recevrais une réponse dès que j'aurais pénétré dans le temple de pierre. [...] Je m'y approcherais des hommes connaissant la réponse à donner à ma question concernant l'avant et l'après.

Tandis que je méditais sur tout cela, un fait capta mon attention : d'en bas, venant de l'Europe, une image s'éleva : c'était mon médecin, ou plutôt son image, encadrée d'une chaîne d'or ou d'une couronne dorée de lauriers. Je me dis aussitôt : « Tiens ! c'est le médecin qui m'a traité ! Mais maintenant il apparaît dans sa forme première comme un Basileus de Cos... » [Cos était le lieu de naissance d'Hippocrate ; Basileus de Cos signifie Prince de la médecine et désigne aussi un roi renommé des temples de guérison d'Esculape]. [...]

Quand il fut arrivé devant moi, planant comme une image née des profondeurs, il se produisit entre nous une silencieuse transmission de pensée. Mon médecin avait été délégué par la terre pour m'apporter un message : on y protestait contre mon départ. Je n'avais pas le droit de quitter la terre et devais retourner. Au moment où je perçus ce message, la vision disparut. [...] Le douloureux processus de l' « effeuillement » avait été inutile : il ne m'était pas permis d'entrer dans le temple ni de rencontrer les hommes parmi lesquels j'avais ma place[1].

Dans cet état qu'on qualifierait aujourd'hui de N. D. E. (*near death expérience*), Jung perçoit que tout manque de chaleur humaine. Il sait aussi que passer le temple, c'est quitter le monde des vivants. Il ne ressent aucun regret pour ce qu'il a vécu. Tout ce qui faisait sa vie jusqu'alors a disparu. Seule persiste l'idée que personne ne touche à ses pipes[2].

Liens avec l'Œuvre

Jung vient de vivre une N. D. E. (*near death expérience*). Evelyn Elsaesser-Valarino a fait une analyse approfondie et détaillée des étapes successives de la N. D. E., de cette expérience de la mort imminente qui se situe justement entre la vie et la mort. Ces étapes peuvent se chevaucher. Chaque « *expérienceur* »[3] n'a pas expérimenté la totalité de ces trente et une étapes. Cependant plusieurs expérienceurs ont exploré un grand nombre de ces étapes[4]. Les étapes essentielles (le déroulement typique) sont indiquées en caractère gras. L'étape la plus importante, la plus transformatrice pour l'expérienceur, est celle de la rencontre avec l'Être de lumière. De même, la revue de vie « est de nouveau hautement symbolique, liée à l'idée du bien et du mal qui est l'un des archétypes fondamentaux »[5].

En comparant l'expérience de Jung avec le tableau ci-après, nous constatons qu'il a vécu plusieurs étapes de la N. D. E. : la 1 (décorporation), la 4 (l'Être de

[1] *Ibid.*, p. 331-334.

[2] Barbara Hannah, *Jung, sa vie et son œuvre, op. cit.*, p. 344.

[3] Personne qui a vécu une NDE.

[4] Evelyn Elsaesser-Valarino, *D'une vie à l'autre,* Dervy-Livres, 1999, p. 27.

[5] *Ibid.*, p. 15.

lumière au sens où Jung perçoit une lumière typique de cette étape), la 6 (paysages merveilleux), la 12 (faire partie d'un ensemble), les 13, 14 et 15 (la perception modifiée du temps, la perception modifiée de la pesanteur, l'impression de vitesse phénoménale : Jung est cité là par Evelyn Elsaesser-Valarino), la 18 (la revue de vie), la 21 (l'ouïe : percevoir l'autre tel qu'il est), la 25 (son retour est imposé : il ne peut pas aller plus loin dans le temple) ; donc, Jung a vécu indirectement la « frontière à ne pas dépasser » de l'étape 24.

Tableau : Étapes de la N. D. E.

N° d'étape	Étapes de la NDE	Caractéristiques de l'étape
1	La **décorporation**	Sortie du corps: OBE (out of body experience). Le sujet voit son corps de l'extérieur.
2	Le **tunnel**	S'engager dans un tunnel obscur et se déplacer à la vitesse de la lumière. Entendement d'un bruit harmonieux ou désagréable.
3	**Les guides et les anges gardiens**	Guides qui accompagnent ou réconfortent.
4	**L'Être de lumière** ou l'amour absolu	Vision d'une lumière éclatante de beauté. Communication avec l'Être de manière instantanée et sans parole.
5	La sensation de compréhension ou de **bonheurs infinis**	La rencontre avec l'Être de lumière génère un sentiment de bonheur absolu.
6	Les paysages merveilleux	Paysages avec de magnifiques fleurs inconnues. Terres sublimées.
7	La **cité de lumière**	De couleur or clair.
8	**La connaissance universelle, absolue**	L'Être de lumière dispense l'impression d'avoir accès à la connaissance universelle.
9	*La soif d'apprendre*	Lors du retour à la vie, les expérienceurs se transforment en lecteurs assidus.
10	L'augmentation de la puissance intellectuelle	Acuité, rapidité de la pensée et du raisonnement.
11	La pérennité du sentiment d'identité	Être soi-même, avoir conservé sa personnalité, son caractère, son vécu. Concentration et essence de l'être profond.
12	**La certitude de faire partie d'un ensemble universel**	Faire partie d'un ensemble universel et harmonieux.

13	La perception modifiée du temps	Dimension atemporelle, temps d'une autre nature. Relativisation des événements situés dans un plus vaste ensemble.
14	La perception modifiée de la pesanteur	Sans corps ou très léger. Tout devient possible.
15	L'impression de vitesse phénoménale	Ce que vit Jung
16	La sensation d'avoir une enveloppe corporelle absente ou différente	Etre une pure conscience (sans corps). Ou bien le corps est léger, fluide, aux contours flous.
17	**La rencontre avec les proches décédés**	Reconnaissance, réciproque, des proches.
18	**La revue de vie**	L'un des événements les plus importants. Revue des événements des plus marquants aux plus banals. Le message de l'Être de lumière: aimer et s'instruire.
19	Le jugement dernier	l'Être de lumière aide à comprendre les actes, bons ou mauvais, et à réaliser l'impact des agissements sur les uns et les autres. Le jugement vient de l'expérienceur.
20	La vue	Vision plus puissante. Vision du corps du dessus.
21	L'ouïe • Les personnes vivantes • Les personnes décédées ou l'Être de lumière	Lire dans la pensée des gens plutôt que les entendre. Entendre les pensées avant qu'elles ne soient exprimées par les personnes vivantes. Transmission de pensées avec les personnes décédées ou l'Être de lumière.
22	Le toucher	Impossibilité de toucher. Passer au travers des corps, des murs.
23	*L'odorat et le goût*	Ne jouent aucun rôle dans la NDE.
24	**La vision d'une frontière**	Franchissement d'une frontière qui rendrait impossible le retour sur terre.
25	**Le retour à la vie** • Le retour imposé • Le retour imploré • L'indécision • Le libre arbitre	Les retours sont plus imposés que souhaités pour accomplir ou terminer une tâche, résoudre un problème, s'occuper des enfants. L'expérienceur peut être indécis. Rares sont ceux qui ont le libre choix; même dans les cas ou la tâche sur Terre est accomplie en grande partie.

26	La manière de réintégrer le corps physique	Étape peu décrite par les expérienceurs.
27	*La difficulté de revenir à la vie*	Une caractéristique significative de la NDE car nostalgie de la grâce vécue.
28	*L'incommunicabilité de la NDE*	Expérience ineffable. Sentiment de solitude.
29	*La NDE prophétique ou prémonitoire*	Lors de la revue de vie, l'expérienceur peut voir des événements situés dans l'avenir.
30	*Les dons parapsychologiques induits par la NDE*	Télépathie, visions prémonitoires, capacité de voir à distance, de deviner les pensées, diagnostiquer des maladies, rêver de ce qui va se passer les jours suivants, se développent.[1].
31	*Les visions au moment du décès*	Avoir une vision au moment du trépas d'un proche.

Les termes en italique renvoient aux implications de la N. D. E. sur la vie de l'expérienceur ou l'expérience de mort imminente dans un sens plus large.

Cette expérience marque Jung profondément. Il en parle encore cinq ans plus tard avec un professeur (lettre du 12 janvier 1949), Jung se demande « à quelle distance de la terre me trouvais-je pour que mon champ visuel puisse englober l'ensemble de ces territoires ? »[2]. Il ne le saura pas mais son champ visuel a englobé ce jour là la distance d'environ mille cinq cent kilomètres. A l'aube de ses soixante quinze ans, « au vu des diverses expériences de Jung - d'une part ce qu'il appela le « voyage au bout de la nuit » de l'âme, et d'autre part l'image d'une ascension loin de la planète terre -, il est possible de dire : dans le cadre de sa confrontation fatidique avec l'inconscient, il a ajouté à la dimension de la profondeur psychique celle de l'élévation spirituelle »[3].

Jung met trois semaines à revivre, sans pour autant pouvoir s'alimenter ni digérer le fait que son médecin (le Dr. Haemmerli) « l'ait ramené sur terre ». Mais n'est-ce pas ce Basileus de Cos qui a participé à ce retour parmi les vivants ? D'après ce que Jung a pu dire à la B. B. C., son moi peinait à concevoir qu'il était un grand médecin et que, dès le début, il n'avait eu pas d'autre choix que de « suivre sa vocation, nommé par Dieu, comme tout Basileus de Cos »[4]. Au-delà de cette interprétation proposée par Barbara Hannah, il n'empêche que Jung a la prescience de la mort du médecin. Ce qui

---

[1] Evelyn Elsaesser-Valarino, *D'une vie à l'autre,* Dervy-Livres, 1999, p. 67.
[2] Carl Gustav Jung, *Correspondance 1941 - 1949,* Paris, Albin Michel, 1993, p. 283.
[3] Gerhard Wehr, *Carl. Gustav. JUNG sa vie, son oeuvre, son rayonnement, op. cit.*, p. 339.
[4] Barbara Hannah, *Jung, sa vie et son œuvre, op. cit.*, p. 68.

arrive effectivement le 4 avril 1944, jour où Jung peut de nouveau s'asseoir au bord de son lit. Jung est affligé que son médecin traitant meure.

Comme il le fait remarquer, Zeus a lui-même foudroyé et tué Esculape parce que ce dernier a ramené des patients de la mort à la vie. Jung est réconforté par la suite en apprenant que le Dr. Haemmerli était déjà en mauvaise santé. Jung écrit le 21 août 1944 à une correspondante à propos du Dr Zimmer qui vient de mourir aux États-Unis : « Il est, de même que mon médecin traitant le Dr Haemmerli, mort à la veille de la gloire. Il semble que ce soit un moment particulièrement critique. Il est en effet très dangereux d'être loué de son vivant. C'est pourquoi on voit si souvent des reconnaissances posthumes. J'ai moi aussi failli être envoyé ad patres du seul fait que j'ai été nommé professeur à Bâle »[1]. Dans ce contexte, le 25 octobre 1955, Jung écrira (à l'occasion de son quatre vingtième anniversaire) au frère de son médecin : « Votre lettre de Cos m'a profondément touché du fait que feu votre frère… est associé pour moi, de façon mystérieuse, à Cos. Dans l'état délirant où j'étais alors, l'image de votre frère m'est apparue, auréolée de la couronne d'or d'Hippocrate, et m'a informé que j'étais déjà à mille cinq cent km de la terre… Dès l'instant de cette vision j'ai craint pour la vie de votre frère, car je l'avais vu sous sa forme archétypique, celle du prince de Cos, ce qui signifiait sa mort… »[2]

Jung durant cette vision se sent complètement « objectif ». Il a pris de la hauteur. De la montagne (le *Soi*), il observe la vallée et ce qui a été le moi. Il est dégagé de tout sentiment, de tout affect. Il est en plein mystère : « La connaissance objective se situe au-delà des intrications affectives, elle semble être le mystère central. Elle seule rend possible la véritable conjunctio »[3].

Jung se sent déprimé. Il s'endort le soir pour se réveiller vers minuit dans un état proche de la béatitude et de l'extase. Il continue de « planer » la nuit.

Visions de mariages

> Pendant un certain temps, il me sembla que l'infirmière était une vieille femme juive, beaucoup plus âgée qu'elle n'était en réalité, et qu'elle préparait les rituels mets casher. Quand je la regardais, je croyais voir comme un halo bleu autour de sa tête. […] C'était le mariage mystique tel qu'il apparait dans les représentations de la tradition cabalistique. Je ne saurai vous dire combien cela était merveilleux. Je ne cessai de penser : « C'est le jardin des grenades ! C'est le mariage de Malchut et avec Tipheret ! » Je ne sais exactement quel rôle j'y jouai. Au fond, il s'agissait de moi-même : j'étais le mariage, et ma béatitude était celle d'un mariage bien heureux.

---

[1] Carl Gustav Jung, *Correspondance 1941 - 1949, op. cit.*, p. 77.

[2] Carl Gustav Jung, *Correspondance 1955 - 1957,* Paris, Albin Michel, 1995, p. 97.

[3] Carl Gustav Jung, *Ma vie. Souvenirs, rêves et pensée, op. cit.*, p. 339.

> […] Alors lui succéda le « mariage de l'agneau » dans une Jérusalem pompeusement parée. Je suis incapable de décrire quels en étaient les détails. C'étaient d'ineffables états de béatitude, avec anges et lumières. Quant à moi, j'étais le « mariage de l'agneau »[1].

Tiphereth représente la grâce et Malkouth le royaume. Ce sont deux des sphères de manifestation divine, dans lesquelles Dieu sort de son obscurité. Ils représentent un principe féminin et un principe masculin à l'intérieur de la divinité, d'après Aniella Jaffé[2].

Une dernière vision advient.

Vision de l'hiéros gamos

> Je suivais une large vallée jusqu'au fond, au bord d'une douce chaîne de collines ; la vallée se terminait en un amphithéâtre antique, il se situait, admirable, dans le paysage verdoyant. Et là, dans ce théâtre, se déroulait l'*hiéros gamos*. Des danseurs et des danseuses apparurent et, sur une couche parée de fleurs, Zeus-père de l'univers et Héra consommaient l'*hieros gamos*, tel qu'il est décrit l'*Iliade*[3].

Ces visions durent chaque nuit une heure. Puis Jung se rendort pour se réveiller avec des matins gris contrastant avec les extases de nuit ; état que Jung ne revivra qu'à la mort de sa femme au sens où celle-ci lui apparaît « en un rêve qui était comme une vision », en 1955[4]. Trois semaines de visions s'écoulent.

Liens avec l'Œuvre

Ces visions durent chaque nuit une heure. Puis Jung se rendort pour se réveiller avec des matins gris contrastant avec les extases de nuit ; état que Jung ne revivra qu'à la mort de sa femme au sens où celle-ci lui apparaît « en un rêve qui était comme une vision », en 1955[5]. Trois semaines de visions s'écoulent. Jung vit l'un des aspects de l'étape trente décrite par Evelyn Elsaesser-Valarino : celle des visions prémonitoires (cf. *supra*).

Jung retrouve peu à peu ses forces. Il a senti que son corps a été démembré et coupé en menus morceaux. Il lui faut dès lors beaucoup de temps pour lentement le rassembler et le recomposer avec très grand soin. Jung vient de vivre une expérience chamanique telle que Mircea Eliade la décrit dans *Le chamanisme et les techniques archaïques de l'extase* (Payot, Paris 1974). A savoir : le dépècement du corps et le renouvellement des organes internes et des os. Tel le *medicine-man*, Jung rassemble lui-même son corps. Il est le malade qui réussit à se

---

[1] Carl Gustav Jung, *Ma vie. Souvenirs, rêves et pensée, op. cit.*, p. 336.
[2] *Ibid.*, note °1, p. 336.
[3] *Ibid.*, p. 336.
[4] *Ibid.*, p. 339.
[5] *Ibid.*, p. 339.

guérir lui-même. Les jours suivants, Jung sent son corps lourd, lourd comme celui d'un gros poisson. Quand on le nourrit avec des cuillerées de soupe, il craint que la nourriture ne sorte par ses ouïes. Pour retrouver son incarnation corporelle, pour ressentir l'éprouvé du corps humain, il est obligé de sillonner sa chambre de séjour et de toucher chaque objet[1]. Jung écrira à une amie psychiatre, atteinte d'un cancer (le 1er février 1945) : « Vous savez que j'ai été moi aussi terrassé par l'ange de la mort qui a bien failli réussir à m'effacer de ses tablettes. [...] En fin de compte, cette maladie a été pour moi une expérience extrêmement précieuse ; elle m'a donné l'occasion rare de jeter un œil derrière le voile. C'est déjà là une chose difficile : se détacher du corps, devenir nu, vide du monde et de la volonté du Moi... [...] Ma vie ne va plus durer longtemps. Je suis marqué. Heureusement la vie est devenue provisoire. Elle est devenue une chose préjudicielle et passagère, une hypothèse de travail pour l'instant présent, mais elle n'est pas l'existence elle-même »[2].

Cette période de la vie de Jung est la seule où il abandonne tout désir de vivre. Il n'a qu'une hâte : revivre ces moments d'extase procurés par ses visions. Nonobstant ce désir, il continue à vivre ! Et il est obligé de laisser de côté, de sacrifier ces moments de « béatitude éternelle ». Il constate « qu'il n'avait pas encore vécu tout ce qui appartenait à sa vie terrestre ». Il ne croyait pas si bien dire : il va encore goûter la coupe de l'amertume durant dix sept années avant que le vin ne se fasse miel. Cette période de dépression et de visions devient une période fertile de travail. Jung ne cherche plus à imposer son propre point de vue. Il se soumet au cours de ses pensées, à ses intuitions. Il dit « Oui » totalement à son Être. Il accepte les conditions de son existence sans chercher à s'y rebiffer (ce qui était un trait de son caractère : se révolter contre...). Il accepte son destin ; ce qui permet de garder cette stabilité du roc face à l'incompréhensible. L'existence des idées devient prépondérante par rapport aux jugements de valeur (en terme de bien et de mal, de ce qui fait plaisir ou déplaisir, de bien-être et de malaise). Il confie à Marie-Louise von Franz à propos du *Mysterium conjunctionis* qu'il n'en changera aucun mot car tout ce qu'il a écrit est juste. Après cette maladie comme la nomme Jung, il fait le rêve suivant. En excursion sur une route ensoleillée...

Rêve du yogi qui rêve Jung

> ... Puis j'arrivai près d'une petite chapelle, au bord de la route. La porte était entrebâillée et j'entrai. A mon grand étonnement, il n'y avait ni statue de la Vierge, ni crucifix sur l'autel, mais simplement un arrangement floral magnifique.

---

[1] Barbara Hannah, *Jung, sa vie et son œuvre, op. cit.*, p. 348.

[2] Carl Gustav Jung, *Correspondance 1941 - 1949, op. cit.*, p. 93.

> Devant l'autel, sur le sol, je vis, tourné vers moi, un yogi dans position du lotus, profondément recueilli. En le regardant de plus près, je vis qu'il avait mon visage ; j'en fus stupéfait et effrayé...[1]

Il se réveille en pensant : « …Voilà celui qui me médite. Il a un rêve, et ce rêve c'est moi ». « Je savais que quand il se réveillerait, je n'existerais plus »[2].

Quelle interprétation Jung donne-t-il à son rêve ? Pour lui, ce rêve est une parabole. Son *Soi* (le yogi) entre en méditation et médite sur sa forme terrestre (Jung). Il prend une forme humaine et assume une existence religieuse (la chapelle). Le yogi représente pour Jung sa totalité prénatale inconsciente. L'Orient incarné par le yogi représente un état psychique opposé à la conscience et qui nous est étranger. « Comme la lanterne magique, la méditation du yogi « projette » aussi ma réalité empirique »[3]. Jung décrit ainsi « un renversement total des rapports entre la conscience du moi et l'inconscient pour faire de l'inconscient le créateur de la personne empirique ». L'autre côté en nous, l'existence inconsciente est créatrice de l'existence empirique « réelle ». « … Notre monde conscient est une espèce d'illusion ou une réalité apparente… un peu comme un rêve qui, lui aussi, semble être la réalité tant qu'on s'y trouve plongé »[4]. L'expérience de Jung rejoint ainsi celle du monde oriental qui affirme la Maya, le « Cela qui est », l'état de *Turiya*, de Témoin (décrit dans les *Upanishads* ; textes que Jung connaissait) où état de veille et état de rêve ne font plus qu'Un.

Le rêve de Jung paraphrase le célèbre rêve du papillon de Tchoang-Tzeu. Jung devient pleinement conscient de sa vie. Il fait une profession de foi dans ce dernier réel chapitre de son autobiographie : « *De la vie après la mort* » - la suite concerne des « *Pensées tardives* » qui explicitent et simplifient certains des grands points théoriques de Jung.

Liens avec l'Œuvre

Le yogi représente pour Jung sa totalité prénatale inconsciente. L'Orient incarné par le yogi représente un état psychique opposé à la conscience et qui nous est étranger. « Comme la lanterne magique, la méditation du yogi projette aussi ma réalité empirique »[5].

Trois points caractérisent cette affirmation du dernier cycle de la vie de Jung. En premier lieu, la tâche majeure de l'homme est de prendre conscience de ce qui, provenant de l'inconscient, le presse et s'impose à lui, au lieu d'en rester inconscient ou de s'y identifier. En second lieu, la vocation de l'homme est de créer de la conscience. En troisième lieu, « tout comme l'inconscient agit

---

[1] Carl Gustav Jung, *Ma vie. Souvenirs, rêves et pensée, op. cit.*, p. 368.

[2] *Ibid.*, p. 368.

[3] *Ibid.*, p. 368.

[4] *Ibid.*, p. 369.

[5] *Ibid.*, p. 368.

sur nous, l'accroissement de notre conscience a, de même, une action en retour sur l'inconscient »[1].

Jung est en fin d'âge mûr. La vieillesse s'annonce. Il vient de passer les soixante ans et s'approche des soixante-dix années. La transition alchimique est inaugurée par la fracture du pied, un coup au cœur et aux poumons. Ces incidents annoncent combien la vie peut être précaire. Malgré cela, Jung échappe au cortège de retraite, deuil et infirmité(s). Il se préoccupe plutôt de ses personnages intérieurs qui prennent de plus en plus d'importance[2]. Au moment où on commence à perdre de plus en plus d'amis et de membres de sa famille, que reste-t-il à vivre ? C'est là où la relation au *Soi* prend toute sa valeur : une valeur inestimable. Et la fin de la maturité prépare à bien mourir. Jung rêve, médite sur sa forme terrestre et écrit. Il se sait méditer et être médité. Il a une confiance absolue en *Soi* (!). Son regard s'élargit à l'infini de l'éternité. Jung élargit ses horizons intellectuels : la psychothérapie, le Yi-king, la religion, la synchronicité, l'alchimie, les soucoupes volantes, alimentent ses réflexions.

Il publie un nouvel article sur les événements contemporains après celui consacré à *Wotan* de 1936 : « *Après la catastrophe* » (publié en France dans *Aspects du drame contemporain*). Barbara Hannah qui rencontrait alors beaucoup Jung souligne que, cette année-là, il insiste fréquemment « sur la nécessité de toujours prendre en considération le contraire de chaque chose »[3].

L'année 1945 voit Jung recouvrer ses forces. De nouveau, il mène une vie normale : il coupe du bois, il barre son bateau à voile. Il mène toujours sa vie « primitive » dans sa tour : pas d'électricité ni d'eau courante. Néanmoins, il ne peut reprendre ses cours à l'université car les voyages entre Bollingen et Bâle lui occasionnent trop de fatigues. Jung refait des conférences à Ascona dont le thème est *L'esprit*. Son intervention porte sur « *La phénoménologie de l'esprit dans les contes de fée* » (dans *Essais sur la Symbolique de l'esprit*).

En novembre 1945, dans une lettre au Pr. Rhine, Jung définit la perception extrasensorielle comme une manifestation de l'inconscient collectif. La psyché n'est pas personnelle car elle est partout et en tout temps la même : c'est la psyché objective qui n'est pas limitée non plus par le corps. Pour cette raison, elle se manifeste chez les êtres humains, les animaux mais aussi dans des données physiques comme le Yi King. Ces phénomènes, ces manifestations de la psyché objective sont dénommés par Jung « synchronicité d'événements archétypiques ». Pour illustrer son propos, Jung prend l'exemple d'une promenade avec une patiente en forêt. Elle lui raconte le premier rêve de sa vie : elle a vu le spectre d'un renard descendant les marches de sa maison. A cet

---

1 *Ibid.*, p. 370.

2 Anthony Stevens, *Jung L'œuvre - vie*, *op. cit.*, pp. 216-217.

3 Carl Gustav Jung, *Correspondance 1941 - 1949*, *op. cit.*, p. 355.

instant précis surgit à moins de quarante mètres d'eux un véritable renard qui court pendant quelques instants devant eux[1].

Jung prendra un autre exemple avec Richard Evans : « Par exemple, je parle d'une voiture rouge et au même moment arrive une voiture rouge. Je n'avais pas vu la voiture : c'était impossible, elle était cachée derrière un immeuble avant d'apparaître. On pourrait dire que c'est simplement le hasard, mais les travaux de Rhine prouvent que ce n'est pas simplement le hasard ». Et il poursuit sa démonstration en insistant sur le fait que l'apparition de la voiture rouge ne relève pas du miracle pour conclure ainsi. « C'est seulement le hasard, mais ces coups de hasard se produisent plus souvent que le hasard ne le permet, c'est donc qu'il y a quelque chose derrière cela »[2].

1946-1951 : la *Psychologie du transfert*, rencontre avec Churchill, nouvelle crise cardiaque, rêve et création de l'institut C. G. Jung, sculptures de la pierre de Merlin et du trickster, *Réponse à Job*

La psychologie du transfert décrit le transfert en profondeur et met en lumière la lutte des contraires et l'effort pour les rapprocher l'un de l'autre[3]. C'est suite à la demande pressante de son auditoire concernant le transfert que Jung extrait un passage du *Mysterium Conjunctionis* et le publie à part sous le titre de *La psychologie du transfert* en 1946. A partir des illustrations extraites du *Rosarium philosophorum*, Jung montre comment le processus d'individuation se développe durant l'analyse. Dans la relation analysant et analyste, à l'image de l'alchimiste et de sa *soror mystica* qui sont les représentants terrestres du couple des contraires impersonnels - divins, l'analyse sert à élucider le transfert de projections et à approfondir les liens existants entre les figures impersonnelles représentées par l'*anima* et l'*animus*. L'analyse du transfert permet de mettre à jour la quaternité que met en scène l'analyste, l'analysant, l'*anima* et l'*animus* ; cette quaternité représentant la totalité, le *Soi*.

Août 1946, Jung écrit au Dr Erich Neumann combien il « n'arrive donc absolument pas à suivre le mouvement ». Jung est obligé de constater de lui-même qu'il n'est plus aussi efficace qu'autrefois et qu'il doit se ménager un peu[4].

Jung écrit à Jolande Jacobi parle d'un rêve fait en 1927 où il mourrait à l'âge de soixante-treize ans, c'est à dire en 1948. Et là, un nouveau rêve lui apprend….

---

[1] *Ibid.*, pp. 136 et 137.
[2] Richard Evans, *Entretiens avec Carl Gustav Jung, op. cit.*, p. 127.
[3] Barbara Hannah, *Jung, sa vie et son œuvre, op. cit.*, pp. 357 et 358.
[4] Carl Gustav Jung, *Correspondance 1941 - 1949, op. cit.*, p. 189.

Rêver de mourir à nouveau

> [Mais l'autre jour, j'ai fait un rêve qui m'en a fait douter. Apparemment il n'est pas impossible que] je me vois octroyer quelques années de plus[1].

Automne 1946, Winston Churchill se rend en Suisse et fait une conférence à l'université de Zurich. Jung rêvait durant la guerre que Churchill s'approchait de la frontière suisse. Esther Harding rapporte un autre rêve.

Rêve de Churchill et de Roosevelt

> Il rêva, par exemple, qu'il participait à un dîner avec Churchill ou Roosevelt lorsqu'entra un groupe d'officiers britanniques en tenue civile, parmi lesquels il reconnut Baynes[2].

« Churchill qui avait à peu près son âge, représentait la composante extravertie de sa personnalité, globalement introvertie »[3].

Rêve de Churchill et de Yalta

> Jung a eu un rêve similaire (au précédent) sauf que Roosevelt n'y figurait plus. Et Churchill, en route pour Yalta, passait une nuit à Genève[4].

Jung avoue à Esther Harding faire des rêves prémonitoires. De même, « il lui relate des phénomènes psychiques reliés à la mort de personnes qui se trouvent à distance. Avec parfois ce qu'il appelle des « revenants », des meubles qui craquent ou qui se rompent. A l'occasion, il avait des rêves prémonitoires au sujet d'une personne qui allait mourir, ou il ressentait une présence invisible au moment de son départ »[5].

Il rencontre Churchill, dîne avec lui et ressent une vive émotion en constatant que l'arrangement des tables correspond exactement à celui de son rêve de Liverpool de 1926. Jung est placé à droite de l'hôte d'honneur et constate avec stupéfaction que : « les tables étaient disposées exactement sur le même plan radial que le plateau du rêve de Liverpool survenu vingt ans plus tôt et que la table à laquelle il se trouvait avec Churchill correspondait à l'emplacement où s'était établi l'autre Suisse de son rêve »[6]. Gerhard Wehr précise que Jung eut de meilleurs échanges avec la fille de Churchill qu'avec le premier ministre. Mary Churchill connaissant l'œuvre de Jung[7].

Novembre 1946, Jung a une autre attaque cardiaque. De nouveau il se retrouve malade durant trois mois. Il confie à Barbara Hannah que l'abîme est

---

[1] Deirdre Bair, *Jung, op. cit.*, note n° 17, p. 1215.
[2] W. Mc Guire et R. F. C., Hull *C. G. Jung parle, op. cit.*, p. 349.
[3] W *Ibid.*, p. 349.
[4] *Ibid.*, p. 148.
[5] *Ibid.*, p. 147.
[6] Barbara Hannah, *Jung, sa vie et son œuvre, op. cit.*, p. 227.
[7] Gerhard Wehr, *Carl. Gustav. JUNG sa vie, son oeuvre, son rayonnement, op. cit.*, p. 349.

encore sous lui[1]. Comme les chamans, il se trouve confronté à la tâche de se soigner. Jung comprend que cette maladie lui revient parce qu'il est aux prises avec le hieros gamos. Jung est malade de ne pas comprendre. Il est saisi par « la seule insoutenable torture : celle de ne pas comprendre »[2].

Le 18 décembre 1946, Jung écrit au père White (avec qui il va correspondre jusqu'en avril 1960) que c'est une grande consolation de savoir que des proches prient pour lui. Les narcotiques ont fait de lui un débris. Et il a dû sortir par lui-même de cette difficile situation. Heureusement, il s'estime guéri. Et il a fait un rêve merveilleux.

Rêve de l'étoile bleuâtre

> Très haut dans le ciel, il y avait une étoile bleuâtre, semblable à un diamant, qui se reflétait dans un étang rond et calme - le ciel en haut, le ciel en bas[3].

Ce rêve est pour Jung une consolation : il n'est plus « un océan noir et infini de misère et de souffrance mais une partie de cet océan abritée dans un vaisseau divin ». La situation est incertaine. Jung sait qu'il peut faire une autre embolie même si la mort ne lui semble pas toute proche. Il est conscient, lucide, il se sent prêt à mourir si nécessaire[4] : la volonté de Dieu est décidément impénétrable.

Jung décide de créer l'institut Jung qui ouvre ses portes le 24 avril 1948, alors qu'il a d'abord refusé la proposition de ses collaborateurs. Mais un rêve l'en décide.

Rêve de création de l'institut Jung

L'inconscient peut se manifester à l'encontre du choix conscient. Jung avait refusé cette création et l'aide de ses collaborateurs. Il aurait pu persister dans sa volonté consciente. Il préfère respecter son rêve. C'est la première fois que Jung cite un rêve aussi concret et aussi influent sur la vie quotidienne.

Respectant son rêve, il se met à élaborer et créer les statuts de l'institut pour ensuite y intervenir très peu. Pour quelles raisons ? Jung sait qu'il ne veut pas tomber dans le piège du pouvoir. Il le confie lui-même à Barbara Hannah : quand un vieil homme ne peut se passer d'intervenir, le démon du pouvoir s'empare de lui. L'organisation de l'institut s'inspire du Club de psychologie créé en 1916. Jung insiste pour que les cours sur les mythes et les contes de fées se poursuivent car ces derniers reflètent la structure des couches les plus profondes communes à tous, ce que les étudiants analyseront un jour. C'est à partir de ce Club qu'est née la formation pour les analystes.

---

[1] Barbara Hannah, *Jung, sa vie et son œuvre, op. cit.*, p. 361.
[2] *Ibid.*, p. 361.
[3] Carl Gustav Jung, *Correspondance 1941 - 1949, op. cit.*, p. 203.
[4] *Ibid.*, p. 203.

En 1948 : Jung fait une nouvelle conférence à Eranos sur « *A propos du Soi* » (dans *Aïon*). Plus que jamais, l'étude du problème de l'union des contraires le préoccupe. Il décide d'étudier les deux mille années de l'ère chrétienne. Tous ses collaborateurs participent à cette recherche ; en particulier Marie Louise von Franz avec un article sur *Perpétue*. En étudiant les symboles chrétiens, gnostiques et alchimistes qui traversent l'ère chrétienne, Jung relève que la tradition chrétienne a eu le pressentiment d'une énantiodromie. Le dilemme Christ - Antéchrist est précédé par le mariage de l'Agneau, symbole par excellence du *Mysterium Conjunctionis*. Jung en profite aussi pour s'occuper activement de lui-même : il collecte et rassemble ses « vieux rêves ». En même temps, afin d'éviter de nouveau de se surmener, il mène sa vie « à la vitesse de l'escargot, avec de temps en temps encore des pauses, et des escargots de relais »[1]. Il prend soin de son foie et se console en se disant qu'il « n'y a que les fous qui peuvent aspirer à la sagesse, c'est un fait »[2].

Il commence à écrire *Aïon*. Au moment d'écrire les chapitres introductifs du livre, Jung rêve…

Rêve du logicien

Jung rêve de la figure antipathique d'un logicien sèchement jésuitique[3].

Suite à ce rêve, Jung éprouve le besoin absolu d'écrire quelque chose. « Et puis il m'a semblé soudain que je devais traiter des aspects plus complexes de l'anima, de l'animus, de l'ombre, et surtout du Soi »[4]. Jung se met à écrire en aveugle, sans trop savoir où sa plume le conduit. Vingt cinq pages plus tard, il se rend compte que son but secret est le Christ - non pas l'homme, mais l'être divin. C'est un choc : il ne se sent pas à la hauteur. Un autre rêve surgit.

Rêve du géant et du remplacement du bateau

> Un rêve me dit que ma petite barque de pêcheur avait coulé, et qu'un géant (que Jung connaît depuis trente ans car il en a déjà rêvé au moment de l'écriture des *Types psychologiques* : un grand paquebot doit être amené à quai par un petit cheval. Un géant apparaît et remorque le navire jusqu'au port) me remettait un beau bateau neuf, capable de tenir la haute mer, à peu près deux fois plus grand que l'ancien.

Jung sait qu'il ne peut rien faire contre cette injonction intérieure et qu'il n'a pas le droit de s'arrêter d'écrire. C'est ainsi qu'il aboutit à l'archétype de l'homme-dieu, de l'éon chrétien en relation avec le signe du Poisson[5].

Et il se rappelle un ancien rêve effectué le 18 décembre 1947.

---

[1] *Ibid.*, p. 280.
[2] *Ibid.*, p. 280.
[3] *Ibid.*, p. 280.
[4] *Ibid.*, p. 239.
[5] *Ibid.*, p. 240.

Rêve du lit et du vieillard

[...] J'ai rêvé d'au moins trois prêtres catholiques, très amicaux. [...] J'étais [...] obligé de dormir en caserne. Il n'y avait pas assez de lits, et les hommes étaient obligés de dormir à deux par lit. Mon compagnon de lit était déjà couché. Le lit était très propre, draps blancs et frais, et l'homme était un très respectable vieillard, très âgé, cheveux blancs et longue barbe blanche. Avec bonté, il m'offrait la moitié de son lit ; je me suis réveillé au moment où je m'y glissais[1].

[Jung complète ce rêve à Victor White quelques lettres plus loin]

Tandis que je me tenais devant le lit du vieil homme, je pensais et sentais : Indignus sum, Domine. Je le connais bien : il y a plus de trente ans il était mon « gourou », un authentique esprit-guide[2].

Liens avec l'Œuvre

Le rêve du Géant indique que Jung a les moyens de poursuivre sa tâche : il change de bateau qui se fait plus grand. Lui qui doute et se sent incapable se voit grandi en rêve. En même temps, il a le soutien des « forces intérieures » de l'inconscient. Le vieil homme est là pour le guider. Il peut être digne de la tâche. Cette série de rêves déclenche chez Jung la pulsion d'écrire, lui révèle une tâche à accomplir : parler du Christ.

Ce qu'il fera dans *Psychologie et orientalisme* (*Réflexions sur le symbole du Christ* – 1953), dans *Aïon* (1951), dans *Réponse à Job* (1952). Et ce dont il va rêver avec le rêve qui concerne Urie, une « préfiguration du Christ ».

Le rêve du géant fait rappeler à Jung le rêve du lit et du vieillard. Son esprit-guide, son guru intérieur, vient de se manifester ; le même dont l'existence lui a été confirmée par un ami de Gandhi. Il estime que quelque chose en lui l'a fait sortir de l'Europe et de l'Occident et lui a ouvert les portes de l'Orient afin qu'il comprenne l'esprit de l'homme. C'est ce qu'il écrit au père White le 30 janvier 1948.

De son côté, le père White rêve que Jung et lui-même mangent du poisson ensemble un vendredi soir. C'est Jung qui lui a demandé de lui passer le poisson, en rêve. N'étant pas catholique, Jung aurait pu manger de la viande. Il répond donc ce 30 janvier 1948 qu'il ne dédaigne nullement le poisson. Et il ajoute : « J'ai des frères et des sœurs en esprit, et lorsque je me sentais abandonné de Dieu et totalement solitaire, mon gourou était là »[3]. Peu après ce rêve « particulier », il en fait un autre qui poursuit l'un des motifs du rêve précédent et que Jung rapporte intégralement dans *Ma vie*. Ce rêve personnel est le plus long que Jung ait jamais rapporté dans ses écrits. Comme il l'écrit

---

[1] *Ibid.*, p. 240.
[2] *Ibid.*, p. 253.
[3] *Ibid.*, p. 254.

dans *Ma vie* : « Tous les problèmes qui me préoccupèrent humainement ou scientifiquement furent anticipés ou accompagnés par des rêves ; il en fut de même pour celui du transfert. Dans un de ce rêves, le problème du transfert fut évoqué en même temps que le problème du Christ par une image singulière et inattendue »[1].

Rêve de la pièce destinée aux esprits et du laboratoire des poissons

Je rêvai à nouveau que ma maison avait une grande aile rajoutée dans laquelle je n'avais encore jamais pénétré. [...] Je me trouvai dans un espace où un laboratoire était installé. Devant la fenêtre, une table surchargée d'une quantité de récipients de verre et de tout l'attirail d'un laboratoire zoologique. C'était le lieu de travail de mon père. Mais il n'était pas là. Au mur, il y avait des rayonnages supportant des centaines de bocaux contenant toutes les sortes de poissons imaginables. J'étais étonné : « Tiens, voilà que mon père s'occupe d'ichtyologie ! ».

[...] Soudain apparut Hans, un jeune homme de la campagne, et je le priai de voir si, dans la pièce derrière le rideau, une fenêtre n'était pas restée ouverte. Il y alla, et, quand au bout d'un moment il revint, je vis qu'il était profondément bouleversé. Une expression de terreur se lisait sur son visage. Il dit simplement : « Oui, il y a quelque chose. Il y a un fantôme ! » J'allai alors moi-même dans l'autre pièce, et je trouvai une porte qui faisait communiquer avec la pièce de ma mère, dans laquelle il n'y avait personne. [...] Je savais qu'en ce lieu on rendait visite à ma mère, qui en réalité était morte depuis longtemps, et qu'elle avait installé là des lits de fortune pour les esprits. C'étaient des esprits qui venaient par couples, des ménages d'esprits pour ainsi dire, qui passaient là la nuit ou aussi le jour.

En face de la pièce de ma mère, il y avait une porte. Je l'ouvris et j'entrai dans un immense hall. [...] Il n'y avait personne dans le hall, seule la fanfare déversait ses chansons, danses et marches. [...] Derrière cette façade bruyante, personne n'eut soupçonné l'autre monde qui existait aussi dans la maison. L'image onirique du hall était pour ainsi dire une caricature de ma bonhommie et de ma jovialité mondaine. Mais ce n'était pas que le côté extérieur ; là derrière se trouvait quelque chose de complètement différent, dont on ne pouvait en tout cas discourir en écoutant des trompettes : c'était le laboratoire des poissons, et la pièce où étaient suspendus les pièges à esprits.

[...] J'avais le sentiment : ici vit la nuit, tandis que le hall représente le jour et l'agitation superficielle du monde[2].

---

[1] Carl Gustav Jung, *Ma vie. Souvenirs, rêves et pensée*, *op. cit.*, p. 248.

[2] *Ibid.*, pp. 248-250.

Jung retire des images importantes du rêve : la pièce destinée aux esprits et du laboratoire des poissons. La première symbolise le problème de la conjonction et du transfert. Et le laboratoire évoque ses préoccupations au sujet du Christ, lui-même le poisson. Les parents de Jung sont tous deux chargés de la cure des âmes. Néanmoins, « Quelque chose était demeuré inaccompli, et c'est pourquoi cela s'exprimait comme se situant encore au plan des parents, donc encore latent dans l'inconscient et ainsi réservé à l'avenir. »

Jung sait qu'il lui appartient de s'attaquer à l'alchimie, en particulier à la question de la conjunctio. Mais aussi celle de la quête du Graal et de la symbolique thériomorphe (dont son père s'est complètement désintéressé). Ainsi les animaux représentent-ils l'ombre des dieux. « *Les pisciculi Christianorum* [les petits poissons des Chrétiens] montrent que ceux qui suivent le Christ sont eux-mêmes des poissons. Ce sont des âmes de nature inconsciente qui ont besoin de la cura animarum - de la cure des âmes. Le laboratoire des poissons est donc synonyme de cure d'âme ecclésiastique. Comme celui qui blesse autrui se blesse lui-même, celui qui guérit se guérit lui-même. Dans le rêve, cela est significatif, l'activité décisive est pratiquée de mort à mort, c'est-à-dire dans un au-delà de la conscience, donc dans l'inconscient. »[1]

Liens avec l'Œuvre

Jung pressent quelque peu le sens de ce rêve ainsi que la tâche qui lui reste à accomplir : celle-ci concerne le Christ, le Graal et l'Alchimie. Toutefois, comme il l'avoue, une partie du mystère du rêve reste encore dans l'inconscient. *Aïon* levait une partie du voile de l'ignorance. *Réponse à Job* va dévoiler ce que Jung avait à apprendre de lui et de l'Homme.

En 1950, Jung élève une sorte de monument provenant de ce qui devait être une pierre triangulaire mais qui, à la livraison, était cubique. Jung pense à la pierre des alchimistes. Dans la structure de cette lapis, il voit, sculpté naturellement, un cercle, une sorte d'œil qui le regarde. Il sculpte autour du petit cercle un Télesphore, au manteau de capucin et portant lanterne : « il est celui qui indique le chemin »[2]. Il sculpte sur une face une strophe latine d'Arnaud de Villeneuve : « Voici la pierre d'humble apparence. En ce qui concerne sa valeur, elle est bon marché. Les imbéciles la méprisent. Mais ceux qui savent ne l'en aiment que mieux ». Sur une autre face, il sculpte en grec des paroles entendues en lui alors qu'il travaille cette pierre : « Le temps est un enfant – jouant tel un enfant – comme sur un échiquier – le royaume de l'enfant (Héraclite). C'est Télesphore qui erre par les régions sombres de ce cosmos et qui luit comme une étoile s'élevant des profondeurs (Liturgie de Mithra). Il indique la voie vers les portes du soleil et vers le pays des rêves (Homère) ». Sur une troisième face,

---

[1] *Ibid.*, pp. 251-252.

[2] Carl Gustav Jung, *Ma vie. Souvenirs, rêves et pensée, op. cit.*, p. 264.

tournée vers le lac, Jung laisse parler la pierre elle-même, qui lui inspire les phrases latines : « Je suis une orpheline, seule ; cependant on me trouve partout. Je suis Une, mais opposée à moi-même. Je suis à la fois « adolescent » et « vieillard ». Je n'ai connu ni père, ni mère parce que l'on doit me tirer de la profondeur comme un poisson ou parce que je tombe du ciel comme une pierre blanche. Je rôde par les forêts et les montagnes, mais je suis cachée au plus intime de l'homme. Je suis mortelle pour chacun et cependant la succession des temps ne me touche pas »[1].

Pour finir, il inscrit sous la sentence d'Arnaud de Villeneuve : « En souvenir de son soixante-quinzième anniversaire, C. G. Jung l'a exécutée et érigée en témoignage de reconnaissance en l'an 1950 ».

« Cette pierre se trouve en dehors de la tour dont elle est comme une explication »[2]. Elle est une manifestation de celui qui l'habite, comme le précise Jung. A savoir Merlin que Jung voulait inscrire aussi sur la pierre. La légende dit que les hommes ne peuvent entendre, ni comprendre, ni interpréter le cri de Merlin. Pour quelles raisons ? Parce que Merlin est la manifestation de l'inconscient médiéval de dessiner une figure parallèle, compensatrice, de Perceval. Merlin est là pour rappeler qu'il est le fils du diable et d'une vierge pure, le contrepoids du héros chrétien. Merlin, ce fils du diable, dort encore en nous : sa voix n'a été entendue que par les alchimistes chez qui Merlin se manifeste sous la forme de Mercure (l'esprit Mercuriel). Qui peut aujourd'hui l'entendre sourdre en soi ?

Le 4 mars 1950, Jung suggère à un collègue américain d'étudier systématiquement les rêves qui accompagnent les maladies corporelles. « On pourrait en apprendre, le cas échéant, à reconnaître quels motifs oniriques correspondent à tels ou tels états du corps »[3].

Le 16 mai, Jung évoque avec le père Victor White l'un de ses rêves fait alors qu'il travaille sur le dogme de l'Assomption de la Vierge Marie (du 1er novembre 1950). Il lui rapporte un rêve.

Rêve du transport de l'arbre

Il semble que ce soit le motif du hieros gamos : l'arbre a été transporté dans la caverne de la Mère / dans la carène d'un navire. Il y prend tellement de place que les hommes qui demeurent dans la caverne sont obligés de la quitter et de vivre en plein air, exposés au vent et aux intempéries[4] [5].

---

[1] *Ibid.*, p. 265.

[2] *Ibid.*, p. 265.

[3] Carl Gustav Jung, *Correspondance 1950 - 1954,* Paris, Albin Michel, 1994, p. 19.

[4] *Ibid.*, p. 44.

[5] *Ibid.*, p. 46.

L'arbre est transporté dans la carène du navire symbole de féminité maternelle, de même que le pin d'Attis est transporté dans la caverne de la déesse mère Cybèle.

Jung est convaincu que ce dogme « a touché quelque chose dans l'inconscient, c'est à dire dans l'univers des archétypes. Il semble que ce soit le motif du *hieros gamos* : l'arbre abattu a été transporté dans la caverne de la Mère. Il y prend tellement de place que les hommes qui demeurent dans la caverne sont obligés de la quitter et de vivre en plein air, exposés aux vents et aux intempéries… Ce dernier motif renvoie à la navigation nocturne du héros dans le ventre de la grande Mère-Poisson »[1]. Jung voit dans l'Assomption le *hieros gamos* du Christ et de Marie, la conjunctio entre la mère et le Fils.

Il publie le *Symbolisme de l'esprit*, les *Configurations de l'inconscient* et en 1951 *Aïon* et *Recherches sur l'histoire des symboles*. Jung pense qu'*Aïon* est le livre qui risque d'être le moins bien compris d'entre tous, en particulier la notion de *privatio boni*.

En 1950, Oeri, l'un des amis de Jung, meurt.

L'année 1951 est celle des premiers écrits sur la synchronicité. Cette même année marque la dernière conférence que Jung fait à Eranos. Le sujet de cette conférence est la synchronicité, un autre concept novateur. Jung en remanie le texte qui est publié conjointement avec un article du physicien Wolfgang Pauli (dans *Synchronicité et Paracelsia*). Jung avait fait des expériences avec le Yi-king dans les années 1920. Il sentait que le principe de causalité avait besoin d'un principe complémentaire : le principe de *synchronicité*. « Jung définit un événement synchronistique comme la coïncidence entre un image intérieure ou un pressentiment surgissant à la conscience et un événement extérieur empreint de la même signification se produisant approximativement au même moment »[2].

Jung rapporte le cas d'une patiente qui racontait un rêve de scarabée d'or (symbole de renouveau de la conscience). A cet instant, un hanneton scarabéide des rosiers vient frapper à la fenêtre que Jung capture au moment où il pénètre par la fenêtre. Par-là, Jung cherche à prouver qu'à des symboles psychiques intérieurs coïncident des événements extérieurs tout aussi indéniables. Si *Réponse à Job* a ébranlé les théologiens, la *synchronicité* met en effervescence les scientifiques. Car Jung suggère que les événements synchronistiques proviennent d'un « arrangement acausal », d'une simple modalité sans cause (telle qu'on peut la trouver dans les cas de la discontinuité de la physique : par exemple l'arrangement des quanta d'énergie…). Cela n'est possible qu'à la condition suivante : l'émotion de l'expérimentateur influe sur l'expérience elle-même. Qu'est-ce à dire ? La synchronicité, en tant qu'événement, ne se produit qu'à condition que l'expérimentateur participe de manière très émotionnelle à l'expérience. Cette émotion est due à l'activation d'un archétype constellé dans

---

[1] *Ibid.*, p. 44.
[2] Barbara Hannah, *Jung, sa vie et son œuvre, op. cit.*, p. 375.

l'inconscient de l'expérimentateur. Autrement dit, la synchronicité résulte d'une coïncidence sans cause. Elle est la rencontre imprévisible entre un événement et la numinosité d'un archétype qui devient alors signifiante pour l'expérimentateur (qu'il soit scientifique, analysé, etc.). Ainsi, la synchronicité échappe aux catégories de l'espace et du temps et de la causalité. Elle est une autre catégorie : elle « repose sur la simultanéité de deux états psychiques distincts. L'un est l'état normal, vraisemblable (c'est à dire suffisamment explicable par la causalité) ; l'autre est celui que provoque l'événement problématique, et qui n'est pas déductible du premier par voie causale »[1]. Durant l'écriture de cet article sur la synchronicité, Jung sculpte le visage rieur du trickster sur le mur de la première Tour. Est-ce un événement synchronistique au sens où il échappe à la temporalité ? Le trickster renvoie Jung au télesphore de son enfance, à cette époque où Jung écartait par ce moyen le sentiment de désunion d'avec lui-même. Et, là, à soixante-quinze ans, il est toujours en recherche de comprendre ce mystère de la conjonction des opposés. Ce mystère a traversé l'ère chrétienne (*Aïon*) et Jung lui-même par la question suscitée avec le rêve de la cathédrale à laquelle il répond par *Réponse à Job* tout en sculptant un nouveau télesphore : les temps et ce qui est hors du temps (le propre du mystère) se télescopent et se rejoignent dans cette période de la vie où Jung est particulièrement productif. Il confie d'ailleurs à Barbara Hannah : « Je n'ai jamais été vieux auparavant si bien que je ne sais pas comment on devient vieux ! »[2].

Jung publie *Aïon*, ses *Recherches sur l'histoire des symboles* et *Synchronicité et Paracelsia.*

Au printemps 1951, Jung a de nombreux problèmes hépatiques. Il doit s'aliter à plusieurs reprises. Entre divers accès de fièvre, une idée traverse l'esprit de Jung : écrire *Réponse à Job.* Cet ouvrage « vient à lui » au moment où Jung ressent une pression interne qu'il doit transformer en mots à l'intérieur de lui-même ; ces mots s'accompagnant d'une grande musique comme celle de Bach ou de Haendel. Jung a l'impression d'assister à un concert qu'il doit enregistrer rapidement pour ne pas l'oublier[3]. Il prend donc la plume, en pleine crise de foie (!) pour se libérer des émotions violentes que lui déclenche la lecture du *Livre de Job.* Ce livre est donc complètement personnel. Il n'est nullement un commentaire biblique. Il est plutôt une réponse à l'antagonisme Christ - Antéchrist. Il est aussi une rencontre avec la voix intérieure de l'âme. « Jung lisait la *Bible* et *Le livre de Job* comme des manifestations de l'âme »[4]. Ces écrits sont des descriptions d'archétypes à l'œuvre.

---

[1] *Ibid.*, 375.

[2] *Ibid.*, p. 380.

[3] Gerhard Wehr, *Carl. Gustav. JUNG sa vie, son oeuvre, son rayonnement, op. cit.*, p. 374.

[4] *Ibid.*, p. 379.

« Le problème de Job, lui aussi, avec toutes ses conséquences, s'est annoncé dans un rêve »[1]. Le voici.

Rêve du front à un millimètre du sol

Il s'agissait d'un rêve au cours duquel je rendais visite à mon père, décédé depuis longtemps. Il habitait à la campagne, un lieu inconnu. Je voyais une maison dans le style du XVIIIe siècle. [...] On disait en outre que quelques-uns [personnalités, célébrités et princes] y étaient morts et que leurs sarcophages avaient été placés dans la crypte qui faisait partie de la maison. Mon père en était le gardien.

Cependant mon père [...] n'était pas seulement le gardien, mais, en contraste total avec ce qu'il avait été durant sa vie, c'était un grand savant. Je le rencontrai dans son bureau et, bien singulièrement, il y avait là aussi le Dr Y… [...] et son fils, tous deux psychiatres.

[...] La Bible que mon père tenait à la main était reliée dans une peau de poisson brillante. Il l'ouvrit à l'Ancien Testament, au Pentateuque [...] et il se mit à interpréter un certain passage. Il le faisait vite et si savamment que je n'arrivais pas à suivre. Je remarquai simplement que ce qu'il disait trahissait une masse de connaissances de toutes sortes, dont je soupçonnai quelque peu l'importance sans pouvoir la comprendre ni l'apprécier. Je vis que le Dr Y… ne comprenait absolument rien et son fils se mit à rire.

[...] Cependant, il était parfaitement clair à mes yeux qu'il ne s'agissait là ni d'une agitation maladive ni d'un discours insensé, mais d'une argumentation tellement intelligente et savante [...] Il y allait au contraire de quelque chose de très important qui fascinait mon père. C'est pourquoi, envahi de pensées profondes, il parlait avec une telle intensité. Je me mis en colère et je pensai que c'était bigrement dommage qu'il dut parler devant trois imbéciles comme nous.

La scène changea alors : mon père et Jung moi étions devant la maison, et en face de nous, il y avait une sorte de grange. [...] De là nous venaient des bruits sourds [...] mais mon père me fit comprendre qu'il s'agissait de fantômes. C'étaient donc des espèces d'esprits frappeurs qui menaient ce tapage. Puis nous nous rendîmes dans la maison. [...] Nous montâmes un escalier étroit au premier étage. Nous y découvrîmes un spectacle singulier : une haute salle qui était l'exacte reproduction du Diwân-i-kaas (Salle du Conseil) du sultan Akbar à Fatehpur Sikri.

C'était une haute salle ronde [...] avec un bassin. Celui-ci reposait sur une énorme colonne et constituait le siège circulaire du sultan. Assis là, il parlait à ses conseillers et philosophes. [...] L'ensemble était un

[1] *Ibid.*, p. 253.

gigantesque mandala qui correspondait exactement au Diwân-i-kaas que j'avais visité aux Indes.

Dans le rêve, je vis soudain que du centre partait un escalier très raide conduisant vers le haut du mur [...] et mon père de me dire : « Je vais maintenant te mener à la plus haute présence ! ». C'était comme s'il m'avait dit : « highest presence ». Puis il s'agenouilla et toucha le sol de son front ; je l'imitai, m'agenouillant également, avec beaucoup d'émotion. Cependant, pour quelque motif, je ne pouvais pas amener mon front au contact du sol. Il restait peut-être un millimètre entre front et sol.

[...] Soudain je sus [...] que derrière la porte, en haut, dans une pièce solitaire, habitait Urie, le général du roi David. Le roi David avait honteusement trahi Urie à cause de Bethsabée, la femme de celui-ci. David avait commandé à ses soldats de l'abandonner face à l'ennemi. [...] Après cet échec, nous allons dans la rue, de l'« autre côté » où des esprits frappeurs semblent être à l'œuvre[1].

En plein milieu de ce rêve, Jung apporte quelques précisions (les crochets ci-dessus) et un début d'interprétation. La scène du début extériorise la tâche inconsciente qui lui incombait et qu'il avait abandonnée à son père : c'est à dire reléguée au plan correspondant de l'inconscient. Son père est plongé dans la Bible, peut-être dans la Genèse. Et il s'efforce de transmettre ses conceptions. La peau du poisson désigne la Bible comme étant un contenu inconscient car les poissons sont muets et inconscients. Mais son père ne réussit pas à se faire comprendre car son public est incapable et « sottement méchant »[2].

Jung commente ensuite cette dernière partie du rêve. Les phénomènes d'esprits frappeurs se produisent souvent dans le voisinage d'adolescents avant la puberté. Jung sait qu'il n'est pas encore mûr et encore trop inconscient. Le cadre indien illustre l'autre côté. En Inde, Jung a vu une structure en forme de mandala qui l'a impressionné. Le centre est le siège d'Akbar le Grand qui est un seigneur de ce monde comme David. Plus haut que lui est Urie que David livra à l'ennemi et dont il s'appropria la femme. Urie est une préfiguration du Christ, de l'homme-dieu abandonné de Dieu. Jung avoue avoir compris beaucoup plus tard l'allusion à Urie : il se devait de parler publiquement de l'image ambivalente du Dieu de l'Ancien Testament et de ses conséquences. Ainsi, sa femme lui fut ravie par la mort. Jung doit s'incliner devant cette destinée. Mais quelque chose en lui se rebiffe puisque le front ne touche pas sol. Jung ne peut pas se soumettre totalement. Car, en lui, quelque chose « regimbe ». L'homme se réserve une marge de manœuvre même en face de la divinité. La créature dépasse son Créateur[3]. « Le rêve dévoile une pensée et un pressentiment qui

[1] *Ibid.*, pp. 253 à 255.
[2] *Ibid.*, p. 255.
[3] *Ibid.*, pp. 256 et 257.

existent dans l'humanité depuis très longtemps déjà, l'idée que le la créature dépasse le Créateur de peu, mais d'un peu décisif »[1]. Marie-Louise von Franz écrit que « ce peu…c'est la conscience »[2] par rapport à l'inconscience de Dieu décrite dans *Réponse à Job*.

A cette époque de sa vie, Jung ne s'intéresse plus à la vie privée des gens. Seuls l'intéressent les Grands Rêves appartenant au monde des archétypes. Il voit donc moins de patients : quatre par jour pendant quinze minutes (au lieu d'une heure auparavant). Il voyage moins si ce n'est en Suisse. Il s'enferme chaque jour pour écrire. Il est grossier, impoli, colérique. Il ne soigne plus son apparence physique. Jolande Jacobi rapporte que Jung se comporte comme un enfant sans éducation. Il est comme une femme en train d'accoucher (!).[3]

Jung poursuit son travail en laissant jaillir de sa plume *Réponse à Job*. Il se laisse aller à sa subjectivité, à ses émotions et ne cherche pas à user d'objectivité. Cet essai est sa réponse à la question de la face obscure de Dieu. Et aussi une compréhension du rêve de ses onze ans : celui concernant la défécation de Dieu sur la cathédrale de Bâle. Comment un homme, un bon chrétien, qui considère le mal comme une absence de bien (la *privatio boni*), réagit-il aux obscurités divines qu'évoquent essentiellement le livre de *Job* ? Jung conteste l'image traditionnelle de Dieu transmise par l'église. Écrit dans « l'urgence et la gravité », *Réponse à Job* démontre la contradiction au cœur même du concept de Dieu. Il soutient l'idée, osée, que Dieu a besoin de l'homme pour devenir conscient. Telle est l'interprétation de la croyance chrétienne qui dit que Dieu se fit homme.

Comme attendu, le livre créa des remous. Jung faillit perdre l'amitié de Victor White. Par contre, Erich Neumann de Tel Aviv fut profondément ému de ce « débat avec Dieu »[4].

1952-1964 : morts et visions, Œuvres complètes de C. J. G. Jung, interview filmée de la B. B. C., écriture de l'*Essai d'exploration de l'inconscient*, embolie, vision du monde en grande partie détruit, rêves de vérité et d'unité, mort de Jung, publication de *L'homme et ses symboles*

Nous sommes en 1952. Jung remanie - quarante ans plus tard - *Métamorphoses et symboles de la libido* (de 1912) qui sort sous le nouveau titre de *Métamorphoses de l'âme et ses symboles*. Jung est en pleine métamorphose. Le scarabée l'a saisi tout comme sa patiente. L'âme se renouvelle ainsi que ses symboles. Le chemin est tout tracé pour que Jung aborde la dernière partie de son Œuvre concernant l'alchimie. En 1943, il avait publié *Psychologie et Alchimie*, en 1951 *Aïon* et *Recherches sur l'histoire des symboles*, *Synchronicité et Paracelsica*, les

[1] *Ibid.*, p. 257.
[2] Marie-Louise von Franz, *C.G.Jung Son mythe en notre temps*, *op. cit.*, p. 192.
[3] Deirdre Bair, *Jung*, *op. cit.*, p. 801.
[4] *Ibid.*, p. 384.

Métamorphoses de l'âme et de ses symboles et, enfin, *Réponse à Job*. Il lui fallait terminer ces préliminaires pour aborder l'essence de l'Œuvre : le *Mysterium Conjunctionis*.

Le 6 avril, Jung remercie un conservateur de musée anglais d'Histoire des sciences d'Oxford de lui avoir envoyé une série de quarante rêves de l'alchimiste Elias Ashmole datant des années 1645 - 1650. Elias Ashmole a été l'éditeur du *Theatrum Chemicum Britannicum*. A la différence des visions oniriques du Zosime, rien dans cette série de rêves ne rappelle l'alchimie. Néanmoins Jung estime ces rêves très intéressants car ils fournissent une illustration littéraire des *Noces chymiques* de Christian Rosenkreutz de 1616 et ils traitent du *Mysterium coniunctionis*. C'est-à-dire de « l'intrusion de contenus inconscients, venant compenser une attitude quelque peu dominée par l'instinct et assez unilatéralement masculine, caractéristique des pays nordiques aux XVIe et aux XVIIe siècles ». Jung écrit de nouveau au conservateur d'Oxford le 3 mai à propos d'Ashmole. La situation psychique de cet alchimiste est d'être en quête d'une présence féminine, d'une *soror mystica*. Cette relation est figurée par les noces royales alchimiques. « Il arrive souvent que l'on trouve chez les couples de remarquables coïncidences entre les pensées de l'un et de l'autre, et il en va de même des rêves, où l'on peut voir apparaître des éléments parallèles ; il arrive même que leurs rêves soient interchangeables. On peut faire la même constatation entre certains parents et leurs enfants »[1]. Jung prend pour exemple le cas d'un homme qui ne rêvait jamais. Ce qui n'était pas le cas pour son fils âgé de neuf ans. Jung analysa les rêves destinés au père. Au cours de ce travail, le père se mit à rêver et le fils cessa d'avoir des rêves d'adulte... De tels phénomènes s'expliquent par la relativité de l'espace dans l'inconscient[2].

Cette année, Jung perd sa secrétaire qui travaillait pour lui depuis vingt ans. Une femme disparaît. Une autre mort va la suivre. Début 1953, le 21 mars, c'est au tour de Toni Wolff de disparaître. Jung avait été troublé par un rêve de Toni et par deux de ses rêves effectués au printemps 1946 bien que ceux-ci puissent indiquer autant une mort symbolique qu'une mort réelle. Juste avant la mort de Toni, Jung reçoit un rêve.

Rêve d'arrêt du tabac

Un rêve pousse Jung à arrêter de fumer.

Ce rêve le pousse donc à arrêter de fumer. Toni, elle, fumait environ quarante cigarettes par jour[3]. Jung, lui, va diminuer sa consommation de tabacs. Il souffre de nouveau de crise de tachycardie qui s'amplifie avec la douleur éprouvée suite à la perte de son Alcyon (symbole de la fécondité spirituelle) Elle est morte comme le martin-pêcheur trouvé sur la plage[4]. Et le pouls du cœur de Jung bat encore entre quatre vingt et cent vingt. Jung veut brûler toutes les

[1] *Ibid.*, p. 118.
[2] *Ibid.*, p. 119.
[3] Barbara Hannah, *Jung, sa vie et son œuvre, op. cit.*, p. 382.
[4] Nadia Neri, *Femmes autour de Jung, op. cit.*, p. 72.

lettres de Toni à son égard d'autant plus que ses enfants la détestent. Il s'abstient de la mentionner dans son autobiographie. C'est Barbara Hannah qui rendra hommage à Toni en transgressant la censure dont celle-ci jouit dans les cercles jungiens. « Cependant, on pense qu'il existe une partie encore secrète inédite de *Ma vie*, qu'Aniela Jaffé aurait déposé dans un coffre-fort, et dans laquelle Jung parlerait de sa relation avec Toni »[1]. Nadia Neri suppose que Jung se méfiait de la capacité de compréhension « *de la collectivité* » et qu'il cherchait à protéger son image personnelle. La nuit de Pâques, un autre rêve…

Rêve, vision de Toni plus jeune

> Jung voit Toni paraître plus grande et plus jeune qu'au moment de sa mort. Elle est très belle et porte une robe chatoyant des multiples couleurs d'un oiseau de paradis, avec, pour dominante, le merveilleux bleu roi du martin-pêcheur[2].

Elle ne prononce pas un mot, mais Jung se réveilla apaisé. Il est impressionné de recevoir ce rêve la nuit de la Résurrection. Juste une image où ne se déroule aucune action, sans fumée. Durant l'été, Jung trouve une pierre dont il fait un monument en mémoire de Toni. Il la place dans un bosquet et y grave une inscription en caractère chinois : « Toni Wolff. Lotus. Religieuse. Mystérieuse »[3].

Deux mois plus tard, Jung se remet à fumer, modérément, sur les conseils de son médecin[4].

Liens avec l'Œuvre

Juste avant la mort de Toni, Jung a un rêve qui le pousse donc à arrêter de fumer. Jung va diminuer effectivement sa consommation de tabac. Là encore, il reçoit une injonction en rêve et il respecte l'enseignement du rêve (ce dont il ne cesse de parler dans ses séminaires de 1928-1930[5]) ! Bien lui en prend car il souffre de nouveau de crise de tachycardie qui s'amplifie avec la douleur éprouvée suite à la perte de son Alcyon (symbole de la fécondité spirituelle), comme le martin-pêcheur trouvé sur la plage. Jung a beau rêver Toni plus jeune, en pleine résurrection la nuit de Pâques, elle a définitivement arrêté de fumer…

Un ami offre à Jung l'un des manuscrits gnostiques, rédigés en copte, découverts en Haute-Égypte (en 1945). Ce *Codex Jung* sera publié par la suite par Jung pour des spécialistes (en 1957). Jung a été profondément ému de cette

---

[1] *Ibid.*, p. 72.

[2] Barbara Hannah, *Jung, sa vie et son œuvre, op. cit.*, p. 384.

[3] Deirdre Bair, *Jung, op. cit.*, p. 846.

[4] *Ibid.*, p. 383.

[5] Carl Gustav Jung, *L'analyse des rêves*, Paris, Albin Michel, 2005.

découverte[1]. Il connaît et s'intéresse principalement à l'un des textes du Codex : l'Évangile de la Vérité. Il comprend mieux les réactions de l'âme reflétées dans les symboles du « poisson, du lion, du serpent ou du sauveur qui transmet un savoir libérateur (la gnose) à l'humanité pour mettre l'inconscient en lumière »[2]. Au quotidien, Jung passe l'essentiel de son temps à écrire, et à répondre aux lettres qu'il reçoit. Beaucoup traitent des rêves comme nous allons le voir. Mais en même temps, au travers de l'écriture épistolaire, Jung parle de lui, s'évoque, s'énonce, se prononce.

Le 23 janvier 1953, Jung rend compte à un médecin du Quidinal qui a suffi à stopper sa tachycardie. Et il lui demande quoi faire par rapport au tabac. Dès le matin, en commençant à travailler, il fume une pipe à condensation. Puis un cigarillo après déjeuner, une ou deux cigarettes, une pipe à 16 heures, et une dernière pipe à 21 heures 30. Le tabac aide Jung à se concentrer et il « contribue à garantir la paix de l'âme »[3].

Jung a presque soixante dix huit ans. Il sait sa santé mauvaise et il est dans « le temps mûr pour la mort ». Le 13 mars, Jung écrit de nouveau à son médecin qu'il a cessé de fumer depuis cinq jours suite à un rêve[4]. Et il termine par : « Mais que puis-je bien attendre des dieux sans fumée sacrificielle ? ».

Le 28 mai 1953, Jung remercie un Américain pour sa lettre de condoléances à l'occasion de la mort de Toni. Jung se souvient avoir vu Toni deux jours avant sa mort. Jung a eu en février « des rêves évocateurs de l'Hadès » qu'il s'est rapporté à lui-même car rien ne semblait indiquer que Toni fut concernée. Jung constate aussi qu'aucun des proches de Toni n'a eu de rêves de mise en garde. Jung se rappelle qu'au début de sa maladie en octobre 1952 il a rêvé…

Rêve de l'éléphant noir

… un éléphant noir qui déracinait un arbre[5].

L'arbre déraciné peut être un signe de mort. Depuis, Jung a rêvé plusieurs fois qu'il lui fallait contourner ces éléphants avec précaution ! Ceux-ci étaient occupés à construire leurs routes.[6] Jung écrit avoir été durement touché par la mort de Toni. Sa santé est chancelante.

Liens avec l'Œuvre

Ce rêve indique que Jung est chancelant et peut mourir. D'ailleurs, il écrit avoir été durement touché par la mort de Toni. Sa santé est chancelante (lettre du 2 septembre 1953). Il est comme cet arbre déraciné. Jung consacrera dans *Les racines de la conscience* tout un essai sur l'arbre : l'*Arbre philosophique (Livre VI).*

---

[1] Henri Frédéric Ellenberger, *Histoire de la découverte de l'inconscient, op. cit.*, p. 696.
[2] Gerhard Wehr, *Carl. Gustav. JUNG sa vie, son oeuvre, son rayonnement, op. cit.*, p. 360.
[3] Carl Gustav Jung, *Correspondance 1950 - 1954, op. cit.*, p. 164.
[4] *Ibid.*, p. 171.
[5] *Ibid.*, p. 180.
[6] *Ibid.*, p. 181.

Le 1er septembre, Jung écrit à Aniela Jaffé combien il est limité sur le plan physique. Il doit se ménager à cause de son arythmie cardiaque. Il ne peut marcher qu'un quart d'heure par jour. « … Et cela ne suffit pour aller nulle part »[1]. Jung décrit de façon remarquable son vécu du moment : il sait manier avec aisance l'alliage délicat de la poésie et de la philosophie (considérée comme une cosmogonie). Ainsi écrit-il : « Le caractère provisoire de l'existence est quelque chose d'indescriptible. Tout ce que l'on fait, que l'on contemple un nuage ou que l'on prépare une soupe, tout se passe au bord de l'éternité et est pourtant suivi du suffixe de la finitude. Tout est à la fois plein de sens et futile. Et c'est ainsi qu'on est soi-même aussi, un centre étrangement vivant en même temps qu'un moment déjà révolu. On est et on n'est pas… C'est la débâcle du grand âge – « je sais bien qu'à la fin vous me mettrez à bas » »[2].

Le 29 septembre, il écrit à propos de son père : « On m'a dit que la pierre tombale de mon père avait été érigée près de l'église. On y a malheureusement fait graver à l'époque, sans que je fusse au courant, que mon père aurait été docteur en théologie alors qu'il était en fait docteur es lettres. Il a fait sa thèse de doctorat comme orientaliste, en arabe »[3].

Le 21 novembre 1953, avec le docteur E. A. Bennet, Jung revient sur l'épisode d'Amenophis IV, le fait que ce dernier ait enlevé le nom de son père sur le monument pour faire mettre le sien à sa place. Est-ce un cas de complexe paternel négatif ? Jung rappelle à Bennet que d'autres pharaons ont fait de même. Il ne pouvait pas à l'époque entendre que l'acte d'Amenophis IV n'était qu'un acte de rébellion contre son père. « Je m'irritai de la manière péjorative dont on jugeait Amenophis, et je le fis savoir assez clairement. Telle fut la cause la plus immédiate de l'évanouissement de Freud. Quant à moi, personne ne m'a jamais demandé ce qu'il en était en réalité ; on préfère présenter une vision unilatérale et déformée de ma relation à lui »[4]. Et Jung écrit à ce propos à Ernest Jones le 19 décembre 1953 : « Votre matériel biographique est très intéressant, mais il eut été judicieux de me questionner au sujet de certains faits. L'histoire de l'évanouissement de Freud, par exemple, est présentée d'une manière tout à fait erronée »[5].

En 1954, Jung publie *Le fripon divin* avec Charles Kerényi et Paul Radin.

Jung rentre dans sa quatre-vingtième année. Et Charles Baudouin constate que Jung ne serait pas Jung s'il ne contait pas de bonnes histoires. Ainsi, à l'un de ses élèves très rationalistes « qui ne peut concevoir l'autonomie de l'imagination, ni se prêter à la méthode de l'imagination active, Jung lui conseille de prêter attention aux images qu'il pourrait observer au moment de s'endormir ». Ce qu'il fait. Et un oiseau fantastique le regarde. L'élève est pris de

[1] *Ibid.*, p. 189.
[2] *Ibid.*, pp. 189 et 190.
[3] *Ibid.*, p. 193.
[4] *Ibid.*, p. 198.
[5] *Ibid.*, p. 211.

panique et cherche refuge auprès de sa femme. Jung conclut : « C'est le seul de mes élèves qui soit devenu hitlérien ! »[1].

Le 25 avril 1955, Jung confie à un Allemand que la seconde partie du *Faust* l'a accompagné tout au long de son existence[2]. Et il y a seulement vingt ans (dans les années 1935) qu'il a commencé à y voir un peu plus clair grâce à la lecture des *Noces chymiques* de Christian Rosencreutz, un livre que Goethe avait lu. Jung précise que *Faust* est un opus alchymicum dans ses deux parties. Les *Noces chymiques* emplissent tout entier *Faust* et il vient d'y consacrer un livre entier : le *Mysterium coniunctionis.*

À une Anglaise du *Daily Mail,* il écrit : « Dans ma retraite campagnarde, je fais comme il me plait. J'écris, je peins, mais je passe le plus clair de mon temps à flâner au fil de mes pensées »[3].

À une Américaine, Jung écrit le 6 septembre que son vrai Moi fend du bois à Bollingen, fait la cuisine et essaie d'oublier les misères d'un quatre-vingt quatrième anniversaire[4]. Au moment de la mort de sa femme, Jung fait le rêve suivant.

Rêve, vision d'Emma décédée

> Elle [la femme de Jung] m'apparut en un rêve qui était comme une vision. Elle se tenait à quelque distance et me regardai en face. Elle était à la fleur de l'âge, avait environ trente ans et portait la robe que ma cousine, le médium, lui avait faite il y a bien longtemps... [...] Son visage avait une expression ni joyeuse, ni triste, une expression de connaissance et de savoirs objectifs, sans la moindre réaction du sentiment, comme au-delà du brouillard des affects. Je savais que ce n'était pas elle, mais une image composée ou provoquée par elle à mon intention. Elle contenait le début de nos relations, les événements de nos trente-cinq années de mariage et aussi la fin de sa vie. En face d'une telle totalité, on reste muet car cela est à peine concevable[5].

Jung en conclut que « l'objectivité, vécue dans ce rêve et dans ces visions (celles qui suivirent son infarctus), relève de l'individuation accomplie »[6].

Ce rêve (comme ceux de 1911 et de 1944 : celui de la question en langue latine et le rêve/vision du temple de pierre) le conduit à affirmer, comme nous l'avons précédemment vu, la revendication des morts « à acquérir cette part de conscience qu'ils n'ont pas acquis durant leur vie »[7].

---

[1] W. Mc Guire et R. F. C., Hull *C. G. Jung parle*, *op. cit.*, p. 186.

[2] *Ibid.*, p. 65.

[3] *Ibid.*, p. 195.

[4] Carl Gustav Jung, *Correspondance 1955 - 1957,* Paris, Albin Michel, 1995, p. 94.

[5] Carl Gustav Jung, *Ma vie. Souvenirs, rêves et pensée*, *op. cit.*, pp. 338-339.

[6] *Ibid.*, p. 339.

[7] *Ibid.*, p. 351.

Liens avec l'Œuvre

Avec ce rêve/vision, Jung refait « l*a revue de vie* » (étape 18 de la N. D. E. – cf. *supra*) de ses trente-cinq années de mariage avec Emma. Il est un spectateur objectif de ce qui se déroule devant ses yeux. « La connaissance objective se situe au-delà des intrications affectives, elle semble être le mystère central. Elle seule rend possible la véritable conjunctio »[1].

Le 13 décembre 1955, Jung écrit à son ami Neumann de Tel-Aviv qu'il a eu « une grande illumination » deux jours avant la mort de sa femme qui a fait la lumière sur un mystère séculaire. « … Cette illumination émanait de ma femme, qui était alors la plupart du temps sans conscience, et la clarté immense et libératrice de mon intuition a exercé sur elle un effet en retour qui a contribué à lui donner une mort royal et sans souffrance »[2].

Jung a d'autres rêves (qui ne sont pas datés) concernant des proches décédés.

Rêve de l'ami conventionnel décédé

> [C'est ainsi qu'il m'arriva, une fois, de rêver que] je rendais visite à un ami décédé environ quinze jours plus tôt. De son vivant, il n'avait connu qu'une conception conventionnelle du monde et était resté figé dans cette attitude dépourvue de réflexion. Sa demeure était située sur une colline rappelant celle de Tüllingen près de Bâle. Là s'élevait un vieux château dont les murs circulaires entouraient une place avec une petite église et quelques bâtiments plus petits. [...] Les feuilles des vieux arbres étaient déjà dorées, un doux rayon de soleil éclairait le tableau. Mon ami était là, assis à une table avec sa fille qui avait étudié la psychologie à Zurich. Je savais qu'elle lui donnait des éclaircissements psychologiques indispensables. Il était tellement fasciné par ce qu'elle lui disait qu'il ne me salua que d'un geste rapide de la main, comme s'il voulait me donner à comprendre : « Ne me trouble pas ! » Ainsi son salut me donnait congé[3] !

Jung a rêvé rendre visite à cet ami décédé quinze jours plus tôt. Par rapport à ce rêve, il estime d'un point de vue psychique que cet ami réalise en rêve ce qu'il n'avait pu faire durant son vivant. Cet ami vit la réalité de son existence psychique par une voie que Jung estime être inconnaissable[4], qu'il ne connaît pas encore. Il apprend donc de sa fille des connaissances psychologiques qu'il n'a pas reçues durant son vivant.

---

[1] *Ibid.*, p. 339.

[2] Carl Gustav Jung, *Correspondance 1955 - 1957, op. cit.*, p. 109.

[3] Carl Gustav Jung, *Ma vie. Souvenirs, rêves et pensée, op. cit.*, p. 352.

[4] *Ibid.*, p. 351.

Liens avec l'Œuvre

Ce rêve fait associer Jung au second acte de *Faust* où les anachorètes « répartis sur le flanc de la montagne » représentent différents niveaux de développement qui se complètent et s'élèvent réciproquement. Il illustre à nouveau une idée chère à Jung : les morts continuent de questionner.

Tous les quatre ans, durant douze ans, naît une quaternité : quatre parties de construction différente pour créer la maison de Bollingen à l'image de l'évolution de Jung et de sa structure psychique.

A un collègue suisse qui le questionne sur la copie du buste de Voltaire de Houdon qui se trouve dans la salle d'attente de Küsnacht, le 9 novembre 1955, Jung répond : « J'aime à regarder le visage moqueur de ce vieux cynique, qui me rappelle la futilité de mes aspirations idéalistes, le caractère douteux de ma morale, la bassesse de mes motivations – tout ce qui est humain, trop humain, hélas. Voilà pourquoi M. Arouet de Voltaire est toujours là dans ma salle d'attente : pour que mes patients ne se laissent pas illusionner par l'amabilité du médecin »[1].

Durant l'hiver 1955-1956, Jung sculpte les noms de ses ancêtres paternels et peint au plafond les motifs des armes de ses ancêtres ainsi que ceux de sa femme et de ses gendres. Son grand-père a modifié le phénix original du blason par opposition à son père. Le phénix est remplacé par une symbolique rosicrucienne (ou franc-maçonne ?) : à la place, une croix et une grappe bleue sur champ d'or et une étoile d'or. Ces deux symboles représentent aux yeux de Jung la problématique des contrastes rosicruciens : le chrétien (la croix en tant qu'esprit céleste) et le dionysien (la grappe en tant qu'esprit chthonien). L'étoile d'or symbolise l'or des philosophes, des alchimistes, qui ont toujours recherché la conjonction, la réunion des opposés. Par ce geste de peintre, Jung garde à l'esprit et maintien le lien transgénérationnel avec la problématique de ses ancêtres : la dualité intérieure qu'il a, lui-même, à résoudre et qui se manifeste par le biais de la conscience aiguë des deux personnages, les numéros 1 et 2. Merlin ou Faust ? Merlin et Faust ! Car ces deux figures incarnent l'existence du double de la « nature » humaine. Faust ne s'écrie-t-il pas : « Deux âmes, hélas ! habitent ma poitrine »[2]. Jung se sent relié à ses ancêtres : comme eux, il éprouve une même passion pour l'alchimie qu'auraient connu le Dr. Carl Jung (mort en 1654) et son bisaïeul Sigismund Jung au XVIIIe siècle (mort en 1778 ou en 1824 ; dans l'arbre généalogique de Jung, deux Sigismund ont existé). Ceci annonçait-il sa rencontre avec un troisième Sigismund (Freud) ? En tout cas, Jung se demande s'il est porteur d'un problème individuel (sa division personnelle) ou d'un problème collectif au sens où celui-ci concerne à la fois un problème de « karma familial » mais aussi humain. En effet, qui n'est pas touché

---

[1] Carl Gustav Jung, *Correspondance 1955 - 1957, op. cit.*, p. 101.

[2] Carl Gustav Jung, *Ma vie. Souvenirs, rêves et pensée, op. cit.*, p. 271.

par cette problématique faustienne de *l'ombre* qu'est Méphistophélès ; c'est à dire le « problème des contraires, du bien et du mal, de l'esprit et de la matière, du clair et de l'obscur… »[1]. Le problème des contraires est l'objet même du *Mysterium Conjunctionis.*

Fin 1955, Ruth Bailey, une Anglaise qui a participé au voyage en Afrique en 1926, s'installe chez Jung et s'occupe de la maison. Elle tient ainsi une promesse faite de s'occuper d'Emma ou de Carl Jung si l'un des deux mourrait. Ce qui se produit : le 30 novembre 1955, Emma Jung s'éteint à cette vie. Et la compagne du voyage en Afrique va s'occuper de Jung pour le reste de sa vie.

Après la mort de sa femme, Jung rajoute au complexe central un étage. Il est enfin satisfait. Il a commencé à construire « dans une sorte de rêve »[2]. Sein maternel, lieu de maturation de tous les possibles, la maison de Bollingen devient un symbole de totalité psychique. L'ajout des quatre parties plus une décrivent le cheminement de Jung tout au long de son individuation. Jung n'a pas perçu le lien qui pouvait exister entre la construction de cette maison et l'union du personnage numéro 1 et du numéro 2. Là, dans cette tour, il devient à la fin de sa vie « le fils archivieux de la « mère »… le vieil homme »[3] dont il a fait l'expérience quand il était enfant. Les murs et le cadre naturel d'implantation de la Tour de Bollingen sont l'émanation de la psyché de Jung : ils sont les porteurs de son histoire. Là, Jung y passe la moitié de son temps, casse du bois, bêche, plante et récolte, cuisine lui-même, vit en contact avec la nature, sans eau courante ni électricité, dans l'état de simplicité, de « modest harmony with nature »[4]. Et ce, jusqu'à la fin de sa vie.

Un congrès international se tient à Zurich sous la présidence du fils de Bleuler. La campagne sur la collaboration nazie de Jung et son antisémitisme reprend. A cette critique s'ajoute aussi le fait que Jung aurait trahi Freud et cherché à écraser la psychanalyse. Un groupe de disciples juifs publie une lettre de protestation dans une revue. Cette campagne perdurera même après sa mort[5].

Jung est affecté mais il tient à ne pas vivre dans le passé : il se concentre sur la question de comprendre pourquoi il est celui qui doit rester en vie et ce qu'il doit encore accomplir[6]. Jung perd tout intérêt pour les événements extérieurs. Pour supporter le choc de Toni et Emma en deux ans, il se remet à sculpter la pierre, des tablettes de pierre. Il sculpte une pierre en mémoire de sa femme qui est placée devant la loggia de la Tour. Sculpter soulage quelque peu de la douleur. Un an après la mort de sa femme…

---

1 *Ibid.*, p. 272.
2 *Ibid.*, p. 262.
3 *Ibid.*, p. 263.
4 *Ibid.*, p. 263.
5 Henri Frédéric Ellenberger, *Histoire de la découverte de l'inconscient*, *op. cit.*, p. 696.
6 Barbara Hannah, *Jung, sa vie et son œuvre, op. cit.*, p. 399.

Rêve de l'évolution de l'âme

> Je me réveillai soudain une nuit et sus que j'étais allé près de sa femme dans le sud de la France, en Provence, là où nous avions passé un jour entier ensemble. Elle y faisait des études sur le Graal. Cela me parut très significatif car elle était morte avant d'avoir terminé le travail qu'elle avait entrepris sur ce sujet[1].

« L'explication sur le plan du sujet – à savoir que mon anima n'en avait pas encore fini avec le travail qu'elle a imposé – ne m'apporta rien ; car je savais fort bien que je n'en avais pas encore terminé avec ma tâche. Mais l'idée qu'après sa mort, ma femme travaillait à la continuation de son développent spirituel – quoi que l'on puisse concevoir par cette idée – me parut pleine de sens et c'est en cela que ce rêve fut pour moi très apaisant.[2] »

Cette raison (s'acquitter du travail) conduit Jung à formuler ainsi le sens de ce « réveil de nuit ». L'interprétation sur le plan du sujet indique que Jung lui-même n'en a pas fini avec sa tâche. Néanmoins, cette interprétation, quoi qu'on puisse en penser (y adhérer ou non) a le mérite d'apaiser Jung comme il l'écrit lui-même : cette idée d'une continuation du travail de l'âme après la mort est « pleine de sens ». Dans ce sens, une idée qui donne sens à une expérience suffit à apaiser.

D'autant que Jung applique la méthode de « l'implication nécessaire »[3] qui correspond dans l'interprétation des rêves à l'amplification au sens où il existe une « désignation de réalités non perceptibles » au premier abord. Ainsi certains produits de l'imagination qui se caractérisent par le consentement de tous ou par leur grande fréquence d'apparition : ainsi les motifs archétypiques.

Jung considère le mythe comme le degré intermédiaire entre l'inconscient et la connaissance consciente[4]. L'inconscient sait plus de chose que le conscient même si son langage se situe dans l'éternité plutôt que dans le « ici et maintenant », même si ce langage de l'inconscient ne tient pas compte du langage de l'intellect. Au cours de l'analyse d'un rêve, le savoir de l'inconscient pénètre le domaine de la compréhension… grâce à l'amplification ou l'implication.

Si l'amplification peut permettre de déboucher sur des savoirs inconnus du rêveur mais qui peuvent être vérifiés, l'implication semblerait indiquer que cette amplification débouche sur certains savoirs qui ne sont pas encore vérifiables. L'expérience suivante illustre ces propos. Une nuit, Jung a une vision.

Vision d'un ami décédé au pied de son lit

> [Une nuit, je ne dormais pas et pensais à la mort subite d'un ami que l'on avait enterré le jour précédent. Sa disparition me préoccupait

---

[1] Carl Gustav Jung, *Ma vie. Souvenirs, rêves et pensée, op. cit.*, p. 352.

[2] *Ibid.*, p. 353.

[3] *Ibid.*, p. 353.

[4] *Ibid.*, p. 355.

> profondément.] Brusquement j'eus le sentiment qu'il était dans ma chambre. J'avais l'impression qu'il se tenait au pied de mon lit et me demandait de venir avec lui. Je ne pensais pas qu'il s'agissait d'une apparition ; au contraire, j'avais de lui une image visuelle intérieure que je pris pour une imagination. Mais en toute honnêteté, il me fallut me demander : « quelle preuve ai-je qu'il s'agit d'une imagination ? » [...] Cependant, j'avais tout aussi peu de preuve pour le croire debout devant moi comme une apparition, c'est-à-dire « réel » ? Alors, je me dis : « Preuve ou non, au lieu de déclarer qu'il ne s'agit que d'une imagination, je puis, avec autant de justification, l'accepter comme apparition et, au bénéfice du doute, lui accorder réalité, au moins « pour voir » ! A cet instant même où je pensais cela, il se dirigea vers la porte et me fit signe de le suivre. [...]
>
> Il me conduisit [...] finalement dans sa propre maison. [...] J'entrai, il me fit pénétrer dans son bureau. Il monta sur un tabouret et m'indiqua le second volume d'une série de cinq, reliés en rouge ; ils se trouvaient tout en haut sur la seconde étagère. Alors la vision s'évanouit. Je ne connaissais pas sa bibliothèque et ignorais quels livres il possédait. D'autre part, je n'aurais pu, d'en bas, lire les titres des volumes qu'il avait indiqués puisqu'ils se trouvaient sur la seconde étagère d'en haut[1].

S'il accepte cette vision, Jung la considère alors comme une preuve. Si, par contre, il doute de la réalité de cette vision, il peut en dernier recours la considérer comme une réalité psychique, indépendamment de la question de la preuve matérielle. C'est à ce moment précis que le mort lui fait signe de le suivre. Le matin suivant, Jung, décidé à résoudre cette « énigme visionnaire ». Il va voir la veuve du défunt qui le conduit dans la bibliothèque. Il aperçoit les fameux livres rouges dont il prend le second volume. Il s'agit d'un roman de Zola dont le titre est *« Le vœu d'une morte »*[2]. Jung ne peut que constater un rapport avec sa vision même si le sens de cette expérience conserve sa part de mystère. Que cherchait à lui indiquer l'inconscient ? Jung se rappelle le rêve précédent la mort de sa mère de 1923, le rêve du chien-loup Wotan qui déclenche le souvenir d'un autre rêve précédent fait en septembre 1922, celui de la rencontre avec son père décédé désireux d'une connaissance psychologique sur les complications familiales (cf. *supra*). Ce qui confirme l'idée transpersonnelle que tout un chacun se doit de résoudre à la fois sa problématique personnelle et familiale (répondre aux questions auxquelles les ancêtres n'ont pu répondre) mais aussi collective (la question de la mort, de Wotan…).

Ces deux derniers rêves apportent des réponses et questionnent Jung. Il s'était rassuré avec le sens de l'évolution de l'âme. Le voilà de nouveau interrogé

---

[1] *Ibid.*, p. 356.
[2] *Ibid.*, p. 356.

avec le vœu d'une morte. Étrange coïncidence. De nouveau, un rêve compense l'autre, sur une même thématique !

À Jolande Jacobi qui a présenté les principaux concepts de Jung dans *Psyché*, le 13 mars, Jung précise qu'il n'a pas de doctrine à la différence de Freud. Aussi, il ne faut pas s'attendre non plus à ce qu'il ait une doctrine sur les rêves. Jung ne fait qu'indiquer la méthode qu'il utilise et quels sont les résultats éventuels[1]. Il rappelle qu'il ne fait que parler de fait et non des notions philosophiques. Il affirme ne pas utiliser le moyen de l'association libre « auquel on ne peut se fier pour dégager la substance réelle des rêves ». Même si chacun tombera toujours sur ses complexes personnels en utilisant ce moyen ; ce qui ne signifie pas, loin de là, qu'il s'agisse du matériel du rêve. « D'une façon générale, ma procédure dans l'analyse du rêve est la circumambulation, qui tient compte de la sagesse du Talmud affirmant que le rêve est à lui-même sa propre interprétation »[2].

Au printemps, Jung achève de graver sur trois tablettes de pierre les noms de ses ancêtres et de ses descendants. Il orne le plafond de la tour de ses propres armoiries, celles de sa femme et celles de ses gendres. Il suit aussi avec beaucoup d'attention la construction de la Tour de Marie Louise von Franz. Il peut conduire de nouveau et est ravi que les montagnes lui tendent les bras encore.

L'édition des *Œuvres complètes de C. J. Jung* paraît : elle comporte pour l'instant seize volumes (quatre autres viendront s'y ajouter). Parallèlement, pour accompagner l'édition complète de son Œuvre, Jung accepte, à contrecœur, de participer à son autobiographie avec sa secrétaire Aniela Jaffé. « *Ma vie...* » est un livre ésotérique au sens où il n'est pas question d'une autobiographie classique (exotérique ; au sens événementiel des faits extérieurs repérables par tout un chacun) mais des expériences intérieures. Ce livre laisse une grande place à l'improvisation : une grande partie du livre est dictée de vive voix à Aniela Jaffé. Les trois premiers et le dernier chapitre sont écrits de sa plume : qui d'autre que lui pouvait décrire le mythe de sa vie ?

Dans sa tour de Bollingen, Jung revoit ses quatre-vingt ans de vie. Il reprend contact avec le jeune garçon qu'il a été, assis dehors sur sa terrasse, en plein soleil, totalement impassible. Il arrive même que des oiseaux fassent « un piqué pour venir piocher sur son crâne quelques cheveux afin d'en finir avec leur nid »[3]. Mais il n'est pas pleinement satisfait. Un autre projet lui tient particulièrement à cœur. Il confie à Marie-Louise von Franz ses écrits concernant les nombres afin qu'elle explicite le concept de synchronicité. Comme s'il sentait que le temps lui était compté et qu'il devait passer la main à plus jeune que lui. *Nombre et temps* paraîtra en 1970.

---

[1] *Ibid.*, p. 119.
[2] *Ibid.*, p. 120.
[3] Linda Donn, *Freud et Jung. De l'amitié à la rupture*, *op. cit.*, p. 44.

« Mon nom bénéficie d'une existence pratiquement indépendante de moi-même. Mais mon véritable moi casse du bois à Bollingen et prépare les repas... »[1]. Jung reçoit visiteurs et courriers du monde entier tout en se réfugiant dans sa tour où « il s'observe » et où il continue d'avoir des doutes sur lui-même. « C'est comme si, par là, la connaissance de soi se dérobait encore plus »[2].

Jung finit de peindre le plafond à Bollingen, boit de l'excellent vin et se prépare quelques bons repas. Il se fait accompagner en voiture lorsqu'il ne peut plus faire à pied sa promenade quotidienne. Il sculpte sur un mur extérieur de Bollingen une femme qui tend ses mains vers les mamelles d'une jument. Derrière elle, une ourse fait rouler une sphère dans sa direction. Au-dessus de la femme, est gravé : « Que la lumière que je portais en mon sein jaillisse. 1958. ». Sur le cheval : « Pégase, source de vie, eau répandue par le Verseau ». Sur l'ourse : « L'ourse qui meut la masse ». Jung a cette vision émanant de la pierre elle-même. Il est persuadé, comme il l'a écrit dans *Aïon* et dans *Réponse à Job* qu'avec l'ère du Verseau, une source d'eau vive peut en jaillir[3].

Suite à la proposition de Aniela Jaffé que Jung participe à sa biographie, il constate que tous les souvenirs encore vivants en lui sont « de nature à mettre l'esprit dans un état d'agitation passionnelle à priori très impropre à l'objectivité de l'exposé ! » Il peut aussi constater que « tout souvenir concernant des événements extérieurs a perdu sa vivacité colorée ». Toutes les manifestations extérieures de son existence « en coïncidence avec des phases » de son évolution intérieure se sont effacées de sa mémoire car Jung se dit n'avoir « jamais été dedans ». Or, justement, ces manifestations extérieures sont le terreau d'une biographie compréhensible : les personnes rencontrées, les voyages, les aventures et périples, les coups du sort, etc. C'est ce qui rend le souvenir des événements « intérieurs » « plus vifs et plus colorés ». Jung confie à son ami qu'il ne sait comment présenter cette vie intérieure vive et colorée[4]. Une biographie de « manifestations extérieures » est-elle possible ? Oui au sens où Aniela Jaffé se charge de l'affaire.

Le 9 janvier 1958, Jung commence à écrire les trois premiers chapitres de *Ma vie*. Il écrit à N. qu'un petit démon cherche à lui dérober les mots et même les idées : « il les métamorphose en un torrent d'images déferlantes qui jaillissent des brumes du passé »[5]. Une vie est une suite d'images qui ne cessent de s'accélérer.

Présent et avenir terminé, Jung s'attelle à la rédaction d'un livre sur les ovnis : *Un mythe moderne - au sujet des choses qu'on voit dans le ciel.* Ce livre lui fut inspiré par son gendre, l'architecte Walther Niehus, mari de Marianne Jung. La forme

---

[1] Gerhard Wehr, *C. G. Jung, op. cit.*, p. 197.
[2] *Ibid.*, p. 200.
[3] Barbara Hannah, *Jung, sa vie et son œuvre, op. cit.*, p. 419.
[4] Carl Gustav Jung, *Correspondance 1955 - 1957, op. cit.*, p. 246.
[5] Carl Gustav Jung, *Correspondance 1958 - 1961,* Paris, Albin Michel, 1996, p. 14.

sphérique des ovnis rappelle le symbole de la totalité ou du *Soi.* Dans le phénomène des ovnis « ...il s'agissait essentiellement d'un détournement de projection dirigées vers les cieux. Il fallait donc envisager la signification symbolique des ovnis au moment de franchir le seuil de la conscience ». Ce qui était à vérifier. Pour cette raison, Jung « recommanda qu'un psychiatre étudie la structure consciente et inconsciente des observateurs d'ovnis afin de déterminer si leurs visions pouvaient relever d'une projection de contenus inconscients »[1].

Nous sommes en 1958. Suite à un entretien publié en 1954, la presse fait courir le bruit que Jung croit en l'existence des ovnis. Ce n'est pas le propos de Jung. Pour s'en expliquer, il écrit ce livre. L'existence des ovnis en soi n'intéresse pas Jung. Par contre, il constate que beaucoup de gens voient des objets ronds dans le ciel dont ils attendent rédemption ou destruction. Ce qui est une manifestation symbolique du *Soi*, de la totalité, car les ovnis sont de forme circulaire. Par la suite, Jung compile les documents concernant ces « *signes du ciel* » qui sont une compensation par rapport au monde fortement divisé[2]. Pour autant, il ne pourra pas résoudre définitivement le problème des ovnis, la recherche suggérée n'ayant pu se concrétiser. Ce qui ne l'empêcha pas d'en rêver. Dans son autobiographie, Jung se souvient des U. F. O. par le biais de ses rêves.

Rêve des U. F. O.

> [...] J'aperçus de chez moi deux disques de métal brillant en forme de lentilles ; ils filaient vers le lac, au-dessus de la maison en décrivant un arc de faible rayon. C'étaient deux U. F. O. [Unidentified Flying Objects, c'est à dire des soucoupes volantes]. Puis un autre corps sembla se diriger vers moi. C'était une lentille circulaire comme l'objectif d'un télescope. A une distance de quatre à cinq cent mètres environ, l'objet s'immobilisa un instant puis fila au loin. Immédiatement après, un autre corps arriva en traversant les airs : une lentille d'objectif avec un prolongement métallique aboutissant à une boîte, sorte de lanterne magique. A soixante ou soixante-dix mètres de distance, il s'arrêta dans l'air me visa[3].

Jung se réveille étonné. Une pensée traverse son esprit : « Nous croyons toujours que les U. F. O. seraient nos projections, or il semble bien que c'est nous qui sommes les leurs. La lanterne magique me projette sous la forme de C. G. Jung, mais qui manipule l'appareil ? »[4]. Jung avait déjà eu ce type de rêve en 1944 à propos des relations entre le Moi et le *Soi* (le rêve du yogi).

---

[1] Gerhard Wehr, *Carl. Gustav. JUNG sa vie, son oeuvre, son rayonnement, op. cit.*, p. 403.

[2] *Ibid.*, p. 405.

[3] Carl Gustav Jung, *Ma vie. Souvenirs, rêves et pensée, op. cit.*, p. 367.

[4] *Ibid.*, p. 367.

Liens avec l'Œuvre

Comme le yogi qui rêve de Jung de 1945, ce rêve est une parabole du *Soi* qui médite sur le moi. « Comme la lanterne magique, la méditation du yogi projette aussi ma réalité empirique »[1]. Aux yeux de Jung, ces deux rêves confirment l'idée d'un renversement total des rapports entre la conscience du moi et l'inconscient. Ce qui est une autre illustration de ce dont lui avait fait prendre conscience le chef pueblo : « Te réfères-tu ou non à l'infini? ».

Durant l'hiver 1957-1958, à l'Institut, Jung fait une conférence sur la *Conscience.* Il accepte de la rédiger sous forme d'article. Jung distingue la conscience du code moral. La véritable éthique intérieure échappe et transcende le Bien et le Mal. Elle concerne la *vox Dei* qu'on peut entendre intérieurement. Quelque chose sait en nous (le *Soi*) et nous fait entendre ce qu'il convient de faire, indépendamment des critères moraux. Ce dont Jung avait l'expérience à l'âge de 11 ans avec la pensée blasphématoire et l'excrément divin qui lui avait procuré la grâce.

En mars 1959, Jung accepte de donner une interview filmée, pour la B. B. C., à John Freeman. Car il pressent qu'on risque de parler de lui en termes contradictoires. Ce « *Face à face* » filmé donne à chacun la possibilité de se faire opinion sur l'homme Jung. A la question, croyez-vous en Dieu ?, Jung répond : « Oh oui ». « Et maintenant, croyez-vous en Dieu ? » « Maintenant ? [Silence] Difficile de répondre. Je sais. Je n'ai pas besoin de croire, je sais »[2].

Un peu plus loin dans l'interview : « Freud vous a-t-il analysé ? » « Oui, je lui ai soumis une quantité de rêves, et il fit de même avec moi ». Ensuite, Jung refuse d'en dire plus sur les traits significatifs des rêves de Freud : « Mais c'est une question très indiscrète. Vous savez qu'il existe le secret professionnel ». John Freeman tente de relancer Jung, en vain : « Il est mort depuis de nombreuses années ». Jung : « Oui, mais certains égards durent bien plus que la vie »[3]. Quelle belle façon, ultime, de respecter la mémoire de Freud !

Le 5 mai, Jung a un second entretien avec Miguel Serrano grâce au Dr Jolande Jacobi. Ce diplomate et écrivain chilien rencontre Jung pour la seconde fois. Miguel Serrano a été le dernier visiteur à prendre contact avec Jung. Le livre *C. G. Jung et Hermann Hesse* témoigne de ces dernières rencontres entre le psychologue des profondeurs et le romancier poète indianiste chilien.

M. Serrano pose à Jung plusieurs questions quant aux rêves et à la position de Krishnamurti (un guru indien) vis à vis du rêve. Est-il sage d'analyser ses propres rêves et d'en tenir compte malgré le constat d'une augmentation de vitalité ? Auquel cas, ne pas tenir compte de ses rêves correspondrait à une perte d'énergie. Alors que pour Krishnamurti, les rêves n'ont pas réellement

---

[1] *Ibid.*, p. 368.

[2] W. Mc Guire et R. F. C., Hull *C. G. Jung parle*, *op. cit.*, p. 334.

Ibid., p. 337.

d'importance : l'essentiel « est d'être conscient et complètement perceptif au moment présent ». Krishnamurti a avoué à M. Serrano que « son esprit était attentif à la fois consciemment et inconsciemment, il ne lui restait plus matière à rêver, et que son sommeil lui procurait alors un repos complet »[1]. Qu'en penser ? Jung répond qu'il est tout à fait possible de ne pas rêver un certain temps ; constat qu'il a pu faire auprès de certains scientifiques qui concentraient toutes leurs forces sur un certain problème. Mais, au bout d'un certain temps, ils se remettaient à rêver. Quant à l'importance du rêve, Jung répond que « la seule chose importante est de suivre sa nature. Un tigre devrait être un bon tigre, un arbre, un bon arbre. Ainsi l'être humain doit être un être humain. Mais pour savoir ce que cela signifie, il faut suivre sa propre nature, et aller seul de l'avant, en laissant place à l'imprévu. Rien, toutefois, n'est possible sans l'amour, même pas le processus alchimique, car l'amour permet de pouvoir risquer le tout pour le tout, et de ne pas occulter des éléments importants ».

En août, Jung écrit l'un de ses rêves à une correspondante suisse. « Comme promis, je vais tenter d'esquisser pour vous ma « réaction » (s'ensuit le rêve cité ci-dessous). Jung va paraphraser l'histoire qui lui avait été adressée à propos d'un cep de vigne. Dans cette réponse, il mêle vie de rêve et vie de veille, comme si les deux ne faisaient qu'une.

Rêve d'être soi-même

> J'ai été emmené dans un rêve où l'on est soi-même et dans lequel il n'y a ni moi ni toi. Il commence avec les grands-parents, le roi et la reine qui possèdent de nombreuses forêts, des champs, des prairies et des vignobles. C'est tard dans la vie qu'on trouve son héritage, un tout petit morceau de terre sur lequel pousse votre vigne et votre arbre de vie (vita = vie, vitis = vigne, vinum = vin). On doit se l'acquérir, car on a été expulsé du paradis et on ne possède plus rien, ou plutôt on a, mais on ne le sait pas. [...] C'est là que l'on peut voir les événements qu'on a vécus depuis toujours : le soleil et la pluie, la chaleur et le froid, la maladie, [...] mais aussi la fécondité et la croissance, la douceur et l'ivresse et par là l'accès à l'univers, au tout. On ne le sait pas encore, mais il y a un autre qui est là, un vieux, qui le sait, mais qui ne parle pas.[2] »

Jung commente son rêve soi-même. « Quand on a observé et œuvré assez longtemps, on sait soi-même, et on est devenu vieux. Le secret de la vie, c'est ma vie, qui se joue autour de moi, ma vie et ma mort, car même le cep de vigne, quand il est vieux, est arraché avec ses racines. [...] Sa vie est impitoyablement réduite à son essence, et même la douceur du raisin doit être transformée en vin, âpre et enivrant, un fils de la terre, qui donne son sang à tous et provoque l'ivresse qui réunit ce qui est séparé et apporte la réminiscence de la possession

[1] Miguel Serrano, *C. G. Jung et Hermann Hesse,* Georg Editeur, 1991, p. 73.

[2] Carl Gustav Jung, *Correspondance 1958 - 1961,* Paris, Albin Michel, 1996, pp. 128-129.

et de la royauté universelles, un temps de délivrance et de paix. Il s'ensuit des choses que l'on ne peut plus dire »[1].

Jung est dans un rêve où « l'on est soi-même et dans lequel il n'y a ni moi ni toi ». A-t-il conscience qu'il va mourir ? Une chose est sûre : il accepte la mort.

Juillet 1960, Jung fête ses quatre-vingt-cinq ans. Il lui est demandé de participer à la conception d'un ouvrage qui vulgariserait sa psychologie. Il décide d'écrire le premier chapitre de ce livre et laisse le soin à Marie-Louise von Franz de prendre en charge l'article sur l'individuation puis de s'occuper de l'ensemble de l'ouvrage. Jung prévoit ainsi le cas où il mourrait ou bien si sa santé se détériorait. Cet ouvrage s'intitulera *L'homme et ses symboles.*

Après les fêtes de son anniversaire, Jung tombe malade durant un voyage à l'ouest de la Suisse. Il veut faire une coupure et aller dans un hôtel, à Onnens pour se reposer dans un cadre magnifique. Cloué au lit, dans l'attente de retourner à Küsnacht, le médecin craint pour sa vie. De son côté, Jung rêve que sa fin est proche.

Rêve de l'autre Bollingen

> Il voit « l'autre Bollingen » baignant dans un rougeoiement de lumière, et une voix désincarnée lui dit que c'est achevé et prêt à être habité. Puis, tout en bas, il voit une mère glouton/carcajou qui apprend à son petit à plonger et à nager dans une étendue d'eau[2].

Ce rêve est un rêve de mort. En effet, Jung a souvent évoqué à ses plus proches (Marie-Louise von Franz et Barbara Hannah) cet autre Bollingen en tant que lieu appartenant à l'inconscient, à l'au-delà. Ce qu'indique la fin du rêve : le rêveur va bientôt passer dans un autre élément ; d'autant que « c'est achevé ». La femelle carcajou symbolise l'adaptation à un nouvel environnement[3].

« Jung savait pertinemment qu'on commence à mourir longtemps avant sa mort »[4]. Cela ne l'empêche aucunement de poursuivre son travail. Il décide de ne pas quitter Küsnacht pour se rendre à Bollingen. Rapidement, il se remet debout. Il en profite pour écrire *Essai d'exploration de l'inconscient* car un nouveau rêve l'y invite.

Rêve d'être compris

> [Il rêva qu'…] Au lieu de parler, assis dans son bureau, avec de grands docteurs et de grands psychiatres qui venaient le voir du monde entier, il

---

[1] *Ibid.*, p. 128.

[2] Barbara Hannah, *Jung, sa vie et son œuvre, op. cit.*, p. 423.

[3] Deirdre Bair, *Jung, op. cit.*, p. 938.

[4] Anthony Stevens, *Jung L'œuvre - vie, op. cit.*, p. 250.

se trouvait sur une place publique, et s'adressait à une foule qui l'écoutait avec une profonde attention, et comprenait ce qu'il disait[1].

Ce rêve détermine chez Jung le désir d'écrire sur sa psychologie des profondeurs puisque, comme l'indique le rêve, une multitude de gens peut le comprendre. D'autant que le rêve l'invite à ne pas passer par la parole (« au lieu de parler »). En même temps, dans cet article, Jung réitère sa mise en garde d'être attentif à l'inconscient : là, se trouvent l'avenir de l'humanité et la possibilité d'échapper au désastre. Suite à ce rêve, Jung accepte la proposition des éditions Aldus Books qu'il avait refusée au printemps : publier un livre accessible à tous concernant la psychologie des profondeurs.

Essai d'exploration de l'inconscient est le dernier écrit de Jung qu'il termine dix jours avant sa mort. Cet essai ouvre le livre *L'homme et ses symboles* qui est un recueil de différents textes rédigés par plusieurs auteurs de différentes nationalités spécialisés dans leur domaine de compétence à traiter. Ouvrage de vulgarisation, *L'homme et ses symboles* est publié quelques temps après la mort de Jung, en 1964. Il est le dernier legs de Jung au grand public. Et Jung, jusqu'au bout de sa vie, par ce biais, respecte son rêve en le mettant en scène dans sa vie consciente.

Le 25 février, Jung écrit qu'il vient de faire un léger infarctus suivi d'une angine de poitrine. Ce qui lui a valu quatre semaines au lit, sans avoir à fournir d'effort de concentration. Il lit quelques textes bouddhistes dont il laisse le contenu mûrir en lui[2]. « Aussi ai-je voulu me faire savoir à moi-même que c'était bien moi qui avait été enlevé du présent pour être transporté dans les parages du Bardo, ce qui se produit toujours, quand je reçois un memento mori aussi manifeste ».

Jung avoue le 10 août que plus il vieillit et plus il est impressionné par la fragilité et l'incertitude de ses connaissances, et plus encore il a recourt à la simplicité de l'expérience immédiate de façon à ne pas perdre le contact avec les choses essentielles, « c'est-à-dire avec les réalités décisives qui règlent l'existence humaine depuis de millénaires ».

A l'occasion de rêves de monstre mi-cheval mi-sanglier rapporté par un peintre, le 2 novembre 1960, Jung se souvient d'un de ses rêves.

Rêve du sanglier

En un lieu et un temps inconnu, comme suspendus dans les airs, je suis avec un chef primitif qui pourrait bien avoir vécu il y a cinquante mille ans. Nous savons l'un et l'autre que *le* grand événement s'est enfin produit : on a enfin réussi à chasser et tuer le sanglier originel, un énorme animal mythologique. Il a été écorché, on lui a enlevé la tête, son corps est coupé en deux comme celui d'un porc qu'on a abattu, ses deux

[1] Barbara Hannah, *Jung, sa vie et son œuvre, op. cit.*, p. 424.

[2] *Ibid.*, p. 152.

moitiés restant encore attaché au cou. Nous nous occupons [...] d'apporter cette énorme masse à notre tribu. L'opération est difficile. A un certain moment la viande tombe dans un cours d'eau torrentueux qui va jusqu'à la mer. Mais nous devons l'en retirer. Enfin nous arrivons jusqu'à notre tribu. Le camp, ou l'établissement, est situé dans un rectangle, ou dans la forêt vierge ou sur une île dans la mer. On doit y célébrer un grand repas rituel. [1]

Pour Jung, l'arrière-plan de ce rêve renvoie au début de notre kalpa (âge cosmique). En effet, Vishnou a créé un nouveau monde sous la forme d'une jeune fille portée par les flots mais le grand serpent réussit à emporter cette création au fond des océans. D'où le fait que Vishnou la retire sous forme de sanglier. « Un parallèle à ce motif est constitué par l'idée de la Kabbale qu'à la fin des jours Jahvé combattra le serpent et le donnera en repas aux justes »[2].

Liens avec l'Œuvre

Jung a fait ce rêve « au début de sa dernière maladie » comme il l'écrit à un correspondant à qui il répond par le biais de ce rêve et de son commentaire. Il fait allusion au dépècement du serpent : il est de nouveau dans les symptômes du démembrement de la bête.

Le sanglier symbolise parfois le Christ dans l'iconographie chrétienne[3]. D'où le parallèle possible entre la dernière cène et le repas rituel qui conclut le rêve. Ce qui peut permettre de comprendre la fin du commentaire de Jung : « ...à la fin des jours Jahvé combattra le serpent et le donnera en repas aux justes »[4].

Sinon le début du commentaire de Jung nous reste énigmatique. Pour Jung, l'arrière-plan de ce rêve renvoie au début de notre kalpa (âge cosmique). En effet, Vishnou a créé un nouveau monde sous la forme d'une jeune fille portée par les flots mais le grand serpent réussit à emporter cette création au fond des océans. D'où le fait que Vishnou la retire sous forme de sanglier !?

Jacques de la Rocheterie précise que « sous la forme d'un sanglier, Vishnou s'élança du ciel et plongea dans les eaux où il suivit la terre à la trace grâce à son odorat. Il tua le démon qui la retenait prisonnière et remonta à la surface des eaux, la ramenant de l'abîme à l'aide de ses défenses »[5]. Il ajoute que le mot « sanglier » vient du latin singularis (porcus), c'est-à-dire « porc qui vit seul ». Dans ce sens, le sanglier est « l'image de l'expérience et de la sagesse de l'instinct dans l'inconscient ». Le sanglier évoque aussi la spiritualité de l'homme alors que l'ours, son opposé (le surnom totémique de Jung par les indiens), symbolise la matérialité.

---

[1] Carl Gustav Jung, *Correspondance 1958 - 1961, op. cit.*, pp. 216 et 217.
[2] Carl Gustav Jung, *Correspondance 1958 - 1961, op. cit.*, p. 217.
[3] Michel Cazenave, *Encyclopédie des symboles*, *op. cit.*, p. 606.
[4] Carl Gustav Jung, *Correspondance 1958 - 1961, op. cit.*6, pp. 216 et 217.
[5] Jacques De la Rocheterie, *La symbologie des rêves. La nature,* Editions Imago, 1986, p. 214.

Le sanglier est tombé à l'eau pour en être ressorti peut signifier qu'il n'est pas encore temps pour Jung de mourir. Car il faut savoir que Vishnou est « le divin danseur qui crée et détruit des mondes au gré de ses pas. Entre la naissance et la mort, Vishnou est celui qui maintient l'univers... ». Jung se maintient dans son univers.

Le 13 décembre 1960, Jung analyse les symboles qu'il a gravés dans la pierre à Bollingen pour répondre à la demande d'un docteur suisse. Il confie que ces symboles procèdent de visions. Et il s'en explique longuement. Dans la pierre brute, il a d'abord vu une femme en adoration et derrière un vieux roi assis sur un trône. Alors qu'il travaillait le personnage féminin, le vieux roi a disparu de son champ de vision. A sa place, il a vu sur la surface non travaillée de la pierre la croupe d'une jument. Et la femme primitive tendait son lait. Cette femme « représente manifestement mon anima sous la forme d'une ancêtre vieille de plusieurs millénaires »[1]. Le lait est celui de « la pensée pieuse, un des aspects du Mercure qui en tant que trickster a déjà hanté les pierres de Bollingen ». La jument a rappelé à Jung Pégase (qui signifie littéralement : cheval de source), « la constellation qui se tient au-dessus du deuxième Poisson et qui précède le Verseau dans la précession des équinoxes ». Le jaillissement de l'eau du Verseau correspond chez Jung au lait de la femme primitive. Cette augmentation de l'énergie de l'*anima* qui se manifeste dans les mains de l'*anima* a suscité chez Jung la représentation d'une ourse qui représente l'énergie sauvage et la force d'Artémis. Devant les pattes de l'ourse, Jung vit, esquissée, dans la pierre, une balle. « En tant que symbole de l'individuation, cette balle est manifestement amenée près de la femme en adoration. Elle indique la signification ou le contenu du lait ». Jung indique que cet ensemble de visions exprime « les événements à venir mais encore cachés dans le domaine des archétypes. *L'anima* est à l'évidence tournée vers des réalités spirituelles mais l'ourse, en tant qu'emblème de la Russie, fait rouler quelque chose. D'où l'inscription : « Ursa movet molem » (L'ourse met en mouvement la masse) »[2].

Le 23 janvier 1961, M. Serrano vient de rencontrer Hermann Hesse à qui il a demandé pourquoi il avait la chance de se trouver assis à côté de lui. Ce à quoi Hermann Hesse répond que ce n'est pas un accident car seuls les hôtes attendus arrivaient jusque là. Ce qu'évoque M. Serrano, ensuite, à Jung qu'il rencontre de nouveau. Jung lui répond : « C'est la pure vérité, certains esprits s'attirent mutuellement. Seuls les gens appropriés viennent, et nous sommes dirigés par l'inconscient, car seul l'inconscient est capable de connaissance ». Et de poursuivre avec une rencontre faite avec un général dans le train. Sans connaître Jung, ce général lui raconte ses rêves qu'il considère comme absurdes.

---

[1] Carl Gustav Jung, *Correspondance 1958 - 1961, op. cit.*, p. 226.
[2] *Ibid.*, p. 227.

Jung lui répond alors « que l'un d'entre eux avait changé toute sa vie, et que sans lui, il serait devenu intellectuel »[1].

Le 6 mai, Jung croise trois cortèges nuptiaux tels qu'on en voit en campagne. La voiture doit s'arrêter. Jung considère cette rencontre comme un fait de synchronicité : c'est le présage des noces de mort, un mystère de conjonctions.

Jung accueille de nouveau, ce matin là du 10 mai, Miguel Serrano. Mlle Ruth Bailey qui fait office de secrétaire, d'hôtesse d'accueil et qui sera la dernière compagne de Jung invite M. Serrano à boire le thé. Elle lui confie que Jung vient tout juste de terminer un essai de quatre vingt pages, *L'homme et ses symboles*, et qu'il reproche à ce dernier de le retenir sur terre.

Jung rêve de mort et ses visions lui sont curieusement familières. « L'inconscient a un sens de la continuité et de la survie par-delà le seuil de la mort. Il semble que l'inconscient ignore tout simplement la mort et n'en a pas peur »[2]. M. Serrano monte alors voir Jung. Celui-ci invite l'écrivain à saluer les objets : « Ils comprennent et apprécient ». Pour lui, « toute chose est animée par sa propre vie, ou par la vie que lui-même leur transmet ».

Nous sommes le mercredi 10 mai 1961. Jung est assis au bord de la fenêtre, en tenue de cérémonie japonaise. Sur une table, à côté de lui, *Le phénomène humain* du jésuite Teilhard de Chardin : « un livre essentiel », commente Jung.

Le 17 mai au soir, une embolie cérébrale altère son élocution. Le rêve d'être compris était-il prémonitoire ?

Huit jours avant de s'éteindre, Jung confie à Marie-Louise von Franz qu'il a reçu une vision.

Vision du monde en grande partie détruit

> Le monde est en grande partie détruit mais « Dieu merci, pas entièrement »[3].

Juste avant de quitter terre, Jung a une dernière vision de catastrophe. Sur le plan du sujet, « son » monde est en grande partie détruit. Mais pas encore tout à fait.

Le 30 mai, dans la bibliothèque, en train de prendre le thé, Jung s'évanouit : une syncope le prend, qui le mène dans son lit qu'il ne quittera jamais plus. De fait, il ne peut pas ignorer qu'il est entré ce faisant dans la dernière étape avant « la sombre porte ». Il s'affaiblit d'heure en heure, et privé de lecture, privé de déplacement, la parole parfois confuse, « il se sent sans doute mourir », comme le dit Ruth Bailey qui l'accompagne sans cesse en ces derniers instants[4].

---

[1] Miguel Serrano, *C. G. Jung et Hermann Hesse,* Georg Editeur, 1991, p. 110.
[2] *Ibid.*, pp. 114 et 115.
[3] Barbara Hannah, *Jung, sa vie et son œuvre, op. cit.*, p. 427.
[4] Michel Cazenave, *Jung L'expérience intérieure, op. cit.*, p. 225.

« Les gens savent-ils que je suis en train de mourir ? », prononce-t-il, un jour[1]. Quelques nuits avant de mourir, Jung fait un rêve « merveilleux » (rapporté par Ruth Bailey).

Rêve de vérité

« Maintenant je sais la vérité, mais il y a encore un petit élément qui me manque, et lorsque je l'aurai saisi, je serai mort ».

Puis encore un autre rêve, le dernier.

Rêve d'unité

Il voyait un énorme bloc de pierre rond placé sur un socle élevé. Au pied de la pierre, sont gravés les mots suivants : « Et ceci sera pour toi un signe de totalité et d'unité ».

Beaucoup de récipients, de vases en terre cuite, sur le côté droit d'une place carrée.

Un carré d'arbres, des racines toutes fibreuses sortant de la terre et l'entourant.

Des fils d'or scintillent parmi les racines[2].

La mort est proche. Mais il manque encore quelque chose à Jung, un petit élément, avant de quitter terre. Le rêve d'unité conclut la vie de Jung. Lui qui a été si souvent divisé, en deux personnages, termine sa vie en étant un.

Marie-Louise von Franz commente ce rêve en citant les Chinois. « La longévité fleurit avec l'essence de la pierre et l'éclat de l'or ». Ce qui signe l'atteinte du Sens de l'Univers et de la vie éternelle alors que « l'union obscure aux sources jaunes » s'effectue. A ce moment là, le mort naît comme un être nouveau « sans poids et invisible » ; il « peut planer comme le soleil et courir comme les nuages »[3].

Comme l'écrit Barbara Hannah, ce rêve indique la confirmation de l'unité et de la totalité (la pierre ronde, le message délivré par le rêve). Les vases à droite de la place rappellent les pratiques égyptiennes du corps démembré du dieu Osiris. Ce qui a donné ensuite les pratiques mortuaires de conservation des organes (du défunt) placés dans des vases dans l'espoir de la résurrection. La place carrée peut évoquer aussi le symbole du mandala dont Jung disait que l'homme devait se situer à côté du centre.

Jung a écrit : « La vie m'a toujours semblé comme une plante qui puise sa vitalité dans son rhizome ; la vie proprement dite de cette plante n'est point visible, car elle gît dans le rhizome… Ce que nous voyons, c'est la floraison – et elle disparaît – mais le rhizome persiste »[4]. Barbara Hannah commente : « La

---

[1] Barbara Hannah, *Jung, sa vie et son œuvre, op. cit.*, p. 441.

[2] *Ibid.*, p. 427.

[3] Marie-Louise von Franz, *C.G.Jung Son mythe en notre temps, op. cit.*, pp. 322-323.

[4] Carl Gustav Jung, *Ma vie. Souvenirs, rêves et pensée, op. cit.*, p. 20.

fleur se mourait maintenant ; comme toute vie mortelle, elle se révélait être une «apparition éphémère » ; et les racines éternelles qui étaient, elles aussi, C. G. Jung, apparaissaient à la surface et se déployaient au-dessus de lui et le protégeaient. Ce rêve nous montre avec la plus grande clarté que Jung mourait à l'heure juste, qu'il s'apprêtait à être reçu dans ce rhizome qui, sut-il toujours, était là, sa vraie vie, sa vie invisible »[1].

Ruth Bailey écrit à M. Serrano (dix jours après la mort de Jung) « Deux jours avant sa mort, il avait atteint une contrée lointaine où il voyait des choses merveilleuses et empreintes de grande beauté, j'en suis convaincue. Il souriait souvent et était heureux »[2].

L'après-midi du 6 juin 1961, Jung quitte son enveloppe phénoménale à quatre heures moins le quart, temps terrestre. Ses derniers mots allèrent à sa gouvernante Ruth Bailey : « Il nous faudrait un bon vin rouge pour ce soir »[3].

---

[1] Barbara Hannah, *Jung, sa vie et son œuvre, op. cit.*, p. 428.
[2] Miguel Serrano, *C. G. Jung et Hermann Hesse, op. cit.*, p. 122.
[3] Anthony Stevens, *Jung L'œuvre - vie, op. cit.*, p. 251.

Conclusions

1. Premières réflexions

L'autobiographie épaisse de Jung est exceptionnelle car rares sont les théoriciens qui ont décrit autant leur vie dans ce qu'elle peut avoir d'intime. Freud, par exemple, écrit *Ma vie et la psychanalyse* en moins d'une centaine de pages ; il évoque en quelques lignes son enfance et son adolescence et, tout au long de son autobiographie, il s'en tient plus aux événements extérieurs qu'intérieurs. De ce point de vue, il est effectivement un extraverti.

Jung, lui, n'hésite pas à se confier. Et, à l'image de sa théorie, il a moins de pudeur à évoquer ce qui, peut-être, relève de la réelle intimité, au-delà des traumatismes réels : les rêves. Au cours de cette lecture de la vie de Jung, trois grands points émergent.

D'abord, Jung a été confronté très tôt à l'inconscient sous forme de rêves ou de visions.

Ensuite, chaque grande période, étape de sa vie, a été accompagnée de rêves marquants. Chaque période de vie s'est caractérisée de la façon suivante : la sortie de l'adolescence et la mort de son père en 1896-1899, les débuts de l'âge mûr et la rencontre avec Bleuler, le mariage avec Emma en 1900-1902, la période freudienne de 1908-1912, la période qui suit la séparation d'avec Freud de 1913 à 1916, les voyages et la construction de la Tour ainsi que la rencontre avec l'alchimie chinoise des années 1930, la poursuite du travail en secret sur l'alchimie, l'étude des rêves d'enfants, les conférences sur les religions des années 1940, les crises cardiaques du midi de la vie, l'approche du hieros gamos et la fondation de l'institut jungien Suisse des années 1950, la période intense d'écritures au moment de la mort de ses proches – son ami d'enfance Oeri, sa secrétaire, Toni Wolff, Emma Jung – et l'ajout d'un étage à Bollingen avec la sculpture des ancêtres des années 1960, l'approche de la soucoupe volante du Soi et de l'union des opposés émaillée de crises cardiaques sur le chemin de l'individuation, en fin de vie.

Les rêves marquants sont : les visions d'homme noirs et le rêve du mangeur d'hommes (1879), la vision de la cathédrale et de l'excrément divin (1887), le rêve de la forme noire et de la femme haut placée (1900-1902), le rêve de la grotte avec les deux crânes (1909), le rêve du meurtre de Siegfried et les visions de sang de l'Europe ainsi que la rencontre avec Elie et Salomé (1913-1915), le rêve du jeune prince arabe au teint foncé (1920), le rêve de la bibliothèque et de l'enferment au 17e siècle ainsi que le rêve du mandala (1925), le rêve de la quête du Graal et ceux concernant Hitler (1938-1939), le rêve/vision du temple de pierre et celui du yogi (1944-1946), les rêve du front et du transport de l'arbre (1950), les derniers rêves qui indiquent la fin et la finalité du processus d'individuation : être soi-même, l'autre Bollingen, la vérité et l'unité (1959-1961).

Enfin, chacun de ces rêves apportent un point fondamental à la théorie du rêve de Jung ou l'approfondit en l'éclairant sous un autre angle. Dans l'ordre chronologique, ces rêves conduisent Jung à élaborer : le rêve d'enfant comme anticipant la vie adulte, les deux aspects de l'inconscient collectif et la double nature du symbole, le questionnement sur la mort et l'*ombre*, l'imago, l'archétype du père et l'*anima*, la vox dei, Hermès-Mercure, l'archétype de l'esprit, l'Anthropos, le phallus, l'individuation (1879), les opposés en soi, la confrontation avec l'inconscient et la face sombre de Dieu, (1887), l'*ombre* individuelle, la lumière de la conscience, le transfert et le contre-transfert, la compensation (1900-1902), les archétypes et les couches de l'inconscient (1909), le sacrifice du héros, l'énantiodromie, la fonction anticipatrice, l'archétype du Sage (1913-1915), la fonction prospective, l'*ombre* du *Soi* (1920), les futurs travaux sur l'alchimie, la maison comme symbole de la personnalité, la circumambulation et la nature du *Soi* (1925), la lapis, la figure de l'Antéchrist (1938-1939), le *Soi* observe le Moi (1944-1946), les esprits, la réponse à *Job* et le dogme de l'Assomption de la Vierge Marie (1950), être Un, vivre la totalité dans l'Unus Mundus (les derniers rêves).

Néanmoins, sélectionner tel rêve plutôt que d'autres relève de la gageure. À la différence de Freud (le rêve d'Irma), retenir quelques rêves chez Jung est délicat. Pour une double raison : chaque rêve est important (le plus simple et le plus court peut être le plus ardu à comprendre) et les rêves de Jung se présentent par série selon les périodes étudiées. Une nouvelle fois, le vécu des rêves annonce la théorie (celle des séries de rêves).

La confrontation avec l'inconscient a obligé Jung à s'intérioriser, à vivre la régression de la libido (cf. *Les Métamorphoses*) et à intégrer consciemment ce vécu de l'inconscient, personnel et collectif. Sinon, il eut été « fou » comme les patients psychotiques dont il s'occupait avec Bleuler. Cette confrontation n'est donc pas sans risques. Il y a lieu de « faire une schizophrénie », d'être saisi par l'inflation du Moi ou du *Soi*, de perdre pied avec le réel, voire de faire des crises cardiaques. En effet, parmi ce dont Jung a rêvé le plus, deux catégories de motifs oniriques concernent la mort et la catastrophe naturelle. Ce qui correspond à ce que Patricia Garfield a repéré chez les patients qui ont eu des troubles cardio-vasculaires. De quoi rêvent ces personnes ? Entre autres motifs oniriques de guerres, de démembrement, de mort et de sang[1].

Pour cette raison, la conception de l'inconscient et du rêve chez Jung est d'abord vécue de l'intérieur, par cette plongée dans les couches de plus en plus profondes de l'inconscient. À Jolande Jacobi, le 13 mars 1956, Jung précise qu'il n'a pas de doctrine à la différence de Freud. Aussi, il ne faut pas s'attendre non plus à ce qu'il ait une doctrine sur les rêves. Jung ne fait qu'indiquer la méthode qu'il utilise et quels sont les résultats éventuels. Par théorie, il faut donc plutôt entendre chez lui une méthode.

---

[1] Patricia Garfield, *Guérir par les rêves,* Albin Michel, 1994, p. 307.

2. La théorie du rêve chez Jung est produite par ses propres rêves et visions

Ses rêves, ces événements intérieurs, inspirent Jung. Les rêves sont le terreau des concepts de la psychologie des profondeurs : Jung a écrit sur la plupart des motifs oniriques dont il a rêvé. De surcroît, plus les motifs apparaissant (comme la voix, l'esprit, la mort, etc.) et plus Jung écrit dessus ou il crée un concept important dans sa cosmogonie intellectuelle.

Les rêves et visions de Jung l'ont aidé à élaborer son système théorique, toujours mouvant comme peuvent l'être les motifs oniriques. Par exemple, les deux premiers rêve et vision de Jung illustrent le second point des huit énoncés à la fin de l'*Essai d'exploration de l'inconscient.* Le rêve avertit et pronostique. Ce que Jung développera dans ses séminaires sur *Les rêves d'enfants* : les rêves d'enfants anticipent la vie future de l'adulte. Les autres rêves d'avant 1902, chez Jung, font de même : ils énoncent et ils mettent en scène ce qui va faire la consistance des écrits de Jung et sa conception du monde.

Avant 1902, avant le premier écrit universitaire et psychiatrique, les rêves et visions de Jung lui ont permis d'élaborer ses écrits sur : l'inconscient collectif et les archétypes (la *persona*, *l'ombre*, *l'anima* et *l'animus*, l'archétype de l'esprit, le *Soi*), le Mal, la mort, la vox dei et la conscience éthique, l'effroi sacré et le numineux, l'Anthropos, la symbolique alchimique, le Phallus, le mandala et le *Soi*, la « petite lumière » (la différenciation). Tout ceci s'est effectué avant que Jung n'écrive sa thèse et ses premiers écrits. Tous ces points étaient en germe avant que Jung ne les couche par écrit et théorise dessus, en sachant que, chez lui, l'expérience précède la théorie.

3. Avant sa rencontre avec Freud, Jung a déjà sa conception du rêve

Au moment où Jung rencontre Freud (Ernest Jones l'a très justement pointé), il a déjà sa « vision du rêve ». Sur ce point précis, Jung n'est pas l'épigone de Freud, bien au contraire ! Même si Jung lit *L'interprétation des rêves* qui l'impressionne, même s'il suggère des modifications et des rajouts à Freud, même s'il connaît très bien l'œuvre de Freud (leur correspondance le montre nettement), Jung ne change pas sa conception du monde, se refuse à copier, à dupliquer Freud et reste ouvert à ce que vont lui enseigner - voire lui dicter - ses rêves.

Ainsi, après 1902, les rêves et visions de Jung conduisent Jung à élaborer la fonction transcendante, les imagos, le *Logos* et l'*Éros*, le destin de la personnalité, le sens des mots, le symbole, l'interprétation provisoire, l'amplification, les profondeurs (ou strates) de l'inconscient, le contact avec la Terre, l'individuation, la quête du Sens, la fonction prospective, anticipatrice, compensatoire des rêves, la répétition, les caractéristiques de la figuration du *Soi*, la nécessité de faire l'expérience de la confrontation avec l'inconscient, le dispositif du symbolisation du *Soi* en tant qu'ordonnateur et organisateur de la personnalité, la lumière de la nature, l'inflation du moi et ses dangers.

Ensuite, à partir du moment où il reçoit des patients, où il se confronte à la relation clinique, Jung aborde : la relation analytique et le transfert (d'inconscients), l'engramme des archétypes et des ancêtres, la « nature » des rêves, l'énantiodromie, les études sur le gnosticisme et l'alchimie, le savoir absolu de l'inconscient, l'imagination active, le mythe du héros et du soleil, les phases de la vie (le midi), les exercices spirituels de saint Ignace, le yoga, l'orient, la figure de couple et du double, l'objectivité psychique, la synchronicité, la figure du diable, la réunion des opposés, *Wotan*, le rêve annonciateur de mort, le fait que Dieu ait besoin de l'homme, l'Antéchrist, le mythe personnel, le « rester conscient », l'alchimie.

A partir de son expérience imminente de la mort (E. M. I.) (1944), Jung vit des béatitudes et des expériences du Hieros gamos. Et ses rêves le conduisent à l'écriture de livres portant essentiellement, à partir de soixante-huit ans, sur l'alchimie, le transfert, le *Soi*, la religion, la synchronicité, et des considérations sur l'état du monde.

4. Comprendre les rêves, répondre à leurs questions et écrire dessus

Les écrits de Jung sont des tentatives de comprendre ce qui se passe en lui et des réponses à des questions initiées par ses rêves ou visions. Ceci a déclenché l'écriture des livres : *Métamorphoses de l'âme et ses symboles*, *Les sept sermons aux morts*, *Aïon*, *Réponse à Job*, *L'esprit Mercure*, *Essai d'exploration de l'inconscient.*

Certains thèmes ont été déclenchés par les interrogations et les questionnements de Jung (comme le rêve du mangeur d'hommes, la vision de la cathédrale). Le démon de la compréhension a coexisté en Jung une grande partie de sa vie.

Suite à certains rêves, Jung rédige les statuts de l'institut jungien, écrit sur le problème religieux, pratique le yoga et l'imagination active. Jung commence à dialoguer avec les personnifications de l'inconscient en leur demandant pour quelles raisons elles sont apparues. De cette manière, les psychopompes Philémon et Ka/Hermès sont à l'origine du concept de synchronicité et de l'esprit Mercure.

Ces divers constations et repérages confirment combien les rêves de Jung ont initié sa « théorie » du rêve, sa méthode d'approche du rêve, voire conseiller des attitudes quant au réel. L'interprétation des rêves sur le plan de l'objet peut conduire à des décisions (et des mises en acte conscientes) dans la vie quotidienne.

5. Le système imaginatif

La prééminence de l'image est partout dans l'œuvre de Jung : un rêve est une image chez Jung, non une pensée (il ne cite pas de rêve de pensée sauf peut-être celui de Luc 137 dont il ne précise pas la nature). Il écrit : « L'image est une expression concentrée de la situation psychique globale »[1]. Et comme sa définition de la psyché inclut conscient et inconscient, nous voyons combien l'image est prégnante. Ce qui peut expliquer que dans *Ma vie*, il évoque le rêve soit comme rêve ou comme vision. Ses premiers écrits débutent par la distinction entre hallucinations, visions et rêves ainsi que les hallucinations hypnagogiques, par l'étude des deux formes de pensée (la pensée dirigée propre au conscient et la pensée non dirigée qu'il nomme imaginative propre à l'inconscient) dans *Les Métamorphoses*), premier livre personnel qui a la particularité de fourmiller d'images. Les premiers rêves rapportés par Jung pour illustration de ses propos sont significatifs de ce point de vue : l'animal thériomorphe, les rêves d'une netteté visionnaire. Sa première conception de l'archétype est nommée « système imaginatif... », mot qui a la même racine qu'image !

Ce pouvoir de l'image imprègne donc la pensée de Jung. Les chinois disent : une image vaut dix mille mots. Dès lors, il n'y a qu'un pas à faire, pour comprendre comme dans le fameux rêve de l'écrevisse[2] combien l'image, le symbole qu'elle représente, ne puisse se laisser enfermer dans un seul sens. Cette polysémie de l'image justifie que Jung ait créé et ait eu recours à *l'amplification*, qu'il ait insisté sur sa méthode constructive, sur la formalisation par le dessin du rêve[3], sur le fait qu'il ne pouvait enfermer le rêve dans une seule signification. La polysémie et la conception du symbole comme vivant interrogent le sens.

6. Le sens et la signification : au moins une double interprétation

Avec le recul, si nous relisons les exemples donnés par Jung, beaucoup de rêves relèvent de plusieurs significations. Pour cette raison, nous avons pris soin de les rapporter. Au-delà de l'aspect pédagogique, formateur, clinique, ces rêves sont de remarquables illustrations de la conception du rêve chez Jung par rapport à Freud puisqu'il en arrive à faire *au moins* une double interprétation au fur et à mesure qu'il avance dans ses écrits (une interprétation freudienne et jungienne, sur le plan du sujet et sur le plan de l'objet).

D'où provient cette multiplication des significations ? Du pouvoir de l'image symbolique qui n'a de cesse de questionner. La réflexion de Jung est fondamentalement interrogatrice. Très jeune, Jung a été confronté à la double question : « Qu'est le monde et qui suis-je ? ». Cette question d'extraverti et d'introverti est au cœur de l'interprétation des rêves. Et elle conduit à la question suivante : « Dans quel but ? ». Cette trinité sphyngienne met en tension le rêveur et ouvre ce dernier à la dimension du sens plutôt qu'à la désolation de la signification. En effet, la signification enferme dans le présent, clôt le rêve

---

[1] Carl Gustav Jung, *Les types psychologiques*, Genève, Georg Editeur, 1991, p. 433.

[2] Carl Gustav Jung, *Psychologie de l'inconscient*, Georg et Cie S. A. Genève, Librairie de l'université, 1952, p. 159.

[3] La publication récente de *The Red Book* en est la parfaite illustration !

dans une interprétation (rassurante ?), efface tout doute. Comme l'écrit Elie Humbert, « le sens est le fruit d'une interrogation »[1]. Ce qui peut expliquer l'inefficacité des clefs des songes : à un symbole correspond une signification... et une perte de sens !

« La question du sens ne trouve pas sa réponse dans un discours mais dans une expérience »[2]. Le sens dépasse et transcende la signification parce qu'il questionne la vie dans sa totalité et dans sa finalité alors que la signification stoppe la vie et l'enferme dans l'immédiateté de la raison. Cette question du sens est au cœur de l'interrogation de Jung : face à ce qu'il vit (dans sa vie, dans son métier), cette question ne cesse de l'interroger d'autant plus qu'il rencontre l'inconnu qu'il ne peut rapprocher du déjà connu. Face à l'inconnu, quelle position adopter si ce n'est de le vivre ? Le vécu intérieur est l'épreuve de réalité chez Jung. Il est une réaction à son père qui ne vivait pas la foi qu'il prônait. Il est en même temps une illustration du Positivisme dans une certaine mesure (vivre l'expérience et la connaissance des phénomènes).

7. L'ambivalence et le poids des mots

L'expérience du mot Poussin/gâteau et du « C'est ça l'ogre », le conduit à élaborer la notion d'ambivalence, à concevoir combien les figures maternelles archétypiques sont représentées comme dispensatrices de vie mais aussi porteuses de mort (*Les Métamorphoses*), combien la nature même du symbole est ambivalente, combien le symbole est vivant par rapport au signe, combien l'analyste doit faire preuve de discernement pour évaluer ce qui se joue dans la relation conscient/inconscient.

Le « poids des mots » va devenir très important chez Jung ; d'où une incessante et continuelle réécriture de ses concepts, le questionnement sur la nomination et, plus tard, la question du sens par rapport à la signification. Cette quête du sens va poursuivre Jung tout le reste de sa vie. Ce qui le conduit à écrire que chaque malade emploie un langage différent, qu'il est possible d'utiliser avec l'un un langage adlérien et avec l'autre un langage freudien, et à concevoir sa théorie des *Types psychologiques*. Cette interrogation sur le sens des mots, le mystère de ses premiers rêves qui le plongent dans l'inconnu, ont certainement conduit à l'intérêt que Jung porta à *L'interprétation des rêves* de Freud.

Le rêve du phallus ithyphallique de Jésus et les autres concernant l'imago de Dieu, les rapports de Jung avec son père et les questions laissées sans réponse par ce dernier conduisent Jung à la pulsion de lire (il avait une culture phénoménale !), à interroger le religieux chez l'homme, à faire l'expérience du *numen*. D'où ses écrits de sa seconde période de vie quant à la religion : *Aïon*, *Réponse à Job*, *Les racines de la conscience* mais qui débutent déjà sur le

---

[1] Elie Humbert, *Ecrits sur Jung*, Retz, 1993, p. 165.
[2] *Ibid.*, p. 166.

questionnement du Christianisme dans les *Métamorphoses*, ceux-ci renvoyant aux crises religieuses que Jung a traversées à l'âge de douze ans. La question du religieux, du mystère, de l'initiation le conduit à se questionner sur le phallus, sur le lien entre le sexuel et le religieux, sur la nécessité de relier le haut et le bas, sur la compensation au cœur même de l'inconscient.

8. Interpréter : l'amplification

En même temps, ces rêves d'enfants et d'adolescents peuvent expliquer aussi pourquoi la lecture du livre de Freud sur les rêves l'a marqué : Jung avait la possibilité de commencer à s'expliciter lui-même ses rêves (l'ogre, le phallus). Et de constater combien l'interprétation n'est jamais que provisoire et qu'elle est en même temps un exercice du symbole. Ce qui l'a conduit, avec cette question du sens des mots (l'ogre) à découvrir la méthode dite de *l'amplification* qu'il applique au rêve, après s'être questionné sur le principe même de l'association libre.

9. L'éprouvé du rêve

L'expérience vécue par Jung, de sa vie, des rêves, des visions, n'est pas positiviste au sens où il ne s'agit pas d'une expérience observée par un observateur. Elle est un vécu dans lequel l'observé et l'observateur sont la même personne. La théorie du rêve, de l'inconscient, chez Jung, relève d'une expérience qu'il a vécue. Toute sa vie est l'émanation de ce principe empirique. Jung traite du psychisme comme un fait. C'est de ce point de vue qu'il aborde les phénomènes irrationnels (lui-même en est l'incarnation), les visions... comme des faits psychiques. Il écrit : « Je ne peux rien dire de convaincant à celui qui n'a pas fait lui-même cette expérience... Nul ne peut comprendre réellement ces données tant qu'il ne les a pas lui-même vécues »[1]. En psychologie, en psychanalyse, peut-il y avoir un observateur extérieur ? Jung est convaincu qu'est réel ce qui agit et qui éprouve.

Il a une position résolument empiriste. Sa perception du psychisme est endopsychique. Aussi sa théorie de l'inconscient est-elle empirique : il aborde l'inconscient sous l'angle de ses contenus et manifestations. Aussi donne-t-il de nombreux exemples de rêves. Aussi propose-t-il, quand il est président de l'Association psychanalytique Internationale, que tout analyste ait été lui-même analysé. Ainsi construit-il de ses mains sa tour de Bollingen. Ainsi, dans sa conception des quatre *fonctions*, il n'oublie pas la *Sensation* qu'il définit comme : « La *sensation* dit que quelque chose existe, intérieure ou extérieure à soi ». C'est pourquoi il n'est pas surprenant qu'il ait été conduit à créer des méthodes concrètes, opératoires, comme celles décrites dans la *Fonction transcendante*.

Le recours aux sens, le recentrement par les sensations, ses jeux et rituels d'enfants le conduisent à une partie de l'élaboration d'une des quatre *fonctions* :

---

[1] Christian Gaillard, *Jung*, *op. cit.*, 1996, p. 91.

la *sensation* et à l'élaboration de la *Fonction transcendante* et de ses méthodes comme dessiner le rêve. Méthodes que ses jeux d'enfance ont initiées. En même temps, ses rituels, le « petit bonhomme » (le *télesphore*), la pierre d'âme le préparent déjà très tôt, sans qu'il puisse en prendre conscience, à l'hypothèse des archétypes. Les rêves et visions proche de la psychose (lors de la première guerre mondiale) qu'il rapporte dans les *Métamorphoses* ne sont que la confirmation d'un déjà ressenti.

10. Les archétypes

Grâce à sa cousine et à son expérience de psychiatre, Jung peut étudier les phénomènes de dissociation, l'apparition des personnifications de complexes, les figures de l'autre (dans les rêves) comme l'*ombre*, l'*anima*, l'*animus*, etc. L'expérience de ces archétypes réfère aussi aux propres expériences de Jung quant à son personnage de n°1 et de n°2.

L'absence de sa mère lorsqu'elle est hospitalisée, le fait d'être ensuite élevé par sa tante et une servante le conduisent à concevoir l'*anima* puis l'*animus*, le royaume des mères ; ce dont sa vie sera l'exemple vivant avec les nombreuses maîtresses qu'il semble avoir eues. D'où l'importance du contenu de la formation de l'analyste jungien : quels rôles jouent l'*anima* et l'*animus* chez l'analyste ? Qu'est-ce qui se transfère au cours de l'analyse ?

11. Le réel

L'épisode des sensations fondatrices au bord du lac, la nécessité de sortir du rang de la pauvreté (ses emprunts à des membres de sa famille pour payer ses études) le conduisent à ne jamais perdre de vue le réel, la matière. Jung construit une grande partie de sa maison, de la Tour de Bollingen, de ses mains. Il affirme que le processus d'individuation doit être complètement intégré aux tâches de la vie, que les productions inconscientes, pour être élucidées, peuvent se « matérialiser », se concrétiser (par des dessins, des sculptures, etc.). D'où sa conception de l'analyse sur le plan du sujet et de l'objet ; même s'il fait bien la distinction entre objet réel et imago. Pour illustration, ses propos au comte de Keyserling : « la mesure de l'expérience extérieure de la vie et du monde n'est pas encore épuisée pour vous » par lesquels Jung oriente vers un vécu réel de la vie avant de se confronter à l'inconscient.

12. La compensation

Elle est au cœur de la théorie jungienne. Elle est aussi la manifestation de sa réponse à son père (et à ses grands-pères, et à l'absence de sa mère hospitalisée) : il compense les manques de ses parents et grands-parents. En réaction à la timidité spirituelle et au désert intellectuel de son père, il devient un brillant intellectuel. En tant que psychiatre, en devenant mondialement célèbre (sauf en France), en enseignant à l'université, il poursuit beaucoup plus avant les travaux sur les maladies mentales de son autre grand-père Karl

Gustav. De même avec ses écrits sur l'alchimie et sur les phénomènes occultes par rapport à Samuel Preiswerk.

13. La théorie du rêve chez Jung provient aussi de sa vie extérieure

Jung a utilisé ses matériaux inconscients pour élaborer sa vision du rêve et ses conceptions. Il fait de même avec les événements de sa vie extérieure. Il sait s'en servir. Il recommandait la différenciation, l'art d'être le plus conscient qui soit. Tout comme pour les événements de synchronicité, Jung est attentif au quotidien, sait se recueillir dans le silence, se mettre en éveil pour décoder ce qui se passe en lui et autour de lui, sur l'instant ou plus tard.

De nombreux événements extérieurs, passés et présents, ont participé à sa réflexion sur le rêve. Ses ancêtres et la fin du XIXe siècle l'intéressent aux phénomènes occultes, aux esprits, aux complexes et, par la suite, aux figures de l'Autre. Les jeux de la nature le conduisent à théoriser la possibilité de jeter un pont vers l'inconscient ou d'intégrer les matériaux inconscients (et la libido correspondante) au conscient. Tel est le rôle de la *Fonction transcendante.* Jung donne l'exemple que le jeu mène à la création.

Karl Gustav Jung, puis Herbert Silberer et Richard Wilhelm et une série de trois rêves « l'enferment » dans l'alchimie.

Diverses chutes le font tomber plus bas que terre : dans les profondeurs de l'inconscient. La disparition momentanée de sa mère lui fait rencontrer l'*anima* sous les traits d'une servante. Le manque occasionne la rencontre, la découverte de soi-même.

La pauvreté de son père questionne Jung sur la nécessité de gagner sa vie et de laisser tomber sa névrose. Jung est déjà à ce moment un homme concret, pragmatique. On peut comprendre alors qu'il ait cherché à concrétiser le rêve par le fait de le dessiner ou de le sculpter ou de le modeler, de l'analyser sur le plan de l'objet. Lui-même sculptait ou dessinait certains de ses rêves ou visions. Ce que le livre *The Red book* illustre magnifiquement. De même ses dessins de mandalas, la sculpture du trickster[1]. Le matérialisme est un trait typique du Suisse. Jung sait s'y adonner. Il aime bien boire, bien manger, mettre la main à la pâte. Il a un esprit concret, pragmatique : grâce à un bec de cigogne, il amplifie tout comme le fait un masque de carnaval : la *persona.*

Il fréquente différents milieux sociaux, s'y adapte, apprend les mœurs des uns et des autres, participe à ce carnaval des us et coutumes de l'époque à la seule condition de ne pas s'y identifier, sous peine de ne plus être soi-même. Tout ceci participe à l'élaboration de la *persona* qui aurait tendance à éloigner de la vérité intérieure, à empêcher la satisfaction des désirs et des besoins. C'est ce que recherche Jung en voyageant en Afrique : retrouver son Jung primitif, « cette partie de la personnalité devenue invisible sous l'influence et la pression

[1] Christian Gaillard, *Le musée imaginaire de Carl Gustav Jung,* Stock, 1998, p. 225.

du fait d'être Européen »[1]. Les voyages en territoire inconnu mettent en danger la *persona* tout comme le fait le prince arabe qui cherche à noyer Jung (1920).

Se défaire de la *persona* donne accès à l'*ombre*. Cette rencontre évite par la suite de projeter sur l'entourage tout le négatif qu'on ne peut voir en soi. De ce point de vue, les voyages de Jung l'ont conduit à se confronter à l'inconscient en se plaçant en terre étrangère. Ce qui peut « défriser » (cf. le rêve du fer à friser de 1925). Il tire de ses voyages des enseignements qui alimenteront ses séminaires et ses écrits.

En voyageant, Jung explore différents aspects de l'inconscient, différentes figures, tout comme il feuilletait des livres d'image à l'âge de sept ans avec l'*Orbis Pictus*, ces images de l'univers. Et ces lectures « exotiques » le mènent à s'intéresser aux écrits de yoga : *Upanishads*, *Vedanta*, les non moins célèbres *Yoga sutras* de Patanjali, le *Bardo Thodol*. Jung retient un point capital : l'*atman* qui alimente, plus tard, l'âme, l'*anima*.

Sortant d'un brouillard épais, Jung éprouve le *Soi* et l'autorité intérieure qui en relève (plutôt que du Surmoi). Il réalise des années plus tard que ce savoir absolu émane du *Soi* qui en sait plus que toutes les lectures auxquelles Jung s'adonnent.

Jung a besoin de savoir et de comprendre ses rêves, de trouver réponse à ses questions. Plus les livres s'écrivent et plus les bibliographies s'étoffent. Plus Jung lit et plus la question du Sens, au regard de ses aventures intérieures, s'amplifie.

Le Mal, la dogmatique chrétienne, le religieux, mais aussi la symbolique et les phénomènes occultes ainsi que les philosophies alimentent sa pensée.

Ces lectures anticipent son futur au sens où là où il ne trouve pas réponse, celle-ci jaillira en lui. Ainsi la dogmatique religieuse ne répond pas à la question du Mal mais Jung découvre l'*ombre* du *Soi* en lui et écrit dessus en fin de vie. Il faut du temps pour digérer son *ombre*.

Ses expériences de psychiatre le conduisent à s'intéresser à la schizophrénie - lui qui se scinde en deux personnages, entre deux femmes - sur laquelle il écrira toute sa vie. Ces associations libres lui font découvrir les complexes qui débouchent sur les archétypes, l'inconscient collectif et le transfert et ce, au contact des patients, au contact de Sabina Spielrein qui oscille entre lui et Freud.

Nous trouvons donc une étroite corrélation entre les événements extérieurs (éléments autobiographiques, familiaux) et les événements intérieurs (les rêves et les visions) vécus par Jung qui ont œuvré à élaborer sa « théorie » de l'inconscient et des rêves. Ses concepts sont soit des réponses et des explicitations « personnelles » à ses vécus et à son interrogation fondamentale par rapport au sens de la vie, soit des réponses à des questions collectives, humaines comme le problème de Dieu, de la religion, du Mal, le sens de la vie, l'irrationnel.

---

[1] Carl Gustav Jung, *Ma vie. Souvenirs, rêves et pensée, op. cit.*, p. 82.

14. L'élaboration de la théorie jungienne du rêve ne peut être coupée de l'époque dans laquelle elle s'inscrit

Aucune théorie en soi ne se bâtit sur un terrain de pensée vierge. Chez Jung plusieurs théories ont construit, structuré et imprégné sa façon de penser.

D'abord les Romantiques que nous retrouvons dans l'idée du rêve considéré comme « nature », la fonction *Sentiment* (le romantisme glorifie le sentiment de la nature), la critique méthode réductrice de Freud (la critique du rationalisme), les recherches alchimistes (la renaissance de l'intérêt pour la période médiévale gothique), la connaissance des *Upanishads*, du *Rig Veda* (le goût pour l'Orient), l'introversion (l'évocation de la vie intérieure et du rêve chère aux romantiques), le problème de Dieu et de son imago, le *Soi*, le *numen* (l'univers est une totalité et l'étude de la Nature l'étude de Dieu), les écrits sur le somnambulisme, la mort, avec le *Bardo Thodol* (l'intérêt des romantiques pour le sommeil et la mort, les écrits spirites), les rêves prophétiques, les visions, les phénomènes paranormaux, la méthode finaliste/constructive, la distinction sens et signification (le rêve est plus vrai que l'état de veille, il est un cadeau de clairvoyance et non une compréhension rationnelle), l'*intuition* et le *sentiment* que Jung nomme fonction psychologique, la valeur (comme chez les romantiques qui privilégiaient ces « qualités »), l'archétype en tant que « phénomène primordial » de la psyché, l'*anima* et l'*animus* (retour à l'âme, bisexualité fondamentale de l'être humain). De même le concept *d'inconscient collectif*, l'intérêt porté aux symboles et aux mythes sont fondamentalement romantiques.

Ensuite, les Naturalistes dont nous retrouvons les traces chez Jung dans le concept de numineux et d'archétype et d'instinct, le symbole en tant que condensateur d'énergie (la nature s'exprime en tant que force vitale), la typologie de Jung (le tempérament), l'ambivalence et la compensation.

Mais aussi les Positivistes dont les maîtres mots sont la connaissance et la vérification scientifiques grâce à l'empirisme en même temps que la négation de la métaphysique. Chez Jung, cette influence se caractérise par le « vivre par soi-même ». Le rêve devient analysable. L'homme lui-même peut être un objet d'étude. Cette prise à distance vis à vis de l'homme se retrouve dans le concept de *différenciation*.

Les Piétistes se retrouvent dans l'œuvre de Jung quand il est question de vivre sa Totalité, de participer au monde plutôt que de s'en couper parce que chaque élément fait partie d'un Tout, de faire l'expérience personnellement du *Soi* (de Dieu pour les piétistes).

Enfin, Jung a vécu à une période où le Spiritisme était à la mode. Dans sa thèse, tout compte fait, il rationalise les phénomènes occultes comme l'a fait Allan Kardec. Nous avons aussi relevé combien le symbolisme franc-maçon avec la symbolique de la transformation en alchimie, les figures fondamentales de géométrie, les nombres, le couple d'opposés et l'androgyne se retrouvent chez Jung, essentiellement dans la dernière période de sa vie, dès lors qu'il écrit sur l'alchimie.

D'autres auteurs, penseurs, philosophes, voire certains textes sacrés cités tout au long de ses écrits ont compté pour Jung. Trois d'entre eux ressortent du lot. Nietzsche, Goethe et Freud. Pour quelles raisons ? Jung se retrouve en Nietzsche au sens où il incarne son personnage n°2, son *ombre* du *Soi* et l'inflation qui va souvent avec, cette volonté de puissance (qui était aussi fondamentale chez Adler).

Freud n'a pas l'importance que lui attribuent beaucoup d'auteurs (freudiens ou non). La « théorie » de Jung, en particulier du rêve, ne s'origine pas chez Freud même si *L'interprétation des rêves* était aux yeux de Jung « *une source d'illumination* » et d'une grande importance car elle faisait écho à ses expériences.

Ce qui n'empêche pas que Jung soit le digne fils spirituel de Freud au sens où il respecte et met en application les rares conseils donnés par celui-ci : éprouver la théorie du rêve par le rêve lui-même, persévérer dans les recherches en mythologie. Ce dont Jung ne se privera pas.

Sa conception d'une théorie du rêve est de ne pas en avoir une mais de repérer certains mécanismes : les relations entre conscient et inconscient, le jeu de la compensation, la *fonction transcendante*, les manifestations archétypiques, le cheminement vers l'individuation, les dangers possibles inhérents à l'œuvre qui passe par certaines étapes. Jung se fait plus freudien que Freud lui-même. D'ailleurs, il se souvient du rôle capital du transfert dont il a repéré l'importance que lui accorde Freud et dont il convient car il a vécu le premier cas de complication transférentielle (« supervisée ») avec Sabina Spielrein. Jung va s'en souvenir. En effet, en fin de vie, il fait part qu'il a repéré, au sein des rêves, le transfert qu'il articule avec l'inceste et des gravures érotiques, dans sa *Psychologie du transfert*. Freud aurait-il pu rêver mieux ?

Sur le plan des idées et non d'un point de vue généalogique ou « mythique » (la rumeur familiale), Jung est le descendant de Goethe. En effet il nous a paru évident que Goethe a joué le rôle de modèle chez Jung. Sur le plan intellectuel et théorique, Jung a retenu de Goethe *Faust*, la prise en considération du Mal, le sacrifice de l'intellectuel, le mystère des mères, le refus des dogmatismes, l'intérêt pour les sciences naturelles, l'importance de l'intuition, du regard, de la lumière et des couleurs, le goût de l'observation minutieuse et du dessin, l'homoncule, l'unité de la composition organique et, enfin, le goût de vivre une vie simple.

Par ailleurs, beaucoup d'autres auteurs ont eu leur importance dans l'élaboration théorique de Jung. Citons entre autres : Rudolph Otto, Justinius Kerner, Swedenborg, Paracelse, Voltaire, Kant, Schopenhauer, Jung-Stilling, Krafft-Ebing, Bleuler, Pierre Janet, Herbert Silberer, Bachofen, Radenstock, Maeder, Homère, Lévy-Bruhl, Otto Gross, Spitteler, Richard Wilhelm, Gérard Dorn, Christian Rosenkreutz, Carus, Hartmann, Artémidore, Synésios de Cyrène. De même, certains textes sacrés (religieux, gnostiques) ont été fondamentaux dans l'architecture de la pensée jungienne. D'abord La *Bible*, ensuite, les *Upanishads*, les *Védas*, les *Yogas sutras* de Patanjali, le *Coran*, le *Tao Te King*, le *Yi King*, le *Bardo Thodol*, le *Theatrum Chimicum*.

Jung s'est intéressé à ces différents auteurs et textes qui ont d'une part répondu à certaines de ses questions et qui, d'autre part, se sont présentés à lui à certaines périodes de sa vie. Dans ces moments de *synchronicité*, ils ont éclairé alors le vécu de Jung. Que lui ont appris ces auteurs et qu'en a retenu Jung ?

D'abord la nature (de l'esprit) en tant qu'Une et en tant que lumineuse (les scintillae luminatas) se développe au fur et à mesure de la renaissance intérieure, chère aux Romantiques. Jung, avec Gérard Dorn, fait sien le monde en tant qu'Un. Cette expérience d'unité, que Jung vit avec son dernier rêve, ne se peut que sous la condition de la conjonction des opposés.

Ensuite, l'évocation de la transformation intérieure est au cœur de l'alchimie (selon la conception jungienne), de la mort et de l'expérience religieuse (mourir à soi-même, vivre une N. D. E.). Ce que Jung connaît bien pour l'avoir éprouvé en se confrontant à l'inconscient et en vivant différents problèmes de cœur.

Il poursuivra cette expérience avec ses multiples voyages qui sont une mise à mort de la *persona* et une confrontation avec l'inconscient collectif, comme Jung a pu l'écrire dans *Ma vie*. Ces voyages semblent renouer avec l'*Odyssée*.

Avec le courant psychiatrique et psychanalyste, Jung approfondit le thème des complexes, de la double personnalité, de la schizophrénie, des esprits (en tant que manifestations de complexes), de la dissociation en soi. La bipolarité conçue comme dissociation intérieure devient constitutive du symbole, des figures de l'Autre qui peuvent se présenter sous deux jours, tel Janus. De même, le *Soi* se voit lui aussi attribuer un double : l'*ombre*. Néanmoins, la conjonction recensée par les alchimistes aboutit à l'unité du monde en une seule entité.

D'autres auteurs et prédécesseurs conduisent Jung à élaborer sa propre conception, romantique, de l'inconscient qui est plus large que l'inconscient freudien naturaliste. De ce point de vue, Jung ne pouvait qu'approfondir ses recherches en mythologie comparée, d'autant qu'il garde le sacré dans sa théorie du rêve, même si le mot en soi est rarement utilisé. Il nous semble avoir été remplacé par celui de numineux.

Enfin, Jung a approfondi la technique d'interprétation des rêves. Ce faisant, il préserve et rationalise ce qui relève du songe. Le mot *vision* utilisé par Jung remplace le mot *songe* très souvent. De plus, la fonction prospective des rêves est proche des songes théorématiques d'Artémidore dont Jung reconnaît le mérite en tant qu'homme érudit et praticien de rêves.

Jung a réactualisé les conceptions d'Artémidore quant au songe avec la fonction prospective du rêve sans pour cela attribuer au rêve une valeur prophétique, tout au moins dans ses écrits officiels. Par contre, dans sa correspondance, il a pu écrire le 12 novembre 1945, à un docteur anglais, qu'il reconnaît le caractère prophétique des rêves. « Tous les vieux guérisseurs le savaient déjà il y a dix mille ans »[1]. Et le 7 mai 1947 : « les rêves prémonitoires ne peuvent jamais être identifiés et reconnus comme tels que quand l'événement prévu s'est réellement produit ». Il ajoute que de tels rêves sont rares. Pour cette raison, considérer les rêves sous cet angle, pour lire l'avenir, est peine perdue[2] ! Avec les rêves de *pressentiment* et de *récognition,* Jung subodore des possibilités du développement futur de la personnalité, possibilités qui jusqu'alors dormaient dans le passé au sens où elles n'ont pas été exploitées. En ce sens, Jung se différencie du songe. Cette vision prophétique du rêve est très proche du songe. Jung l'articule ultérieurement avec la *fonction dirigeante* du l'inconscient qui lui permet de préciser son point de vue. Les rêves sont souvent des anticipations de modifications futures de la conscience. L'orientation prospective et non divinatoire du rêve est articulée par rapport à la réaction de l'inconscient vis à vis de l'attitude consciente.

Des grecs, Jung reprend différentes idées. Ainsi, l'*énantiodromie* d'Héraclite articulée par rapport au midi de la vie et par rapport aux valeurs de la vie. L'*Odyssée* d'Homère, Pythagore, Platon, ont participé à l'élaboration de la régression de la libido comme *Nekya* et descente dans les mondes d'Hadès, à la conception de l'archétype (les idées), à l'intérêt pour les nombres.

Ces quelques références citées par Jung montrent combien l'homme a lu, combien ses conceptions se sont toujours appuyées sur les courants de la fin du XIXe siècle mais aussi sur les philosophes (de l'antiquité à l'époque de Jung), les alchimistes et les religieux, les écrits orientaux de spiritualités. Les lectures de Jung couvrent les écrits de l'humanité, pouvons-nous dire. Comme l'indique son rêve de la bibliothèque. Les sources bibliothécaires protéiformes de Jung nous conduisent à un paradoxe : ce XIXe siècle pourrait être élargie à des pans de civilisation ! Les *Métamorphoses* donnent une juste idée des capacités d'intégration et de digestion intellectuelle de Jung.

15. L'originalité de Jung

En quoi sa théorie est-elle originale ? Qu'est-ce que Jung apporte comme nouveauté(s) par rapport à l'étude du rêve ? Ses apports sont nombreux.

En premier lieu, il est nécessaire de citer les relations dynamiques entre conscient et inconscient qui conduisent à la fonction de la compensation. En second lieu, la découverte d'archétypes (ceci n'a rien d'original au regard de l'histoire des sciences : d'autres avant Jung ont parlé et décrit l'inconscient collectif et les archétypes). En troisième lieu, le repérage et la description ainsi que la manifestation de certaines figures de l'Autre comme la *persona*, l'*ombre*, l'*anima* et l'*animus*, le sage, l'*ombre* du *Soi*… En quatrième lieu, la définition du symbole et son exercice, c'est-à-dire le travail avec les multiples sens d'une représentation symbolique qui a conduit Jung à la méthode de l'amplification.

---

[1] Carl Gustav Jung, *Correspondance 1941 - 1949, op. cit.*, p. 68.
[2] *Ibid.*, p. 216.

En cinquième lieu, la poursuite du rêve, ou d'une vision, avec la technique de l'imagination active. Cette notion de « laisser se développer l'image » va dans la même direction que de continuer à être vigilant au sortir du rêve, à l'état de veille, pour que la conclusion du rêve aboutisse : au sens d'être conscient de la lyse du rêve ou d'en créer une consciemment. De ce point de vue, si Jung n'a pas parlé de rêve lucide, il aurait pu évoquer « l'éveil lucide ».

16. Des rêves initiaux comme biographie

Ainsi se clôt cette présentation des rêves de Jung qui, pour beaucoup, reste inconnu, ignoré, critiqué en France. Il est l'un des rares penseurs à éveiller autant de passions et de critiques de la part de gens qui ne l'ont pas lu. Peu ont eu cet honneur, tout compte fait. Mais qu'importe ! L'essentiel pour nous est d'avoir rendu compte de la conception et de la pratique du rêve par Jung au travers de ses propres rêves et visions. Et de découvrir - avec le recul critique - combien l'homme pouvait être cohérent, même s'il a pu être taxé de syncrétisme.

Au final, nous n'avons fait qu'illustrer les propos de Jung : « Tous mes travaux, tout ce que j'ai créé sur le plan de l'esprit proviennent des inspirations et des rêves initiaux. Cela commença en 1912, voilà bientôt cinquante ans. Tout ce que j'ai fait ultérieurement dans ma vie est déjà contenue dans ces imaginations préliminaires, même si cela n'a été que sous forme d'émotions ou d'images »[1].

Du 24 août 2007 au 16 mars 2008 et du 10 août 2009 au 28 décembre 2009.

[1] Carl Gustav Jung, *Ma vie. Souvenirs, rêves et pensée, Ibid.*, p. 224.

Annexe : Schéma des strates de l'inconscient collectif

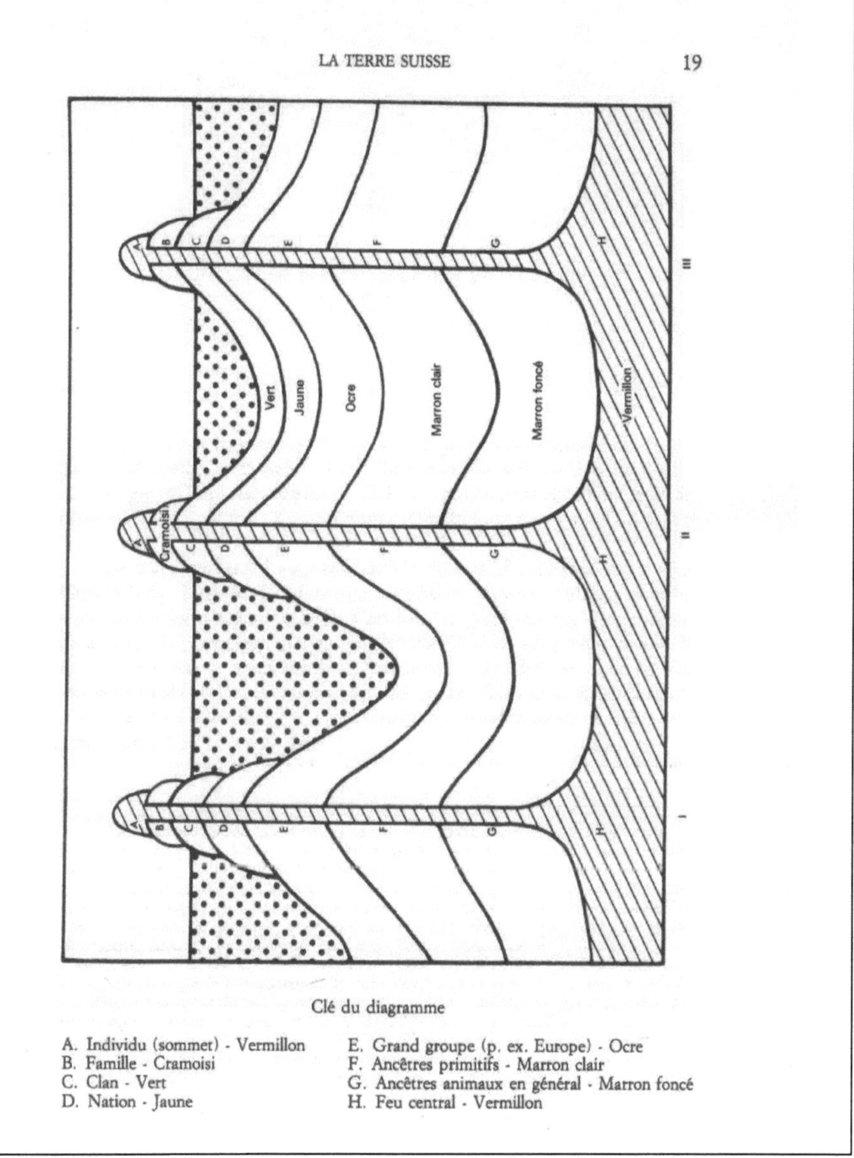

Clé du diagramme

A. Individu (sommet) - Vermillon
B. Famille - Cramoisi
C. Clan - Vert
D. Nation - Jaune
E. Grand groupe (p. ex. Europe) - Ocre
F. Ancêtres primitifs - Marron clair
G. Ancêtres animaux en général - Marron foncé
H. Feu central - Vermillon

Bibliographie

Œuvres de Carl Gustav Jung

- *Aïon. Études sur la phénoménologie du Soi,* Paris, Albin Michel, 1983.
- *L'âme et le Soi,* Paris, Albin Michel, 1990.
- *L'analyse des rêves,* Paris, Albin Michel, 2005.
- *Aspects du drame contemporain*, Georg et Cie S. A. Genève, Librairie de l'université, 5ème édition, 1990.
- *Commentaire sur le Mystère de la Fleur d'Or,* Paris, Albin Michel, 1987.
- *Dialectique du moi et de l'inconscient,* Paris, Idées Gallimard, n° 285, 1978.
- *L'énergétique psychique*, Georg et Cie S. A. Genève, Librairie de l'université, 1981.
- *Essai d'exploration de l'inconscient*, Paris, Denoël, 1984.
- & Charles Kerényi, *L'essence de la mythologie,* Paris, Petite bibliothèque Payot, n°124.
- *La guérison psychologique*, Georg et Cie S. A. Genève, Librairie de l'université, 1953.
- *Les énergies de l'âme,* Paris, Albin Michel, Spiritualités vivantes, 1999.
- *L'homme à la découverte de son âme*, Paris, Petite bibliothèque Payot, n°53, 1982.
- *L'homme et ses symboles*, Robert Laffont, 1983.
- *Ma vie. Souvenirs, rêves et pensée,* Éditions Gallimard, 1973.
- *Mysterium conjunctionis, tome 1,* Paris, Albin Michel, 1980.
- *Mysterium conjunctionis, tome 2,* Paris, Albin Michel, 1982.
- *Problème de l'âme moderne*, Buchet/Chastel, 1987.
- *Psychogenèse des maladies mentales*, Paris, Albin Michel, 2001.
- *Psychologie de l'inconscient*, Georg et Cie S. A. Genève, Librairie de l'université, 1952.
- *Psychologie et alchimie*, Paris, Buchet/Chastel, 1970.
- *Psychologie et orientalisme*, Paris, Albin Michel, 1985.
- *Psychologie et religion,* Paris, Buchet/Chastel, 1978.
- *Les racines de la conscience, Études sur l'archétype.* Paris, Buchet/Chastel, 1971.
- *Les rêves d'enfants, Séminaires tome 1.* Paris, Albin Michel, 2002.
- *Les rêves d'enfants, Séminaires tome 2.* Paris, Albin Michel, 2004.
- *Les types psychologiques*, Genève, Georg Éditeur, 1991.
- *Réponse à Job,* Paris, Buchet/Chastel, 1977.
- *Sur l'interprétation des rêves,* Paris, Albin Michel, 1998.
- *The red book,* New York London, Philemon Series, Norton, 2009.
- *Un mythe moderne*, Paris, Idées Gallimard, n° 323, 1974.

Correspondances, entretiens, interviews

Richard Evans, *Entretiens avec Carl Gustav Jung*, Paris, Petite bibliothèque Payot, 2002.

Sigmund Freud, Ernest Jones, *Correspondance complète (1908 - 1939),* Paris, 1ère édition, Presses Universitaires de France, 1998.
Sigmund Freud et Carl Gustav Jung, *Correspondance 1906 - 1914*, Paris, Gallimard. N. R. F., 1992.
Carl Gustav Jung, *Correspondance 1906 - 1940,* Paris, Albin Michel, 1992.
Carl Gustav Jung, *Correspondance 1941 - 1949,* Paris, Albin Michel, 1993.
Carl Gustav Jung, *Correspondance 1950 - 1954,* Paris, Albin Michel, 1994.
Carl Gustav Jung, *Correspondance 1955 - 1957,* Paris, Albin Michel, 1995.
Carl Gustav Jung, *Correspondance 1958 - 1961,* Paris, Albin Michel, 1996.
W. Mc Guire et R. F. C., Hull *C. G. Jung parle*, Paris, Buchet/Chastel, 1985.
Wolfgang Pauli, et Carl Gustav Jung, *Correspondance 1932-1958*, Paris, Albin Michel, Sciences d'aujourd'hui, 2000.
Miguel Serrano, *C. G. Jung et Hermann Hesse,* Georg Éditeur, 1991.

Sur Jung

Aimé Agnel, *Jung, la passion de l'Autre*, Milan, Les Essentiels, 2004.
Deirdre Bair, *Jung*, Flammarion, Grandes biographies, 2007.
Charles Baudouin, *L'œuvre de Jung*, Paris, Petite Bibliothèque Payot, 1993.
Cahiers jungiens de psychanalyse, *Jung face au nazisme*, Numéro 12. Hiver 1977.
Cahiers jungiens de psychanalyse, *Jung et l'histoire, les années 30*, Numéro 82. Printemps 1995.
Les Cahiers de l'Herne, *Carl G. Jung*. Paris, Éditions de l'Herne, 1984.
Michel Cazenave, *Jung L'expérience intérieure,* Éditions du Rocher, 1997.
Linda Donn, *Freud et Jung De l'amitié à la rupture*, Paris, Presses Universitaires de France, Histoire de la psychanalyse, 1995.
Marie-Louise von Franz, *C.G.Jung Son mythe en notre temps*, Paris, Buchet/Chastel, 1988.
Christian Gaillard, *Jung*, Paris : 1ère édition, Presses Universitaires de France, Que sais-je ? n°3022, 1996.
Christian Gaillard, *Le musée imaginaire de Carl Gustav Jung,* Stock, 1998.
Edward Glover, *Freud ou Jung ?* Presses Universitaires de France, Bibliothèque de psychanalyse et de psychologie clinique, 1954.
Geneviève Guy-Gillet, *Carl C. Jung*, Éditions de L'Herne, 1984.
Barbara Hannah, *Jung, sa vie et son œuvre,* Fontaine de pierre, Dervy-Livres, 1989.
Elie Humbert, *Jung*, Paris : Éditions universitaires, 1983.
Nadia Neri, *Femmes autour de Jung*, Paris, Cahiers jungiens de psychanalyse, 2002.
Richard Noll, *Jung « Le christ aryen » Les secrets d'une vie*, Plon, 1997.
Anthony Stevens, *Jung L'œuvre - vie*, Éditions du Félin, 1994.
Gerhard Wehr, *C. G. Jung,* Editions- Slatkine, Genève. Fleuron, 1994.
Gerhard Wehr, *Carl. Gustav. JUNG sa vie, son oeuvre, son rayonnement,* Paris, Editions- Librairie de Médicis, 1994.

Après Jung
Barbara Hannah, *Rencontres avec l'âme, L'imagination active selon C. G. Jung.* Editions Jacqueline Renard, Fontaine de pierre, 1990.
Elie Humbert, *Écrits sur Jung*, Retz, 1993.

A la périphérie de Jung
Evelyn Elsaesser-Valarino, *D'une vie à l'autre,* Dervy-Livres, 1999.
Patricia Garfield, *Guérir par les rêves,* Albin Michel, 1994.

Histoires de psychanalyse
Vincent Brome, *Carl Gustav Jung l'homme et le mythe*, Hachette, 1986.
Henri Frédéric Ellenberger, *Histoire de la découverte de l'inconscient*, Paris, Fayard, 1995.
Sigmund Freud, *L'interprétation des rêves*, Paris, 1ère édition, Presses Universitaires de France, 1987.
Sigmund Freud, *Sigmund Freud présenté par lui-même,* Paris, Folio, Essais Gallimard, n°54, 1984.
Peter Gay, *Freud Une vie Tome 1,* Hachette, Pluriel n° 8681, 1995.
Ernest Jones, *La vie et l'œuvre de Sigmund Freud. 1/La jeunesse,* Paris : 5ème édition, Presses Universitaires de France, 1992.
Ernest Jones, *La vie et l'œuvre de Sigmund Freud 2/Les années de maturité,* Paris : 4ème édition, Presses Universitaires de France, 1988.
Ernest Jones, *La vie et l'œuvre de Sigmund Freud 3/Les dernières années*, Paris : 3ème édition, Presses Universitaires de France, 1990.
Richard Noll, *Jung Le christ aryen Les secrets d'une vie*, Plon, 1999.
Emilio Rodrigué, *Freud Le siècle de la psychanalyse 1,* Désir Payot. Éditions Payot &Rivages, 2000.
Emilio Rodrigué, *Freud Le siècle de la psychanalyse 2,* Désir Payot. Éditions Payot &Rivages, 2000..

Encyclopédies et dictionnaires de papier
Michel Cazenave, *Encyclopédie des symboles*, Paris, Librairie Générale Française, 1997.
Jean Chevalier, *Dictionnaire des symboles*, Robert Laffont, Bouquins, 1990.
Jacques De la Rocheterie, *La symbologie des rêves. La nature,* Éditions Imago, 1986.
George Romey, *Dictionnaire de la symbolique II. Le vocabulaire fondamental des rêves. Personnages, parties du corps, formes et volumes, astres*, Paris, Albin Michel, 1997.

Table des matières

L'HARMATTAN, ITALIA
Via Degli Artisti 15 ; 10124 Torino

L'HARMATTAN HONGRIE
Könyvesbolt ; Kossuth L. u. 14-16
1053 Budapest

L'HARMATTAN BURKINA FASO
Rue 15.167 Route du Pô Patte d'oie
12 BP 226 Ouagadougou 12
(00226) 76 59 79 86

ESPACE L'HARMATTAN KINSHASA
Faculté des Sciences Sociales,
Politiques et Administratives
BP243, KIN XI ; Université de Kinshasa

L'HARMATTAN GUINEE
Almamya Rue KA 028 en face du restaurant le cèdre
OKB agency BP 3470 Conakry
(00224) 60 20 85 08
harmattanguinee@yahoo.fr

L'HARMATTAN COTE D'IVOIRE
M. Etien N'dah Ahmon
Résidence Karl / cité des arts
Abidjan-Cocody 03 BP 1588 Abidjan 03
(00225) 05 77 87 31

L'HARMATTAN MAURITANIE
Espace El Kettab du livre francophone
N° 472 avenue Palais des Congrès
BP 316 Nouakchott
(00222) 63 25 980

L'HARMATTAN CAMEROUN
Immeuble Olympia face à la Camair
BP 11486 Yaoundé
(237) 458.67.00/976.61.66
harmattancam@yahoo.fr

L'HARMATTAN SÉNÉGAL
« Villa Rose », rue de Diourbel X G, Point E
BP 45034 Dakar FANN
(00221) 33 825 98 58 / 77 242 25 08
senharmattan@gmail.com

503493 - octobre 2012
Achevé d'imprimer par

642421 - Février 2016
Achevé d'imprimer par